「不安の時代」への処方箋

子どもを救う親子の会話

When the World Feels Like A Scary Place

Essential Conversations for Anxious Parents & Worried Kids

アビゲイル・ゲワーツ 著
Abigail Gewirtz

西川由紀子 訳
Yukiko Nishikawa

原田眞理 監修
Mari Nagataki Harada

評論社

WHEN THE WORLD FEELS LIKE A SCARY PLACE
By Dr. Abigail Gewirtz

Design by Janet Vicario
Japanese translation rights arranged with Workman Publishing Company, Inc. through Japan UNI Agency, Inc.

装画
アサバマリエ

装丁
本澤博子

監修者まえがき

「不安」や「悲しみ」「恐怖」、もしくは名付けることさえできないような感情の波に襲われて、子どもが立ちすくむとき、親は何をしてあげられるでしょうか。

ある日自分が当事者になる、たとえば、災害や事故に巻き込まれたり、学校でいじめにあったり、また実際にその場にはいなくても、テレビやネットで悲惨なニュースに接することもあるでしょう。そして国際情勢の緊迫や、経済的な不安など、親が不安を感じる状況は、子どもにも影響を与えます。本書は何かのきっかけで、自分の気持ちを抱えられなくなった子どもに手を差し伸べる具体的な方法を、著者が「本質的な会話」と呼ぶもので、実例を示しながら述べていきます。

会話・対話の前の準備として、大切なのは、親がまず、「自分自身の感情に気づき、感情に向き合うことができる人である」ということです。みなさん、実感としておわかりかと思いますが、「子どもの危機」というのは、親にとっても大きな危機、「多大なストレス」です。災害などでは、親もまた被災者（当事者）である場合が多いことでしょう。そのようななかで子どもの言動と向き合うことは並大抵のことではありません。まずは親自身が自分の感情に気づき、客観視できるようになることが大切です。親が自分の感情に巻き込まれることなく、ある程度距離を持って向き合えるようになることで、子どもが安心して感情に向き合う環境を提供できるのです。その環境のなかで交わされる、感情の流れを大切にした会話を本書では「本質的な会話」と呼んでいます。

私は、心療内科や学校の相談室などでクリニカルサイコロジスト（Clinical Psychologist）として働いてきました。心と身体の関係の専門家です。そして、阪神・淡路大震災や東日本大震災後、被災者の方たちの心に関わらせていただいてきています。日本人は、心の傷に触れない、触れることをタブーとする傾向があります。「あの日」のことを思い出させないようにする方がよいと考える文化です。でも、それでは心の中で「あの日」は永遠に「あの日」のままです。生々しくて言葉にならないものに蓋《ふた》をして押し込めても、消えることはありません。そのままそこにずっと「ある」のです。そして何かのきっかけでふと蓋が開くときがやってきます。

私は被災地に行くときには次のようなことを考えています。どの方も堰《せき》を切ったようにいろいろなお話をしてくださいます。それに耳を傾けながら、その方が抱えきれない想《おも》い、抱えきれないものを一時的にお預かりします。つまり、心に傷を負った被災者の方々が一時的にバランスを崩され、わけがわからなくなっている際に、そのわからないものを引き受けることがまず第一の仕事と考えています。一時的に抱えきれないものを話し（離し、放し）、私がそれを預かることにより、被災された方の心にスペースができて、気持ちが軽くなり、ご自身の機能が回復してくるのです。生々しかったものを、たとえば、「怖い」という言葉にできれば、心に置き場ができ、「あの日」が抱えやすくなるのです。

蓋が開くとき、ひとりでそれを体験するのは怖いものです。しかし、安心できる環境で、専門家などの安心できる人と一緒に、開きかけたその蓋のなかを見ていくことはそこまで怖い体験にはならず、むしろ再体験をすることで新しい居場所を見つけることができるようになります。ここで大切なのは「共に向き合ってくれる人」の存在です。

本書で紹介される「本質的な会話」では、親がまず自分の感情に気づき、子どもと自分、双方の感情の流れを大切にしながら会話を進めます。それを続けていくことで、感情の話ができる環境が整います。親子に日常的にその準備があれば、突然、危機的状況がやってきたとしても、またそのことにより子どもが強い感情をおし込めて蓋をしてしまったとしても、ゆっくりと心に共に向き合っていくことができます。

本書の豊富な具体例が、どのように話を進めていけばよいかをわかりやすく示し、理解を助けてくれます。さまざまな場面やさまざまな親子が登場します。シングルも、同性カップルも登場します。また、本書には登場しませんが、祖父母などが養育者の場合、養子縁組をした親子などいろいろな方々にも参考になるでしょう。

ひとつ、気を付けていただきたいのは、ここにある豊富な具体例はあくまでも例だということです。「自分の子どもに当てはまる」と思うものがあるならば、それを一生懸命読んでいただければと思います。何年も経《た》って、また違う例が「当てはまる」と思うこともあるでしょう。そのときは、またそちらを参考にすればよいのです。また、「全く当てはまらない」という場合もあるでしょう。子どもは一人ひとりが異なり、素晴らしい個性を持っています。障害がおありの場合は、この通りには進まず、少し工夫が必要なこともあるでしょう。本書の例に子どもを当てはめようとするのではなく、目の前にいる子どもときちんと向き合うことが大切です。

前半に登場する、親が自分の感情と向き合うためのワークについても同じことが言えます。例のように進むこともあれば、そうでないこともあるでしょう。パートナーと取り組むワークもありますが、相手が協力的とも限りませんし、シングルの方もいらっしゃるでしょう。自分の感情に気がつき、客観視できるようになることが大切なのであって、ワークが具体例と同じように進まなくても気にする必要はないということも申し添えておきます。

序章
トランポリン

２００１年9月11日に同時多発テロ事件が起きたとき、アメリカの子どもたちは新学期が始まったところでした。私は3人の子を持つ母親で、駆け出しの児童心理学者でした。事件の後、空は不気味なほど静まり返り、家のなかも町全体も恐怖に包まれ、私たち夫婦も友人たちと同じくテレビにかじりつく日々でした。心的外傷（トラウマ）を専門とする臨床心理士の私は、テレビに出演もしました。「この事態を子どもたちにどう話せばよいか教えてもらえないか」と、地元テレビ局や新聞社から声がかかったのです。学校に呼ばれて、教師向けに話をしたこともあります。ハイジャックされた飛行機がビルに衝突したり墜落したりしたのはニューヨーク市、ペンシルベニア州、バージニア州なのに、そこから何千マイルも離れた地にいる子どもたちがテロ事件は自分たちの街で起きたと思い込んでいる、教師たちはそれがなぜなのか理解できずにいたのです。そこで私は、幼い子どもたちは時間や距離といった概念を理解するのがむずかしいこと、来る日も来る日もテレビで同じ映像が流れると、その都度「新しいニュース」のように感じ、テロ事件が自分たちの街など、あちこちで起きているように思うのだと説明しました。

同じようなことは、わが家でも起きました。２年生になったばかりの７歳の息子が、テロ事件の数日後、「ワールドトレードセンターの最上階からたくさんの人が飛び降りるのを見た」と言ったのです――友だちの家に行ったときに、居間にあったテレビで見たのだそうです。わが家では子どもがいるときはニュースをつけないように気をつけていたので、ゾッとしました。「それでどう思ったの」とおそるおそる聞いたときの息子の答えに心底おどろかされました。「どうって、たくさんの人が窓からジャンプしてた。ぼくもジャンプすると思う。みんな窓からジャンプしたらよかったのに！」

一瞬の間があってから「どうして？」私は聞きました。

「だって！　トランポリンなんだよ！」と息子は言うのです。

幼い息子の頭では、人が飛び降り自殺するという事態が飲み込めず、ニューヨーク市の消防士が地上でトランポリンを用意して、飛び降りる人たちを受け止めていると考えたのです。ドキッとさせられるとともに、美しく感じられる答えでもありました。自分が目にした恐怖を、７歳なりの頭で処理しようとしていたのです。

親として最も大切な務めのひとつは、子どもが自分の「トランポリン」を作る手助けをすることでしょう。子どもの目に世界がどう映るのか、私たち大人が思い出すのはむずかしいものです。時間、空間、人間の営み――そのすべてが、幼い子どもの心にはゆがみ、圧縮され、不可解に映るかもしれないのです。子どもは、発達レベルに応じて出来事を処理します。想像を絶するほどの恐ろしい事態が起きたときに、不安や不確かさを処理するのに役立つ心のクッション――作り話ではなく、この世界を理解する方法――を与えられるかどうかは親の肩にかかっています。子どもたちがこの世の厳しい現実にぶつかったときに、年齢に合った方法で自分の心を静め、落ち着くための手段を身につけてほしいと願っています。

本質的な会話

本書では、「世界はこわい」と感じてしまったときに、私たちが手にしている最も基本的な手段——会話——を通して、子どもたちが自分の心をおだやかにする緩衝装置「トランポリン」を作る手助けをします。生命力、自信、思いやりを持った子どもを育てる上で重要なのは、話すことや積極的に聴く力（以下、「傾聴力」）を育むこと。ストレスの多い今のような時代にはなおのことです。本書で特に注目したいのは、子どもたちはもちろん、同時に大人のあなた自身もが、自分のなかにあるはげしい負の感情を認め、対処できるように導く「会話」です。

感情のない人生などわびしいものですが、感情をどう整えるかは、多くの人にとって避けて通れない課題です。感情は、危険が潜んでいることを知らせてくれるなど役立つこともありますが、私が「はげしい感情」と呼ぶもの——たった今起きたことによってひきおこされる、突然の強烈な（多くは）負の感情の波——は、大人にとっても子どもにとっても、思考・行動を阻む原因になることがあまりにも多いのです。

いやなことが起きると、人はつい反応してしまいます。不愉快なX（旧Ｔｗｉｔｔｅｒ）のポストを目にすれば、怒りが込み上げ――腹を立て、激怒し、不安をおぼえることもあるでしょう。あなたがこんなものを目にしているなら、子どもたちがスマートフォンで何を見ているかわかったものではありません……。幼稚園児のわが子が泣きながら帰宅したとします。通園バスのなかでリーダー格の友だちから、近い未来、地球は気温が上がって住めなくなると言われたそうです。「そしたらこの家や家族はどうなるの？」息子は不安でいっぱいです。そんなとき、あなたはどうなると思いますか？　息子に起きたことを悲しく思うとともに、5歳の子どもに気候変動の話をした息子の友だちに怒りを感じるでしょうか。また、10代の娘がはじめてのアルバイトから帰宅し、あなたは誇らしい気持ちです。ところが娘は、研修で銃撃犯に襲われた場合の対応についての動画を見せられたので、今日は仕事に集中できなかったといいます。指導教官から、チェーン店のひとつで発砲事件が起きたことがあると聞かされ、もし勤務中にそんな事態が起きたらと不安でしょうがなかったのだそうです。どこかで銃乱射事件が起きるたび、あなたは絶望感におそわれ、子どもたち――当然、すでにニュースを聞き及んでいる――がどんな反応をするだろうと気をもむしかないのでしょうか。

私が本書を執筆した主な理由は、25年以上にわたり、深刻なストレスに直面した数多くの家族と接するなかで、感情に振りまわされずにいることがいかにむずかしく、かつ、私たちの幸せにとって重要であるかを目のあたりにしてきたからです。起きた出来事に適切に反応する方法を知り、そして差し迫った危険があるものとそうでないものとを区別できるようになるには、それなりの訓練が必要です。

その訓練はまず、あなた（とあなたのパートナー）が自分自身の感情を認識し、処理する方法を学ぶことから始まります。人は悪い知らせを耳にすると、「闘争」または「逃走」の反応をしやすいものです。「逃走」とは、ベッドにもぐり込み、（少なくとも子どもの前では）そんな問題は存在しない、または、それほどひどいことではないかのようにふるまうことです。その一方で、子どもを巻き込んで「闘争」しようとする人もいます。大人は「何かしてる感」を得られるかもしれませんが、子どもはそんな風には感じないでしょう。むしろ、実際に起きている大きな問題――暴力、気候、礼節、正義――に対して不安をつのらせてしまうかもしれません。何が問題なのかをきちんと理解するには、子どもたちは幼なすぎるのです。だからこそ、親は自分の課題はいったん脇へやり、子どもたちが自分の感情を物語化できるよう会話のなかで導いてやることが重要です。本書でお伝えする「本質的な会話」が最終的に目指しているのは、子どもの気持ちを落ち着かせるだけでなく、「世界はこわい」という感情にどう反応するかには、いくつもの選択肢があると理解させることです。

私たちが世界で起きている真実を変えられる力などしれています。気候変動は現在進行形の脅威で、人種差別的な人や組織は存在し、SNS上ではいじめが横行しています。けれど私たちには、こうした現実をどう感じ、どのように受け止めていくかを考えていく力があります。うまくいけば、子どもたちの気分を楽にしてあげられ、感情を不安ではなく前向きなアクションに向けていけるでしょう。

本質的な会話を重ねることで、子どもの気持ちをその場で落ち着かせるだけでなく、何に関心を持ち、どんなことに反応し、不安を感じるのかなど、自分の子どもについて、より深く理解できるようになればと願っています。子ども時代に交わすたくさんの会話に、本書で解説するような要素を取り入れていけば、頭がよく、積極的で、思いやりのある大人に育つでしょう。

「不安の時代」への処方箋

子どもを救う親子の会話

目次

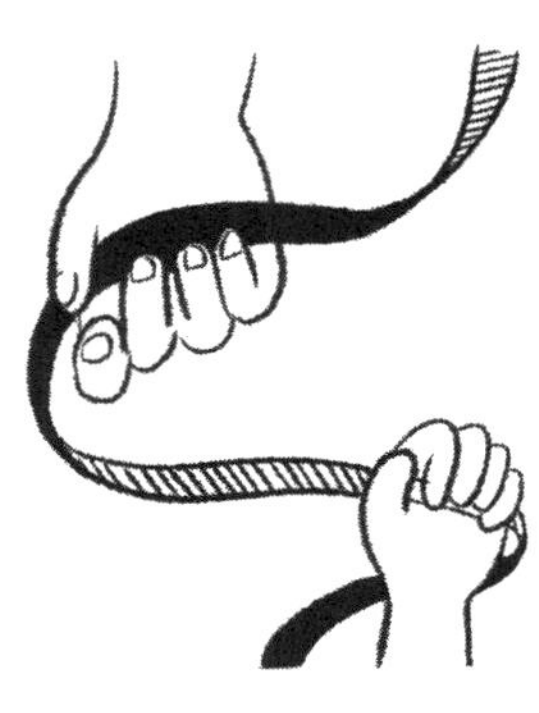

付録

本文イラスト――天野未代

Part 1 成長段階ごとの不安感

1章 重要さを増す親の役割

最も大切な親の務めとは何でしょうか？

「子どもが危険な目にあわないように大切に育てること」、文化や事情を問わず多くの人がそう答えるでしょう。子どもが安全な状態にあるだけでなく、安全を感じられるようにしてやりたい、そうすれば子どもたちは自分をとりまく世界を探求し、謳歌《おうか》できるようになるだろうと。

でも、私たち大人が外の世界を安全だと感じていない場合はどうでしょう？　世界は恐ろしいところと感じていながら、どうやって子どもに安心感を植えつけられるのでしょう？　世界が実際に恐ろしい状況にあるときは？

こうした問題にだれより切実に向き合っているのは、親が危険な地にいる家族ではないでしょうか。私は、強いストレスがかかる衝撃的な出来事が起こると、家族のあり方がどう変わるかを研究テーマとしています。とりわけ力を入れているのが、つらい状況におかれた家族を守ろうとする親をサポートする方法を見出すことです。研究チームでは10年前より、大切な家族が戦地に派遣される、または、戦地

から帰還したアメリカ人家族を対象に調査を進めています。兵士たちのあいだでは昔から、「兵士が任務に就くのは家族全員が任務に就くも同然」と言われているのです。２０００年代はじめにイラクやアフガニスタンで戦争が始まってからというもの、米兵の家族はずっと戦時下の緊張にさらされ続けてきました。この20年ほどのあいだに親が戦地に派遣される不安を経験したアメリカ人の子どもは２００万人以上にのぼります。[注1] そして、兵士となった親は、身体的または心理的な傷を負って帰国することもあれば、帰らぬ人となることもあります。

このような状況にある家族から、大きなストレスがかかるなかで生きること、そして自分の子どもがこうした経験を昇華するのを助けるむずかしさについて、とても多くのことを教わりました。研究チームは最初に、配偶者の戦地派遣が決まっている親たち30人ほどからなるグループと会合の場を持ちました。参加者には自己紹介をしてから、今回の配偶者の派兵が家庭にどんな影響を与えると思うか不安を語ってもらいました。すると、ある母親が言いました。「自分が感じている感情的な苦しみをどこまで子どもと共有してよいものなのか、私以外にも悩まれている方はいらっしゃるのではないですか。もちろん、子どもを動揺させたくありません。夫がイラクに行っているあいだも私は平気だってところを見せたいです。家族をまとめ、これまでどおりの日常を過ごし、お祝いごともしたいと思っています。でも、ニュースで米兵の死亡や負傷、軍事攻撃を行った、事故が起きたと聞いたり、夫から軍事ミッションに加わるからしばらく連絡が取れなくなると言われたりすると、もうだめなんです。家には私と子どもだけ。そんなとき、子どもになんと声をかけてやればよいのでしょう？」

ほかの親たちも続いて発言します。ある母親は「幼い息子が公園で遊んでいるときに、自分の父親はアフガニスタンで戦っていると友だちに話したところ、友だちのひとりから『かっこいい！　人を殺すの？』と言われ、別の子からは『きみのパパも殺されるの？』と聞かれたそうです」と語りました。家に帰ってきた息子からそのやりとりを聞いた彼女は何も言えなかったそうです。「何と答えるべきだったのでしょう？」

何かまずいことを言って子どもを動揺させたくないと、子どもとの会話を避けるようになったと話す親もいました。ありのままの自分でいたいと言う親もいましたが、泣いている姿を子どもに見られたらどうしたらよいのでしょうか。どんな態度を取るべきか決めかねていると言う人たちもいました。「どんな会話をすれば、子どもの不安をかき立てずにすむのでしょう？」「子どもと同じ不安を感じているときに、どんな会話をすればよいのでしょう？」

私たちが日々の生活で感じているプレッシャーや不安と、家族が戦地で戦っていることのストレスは比べようもありません。でも、似ている点もあります。

統計によると、子どもをとりまく世界は30～40年前よりも安全になっています。なのに、私たちはなかなかその実感が持てないでいます。最も安全といえる境遇の子どもたちでも、悲惨なニュースをたくさん見聞きし、かつてないほど大きな不安を感じています。２０１０～２０１５年の5年間で、10代の若者のうつ病や自殺は増えました。[注2]今や、ひっきりなしに放送される報道番組やスマートフォンのニュースサイトのおかげで、いつどこで起きたものであれ、衝撃的なニュースがその強度を増して家庭のなかに入りこんできます。幼い子どもたちは知らず知らずのうちに恐ろしい映像を目にし、もう少し年上の子どもや10代の若者になると、これまでの世代が想像もしなかった方法で最新ニュースにふれ、影響を受けています。自分の子どもが見聞きしているものを把握することが、どんどんむずかしくなっています。

私は児童心理学者なので、子育てにおいては何かにつけ「専門家割引」がきき、人よりは楽に子育てができるのではないかと期待していました。夫婦共にフルタイムで働き、近くに住んでいる親戚もいなかったので、できるだけ楽観的に考えたかったのです。でも――ご想像のとおり――子育て専門家割引など一切ありませんでした。9年間で4人の子どもを授かった私たちは、常に時間に追われ、行事も目白押し、いつも何かから遅れを取っている気分でした。当時の記憶はもはやおぼろげですが、毎週のやるべきことリスト、買い物とおむつの山、自分たちの収入から保育費を必死でやりくりしていたことはおぼえています。でも、子どもたちが大きくなるにつれ、少しずつ余裕が出てきました。子どもの手の届くところに熱いストーブがないか、だれかが静かすぎないか、「子どもに気を取られていたけど玄関の鍵はかかっているんだっけ？」と心配ばかりする必要はなくなり、子どもたちの様子を見守り、話を聴き、一緒の時間を楽しめるようになっていったのです。夫も私も、子どもたちのしっかりした様子に感心する場面が増え、もう立派な人間なんだと思えるようになりました。子どもたちの意見、きょうだい同士や外の世界とやりとりする様子におどろかされることもありました。でもちょうどその頃に気づかされたのが、世界で起きた出来事が、これまで対処法を考えたこともないような「もの」――思想、家族以外の人々の影響力、恐怖心なども――が、家庭のなかに押し寄せていることでした。

夫と私は子どもが生まれる前から、家のテレビは1台だけとし、地下室に置くと決めていました。そうすれば、夕食の用意をしながらニュース番組をつけることも、子どもを静かにさせるためにテレビの前に座らせることもないだろうと考えたのです。その結果、わが家は家族でたくさんおしゃべりをし、ときに言い争いもする、とにかくにぎやかな空間になりました。遊ぶにもゲームをするにも親が参加する必要がありましたが、テレビや通信機器に頼らないようにしたおかげで、家族の会話は増え、世間の人たちがしたことや遠い世界で起きていることを耳にする機会はぐっと減りました。当時は、私の知るかぎり、スマートフォンがなかったのも幸いでした。長男がスマートフォンを持ち始めたのは16歳、その下の娘たちは少しずつ早くなり、長女が14歳、次女が13歳、末っ子が12歳のときでした。でも、子どもたちが幼かった「アナログ」の時代でさえ、私たちの世代が育った頃とは大違いでした。もちろん、私たちの親や祖父母の時代が今よりも安全だったわけでも安定していたわけでもありません（疫病、キング牧師の暗殺、核兵器の開発競争、ベトナム戦争など、例には事欠きません）。が、当時の親には、子どもを外の世界から守る術《すべ》がもっとたくさんありました。家の電話は玄関に置かれ、ニュースは玄関先に届けられる新聞か定刻の報道番組から1日に1～2回入ってくるだけ。どんな情報が家のなかに入ってくるのか、その情報に子どもがふれるかどうかを、親が管理――少なくとも監視――することができました。恐ろしいニュースであっても――戦争の到来、環境汚染、社会不安など――、それが自分たちにとって差し迫った危険性があることなのか、はるか遠くの地で起きたことなのかを判断する時間的、空間的なゆとりが、親にも子どもの側にもあったのです。

ですが、そんな時代は過去のものです。家族として向き合わなければならない問題――意見の対立、病気、離婚、パートナー関係、経済問題――に変わりはありませんが、現代は、これらの個人レベルのよくあるストレス要因に加えて、外の世界で起きている出来事が、これまでに体験したことのない方法で家庭のなかに入りこんできます。本書では、こうした新しい種類の不安要素を、〝暴力といじめ〟〝気候と環境問題〟〝テクノロジー社会（携帯電話、SNS、24時間体制の報道番組経由で絶えず新しい情報にさらされること）〟〝格差問題〟〝社会の分断〟の５つに分類します。こうして書き出すだけで十分に恐ろしい感じがしますし、不安を感じることでしょう。２０１９年はじめにピュー研究所（世界中の人々の意識調査などを実施するアメリカのシンクタンク）が実施した調査では、人口統計学上のグループを問わず10代の若者のなんと70％もが、友人たちを苦しめている「大きな問題」として不安症やうつ病を挙げ、いじめや依存症、非行グループを上回る結果となりました。[注3]

現代のストレス要因

では、現代の親たちは、自分たちの親世代にはなかったどんなことに不安を感じているのでしょう？まず最初に、経済的不安定があります。昨今の「ギグ・エコノミー」と呼ばれる労働市場においては、私たちの親や祖父母の時代のように、年金まで保障された終身雇用の仕事は減っています。これといった学歴がない人たちは、なおさら厳しい状況でしょう。雇用の数は増えていても、賃金が上がっていないのです。仕事が安定していない親たちは、自分たちの現在のことだけでなく、子どもの将来的な経済状況まで心配することになります。危なっかしいことだらけなので、子育て、進学、医療、住まいを決める際に、思い切ったチャレンジができないと感じることが多いのです。

と同時に、所得格差の広がりがこの状況を悪化させ、人々の怒りを買っています。２０１１年に起きた「ウォール街を占拠せよ」は、労働人口の1%を占める富裕層だけが所得を急増させていることへの抗議運動でした――１９７９〜２０１３年のあいだに富裕層の所得が１３８%上昇していたのに対し、労働者の90%を占める人々の平均賃金は同期間で15%しか上昇していなかったのです。[注4]「金持ちはより金持ちに」なり、自分たちが豊かになれる道は閉ざされているという現実を目のあたりにしたとき、人々は似たような境遇の人との結束を深め、全体的なつながりが弱くなり、社会は怒りを強めて不健康になったと研究者たちは分析しました。社会心理学者のキース・ペインは著書『The Broken Ladder（壊れたはしご）』で、著しい所得格差と社会的流動性の低下が――貧困そのものよりも――人々のコミュニティ意識に亀裂を生んでいると指摘しました。[注5]そして、経済的に「フラット」な社会（中産階層が厚く、「大金持ち」が少ない）で生きる人々と比べると、アメリカ人は所得レベルを問わず、慢性疾患や依存症になりやすく、寿命が短かくなってきていると述べています。北欧やそのほかの先進国でも（ペースはゆっくりですが）同じ傾向がみられます。

所得格差が広がると、政治的な分断も深まります。多くの国で暴動が起こり、過激主義が台頭しているのはそのためです。人種差別や人種的な理由による暴力行為が大幅に増え、ヘイトクライム（人種、民族、宗教、性別、性的指向、障害など、特定の属性への偏見から起きる犯罪）の件数も２０１４年から年を追うごとに増えています。[注6]２０１７年8月にバージニア州シャーロッツビルで起きた「ユナイト・ザ・ライト・ラリー」は、白人至上主義者によるデモとして過去数十年で最大規模となり、死者を出す惨事となりました。それ以降も白人至上主義者たちは、過去半世紀で最多の犠牲者を出したエルパソ銃乱射事件など、73件以上の殺人事件を起こしています。大々的に報道されているとおり、米移民・関税執行局（ＩＣＥ）による移民を標的にした逮捕および強制送還は、アメリカ国外で生まれた人やラテンアメリカ系住民の恐怖心をあおっています。人種的偏見への意識が高まったことで、刑事司法や警察権力における白人と有色人の扱われ方の違いも浮き彫りとなりました。たとえば、黒人が警察に射殺される確率は白人の2倍以上、無実の罪で有罪判決を受ける可能性も異様に高いのです。

政治のリーダーたちが日常的に侮辱的な行動をし、対立する立場の人たちを愚弄し、脅し、悪に仕立て上げ、自らの品位を落とす物言いをするなど、10年前にはだれも想像していなかったでしょう。演説の内容についても確からしさが低下しているため、政治家たちが虚偽の発言をしていないかをチェックし、最もひどいうそをついた者に「ピノキオ」を授与するワシントン・ポスト紙の「ファクトチェック」コラムはネタ切れになることがありません。ランド研究所（アメリカの政策や企業戦略のための調査・研究を行うシンクタンク）は、公的な場で事実やデータがはたす役割が低下している現状を指して、「真実の腐敗（truth decay）」という用語を作りました。では、どうすれば子どもに事実と虚構の見分け方を教えられるのでしょう。これほど「無作法」がまかり通っている世界で、どうやって礼儀正しさを教えればよいのでしょう。世間の注目を集める公的な場で、理性的でおだやかな態度で接し、歩み寄りによって問題を解決する姿がほぼ見られなくなっているというのに。

アメリカの経済や市民生活はまさに「嵐」に巻き込まれているかのようですが、私たちは気候変動という現実的な嵐にも見舞われています。住んでいる場所にかかわらず、だれもが近年、影響範囲もはげしさも増した大きな気象現象を何かしら体験しているでしょう。アメリカの多くの地域、さらには世界各地で、大勢の人が非常事態――竜巻、山火事、洪水、ハリケーンからの避難――の対応に迫られています。たとえ自分は災難を免れていても、友人がそんな目にあったという人も多いのではないでしょうか。

気がかりなのはニュースだけではありません。私たちのニュースの受け止め方も悩ましいものです。手元ですぐに情報が得られ、世界へと扉を開いてくれるインターネットの恩恵を手放したい人などいないでしょう。でも、情報にあふれたこの環境には、社会の混乱や恐ろしい事態を身近に感じさせるというマイナス面もついてまわります。人は事実と同じくらい――もしかするとそれ以上に――直感的な知覚(感じ取った外界の刺激に意味づけをするまでの過程)からも影響を受けています。特に不安感は私たちの頭に忍び込みやすく、それが自分の子どものこととなるとなおさらです。学校や店、教会などで銃乱射事件が起きたと聞くと、すぐさま子どもを抱きしめたくなります。しかし、インターネット、ライブ配信、24時間体制の報道番組のおかげで、はるか遠くの地で起きた出来事でさえ、私たちの手元にあるデバイスで、ほぼリアルタイムで情報を追えてしまいます。

携帯電話、インターネット、SNSがかつてないほど人々をつなぐ一方で、人と人とを分断してもいます。スマートフォンに見入っているあいだ、私たちはほかの人や自分をとりまく世界との対話はできていません。オンラインでのやりとりが増え、対面での会話が減っているからでしょうか、コミュニケーションがどんどん薄っぺらくなっています。ネット空間には敵意に満ちたメッセージが飛び交っていますが、これは古い世代の人たちは味わったことがないものでしょう(メッセージを巻きつけたレンガが窓から投げつけられでもしないかぎり)。ウェブサイトや動画、SNSには、私たちの親世代が使うのをためらい、やかましい飲み屋でさえ口にしなかったような言葉や話題が氾濫しています。いじめやいやがらせの類いも起きています。昔なら世間の厳しい目にさらされ、もっと抑え込まれていたでしょう。そして、匿名で境界なしにやりとりができる場では、傷つきやすい子どもたちがどんな被害にあっているかを追いきれません。子どものリアルな行動に目を光らせている親であっても、ネット上の行動までは把握しきれないでしょう。

不確かな状況でも難なくやっていける人もいますが、ほとんどの人は変化や混乱をストレスに感じますし、自分でコントロールできないこととなるとなおさらです。これは、大人にも子どもにもあてはまります。ではどうすれば、「世界はこわい」と感じる子どもたちに安心感を与えられるのでしょう。子どもだけでなく私たち大人もしょっちゅう危険や脅威を感じるこの時代に、自信を持ち、自主性のある人間を育てるにはどうすればよいのでしょう。

感情を教える

子どもが不安感を表現するとき、どんなふうに、そしてどれくらいの度合いなのかは、親のかかわり方が強く影響します。でも、どのように接したらよいかについては、具体的な指針や手段を持ち合わせていないことがほとんどです。社会からは前向きな言動を教えるよう期待されていますが、いったい親は子どもが感情とのつきあい方を身につけていく過程をどのように学べばよいのでしょう。子どもの学校での態度が悪かったり、授業中にじっと座っていられなかったりすると、すぐに先生から連絡がきます。でも、子どもの気持ちが乱れているからといって――授業で名前を呼ばれると赤面して口ごもる、友だちを避ける、夢中で爪をかむ――連絡をもらうことはまずありません。

子どもが感情を学んでいく過程を「感情の社会化」といいます。子どもがいつどんなふうに感情を理解し、表現するようになるかを研究しているアリゾナ州立大学の心理学者ナンシー・アイゼンバーグ博士は、3つの要素が強く影響していることを明らかにしました。第一に、子どもは親がどんなふうに感情を処理しているかを観察しています。腹を立てたあなたが毒づくと、幼い子どもにそっくりそのまままねされたことはありませんか？　大人を見て学習するのは言葉だけではありません。子どもは鋭い観察眼を持っていて、家のなかでよしとされる感情とそうでない感情はどういうものなのか、よい知らせやつらい話を聞いたときの大人の反応などもよく見ています。戸惑いや恥じらい、またはほかの理由からにしろ、大人が自分の感情ときちんと向き合っていないところも、子どもはちゃんと見ています。

第二に、子どもは自分が不機嫌なときや感情を爆発させたときに、親がどんな反応を示すかを見ることで感情を学んでいます。子どもはとかく親に認めてもらいたいものなので、親からのメッセージを重く受けとめます。「男の子がこんなことで泣くんじゃない！」と親からどなられると、子どもはそのうち、つらいことがあっても文句も言わず耐えて、感情は心の内に「とじこめる」べきだと考えるようになるでしょう。同じように、くよくよしている子どもに親が「やめなさい。そんなことで悩むなんて」と言えば、子どもの悩みごとを大したことではないと結論づけてしまうことにもなりかねません。もちろん親はそんなつもりはなく、子どもを安心させたかったのです。けれど残念ながら、そんな気持ちが届くとはかぎらないのです。

子どもが感情を学ぶ第三の方法が「会話」です。おそらくこれが最も可能性を秘めているのですが、感情の学習方法としてはあまり知られていません。子どもと感情について話すことなど、普段はしないでしょう。でも、感情について会話をすることで、子どもは自分の感情、そして他者の気持ちに適切に反応できるようになります。

これら3つの方法――「親の感情を観察する」「自分の感情に対する親の反応を見る」「感情について話す」――が子どもにどう作用するかは、親が感情の世界をどう解釈するかにかかっています。感情とのつきあい方を親が先に教わり、身につけていなければ、子どもたちは私たちが望みもしないものを身につけてしまうおそれがあるのです。

本書を読むと、子どもに手ほどきできる基本的な感情スキルが身につき、次から次へと恐ろしい事態が起こる荒れた海を航行する術《すべ》を親子そろって習得できるでしょう。こうしたスキルをひっくるめて「感情コーチング」といいます。家族心理学について数多くの著書があるジョン・ゴットマン博士が作った言葉で、感情を認めることと、その感情に適切に反応することを親が子どもに教え、感情を健やかに育んでいく過程をいいます。[注7]

感情コーチングを行うには、まず親が5つの重要なスキルを習得する必要があります。
1. 自分の感情をうまく整えることができるようになる。
2. 子どもが自分の感情を認め、名前をつけるのを助ける。

3. 子どもの感情についての話に耳を傾け、自分の気持ちがきちんと受け止められていると感じられるようにする。
4. 感情について子どもが抱えている問題を解決する方法を一緒に探す。
5. 必要があれば、制約をもうける。

これらのスキルを身につけられれば、「本質的な会話」を通して子どもを導くための準備が整います。そして、子どもたちが「世界はこわい」と感じてしまったときにも、打ちのめされてしまわないような力をつけてあげることができるようになります。

「会話」は最良の防衛手段

では、問題の核心に入りましょう。心の安らぎに忍び込む不安がいっぱいのこの世界に対して、会話が最高の防衛手段となるかもしれません。でも、不安がふくらみ、それらについて語る必要性が高まる一方で、家族で会話する時間は少しずつ減っています。親たちはかつてないほど時間に追われる生活を送り、子育てと仕事を両立している今どきの母親の睡眠時間は、50年前の女性よりも短いのです。両親が子どもと過ごす時間は1970年代よりも増えていますが（これ自体は悪いことではありません！）、実際に子どもと話す時間は増えていません。アメリカ人の時間の使い方について、アメリカ合衆国労働省労働統計局が毎年実施している調査があり、2014~2018年度の調査結果によると、親が18歳以下の子どもの世話にあてている時間は1日あたり約1時間半で、そのうち子どもとの会話に使っているのは3分だけと、話にならないほど短かったのです。[注8] 子どもとの会話時間が3分。これは入力ミスではなく、全世帯の平均値です。さらに衝撃的だったのが、子どもと接する上で最も大切なことは「子どもとの会話」と回答した親は全体の9%のみだったことです。その一部の親たちは、1日37分と、十分な時間を子どもとの会話にあててはいました。とはいえ、私たちが日々の暮らしのなかでしなければいけないことを考えれば、これらの数字はそれほどおどろくべきものではないのかもしれません。スマートフォンにパソコン、家事、終わらない仕事、休日を楽しむための計画と、いろんなことに意識を向けなければならない私たちは、過去に例をみないほどのマルチタスク化を求められているのです。

でも、すべてが失われたわけではありません！ こうした問題の根底にあるのは、現代社会のあり方そのものなのでしょうが、現代だからこその希望もあります。データや分析、そして何より、世界を進んでいく子どもたちの力になるとすでにわかっている実践的アプローチ——本書では「ツール」と呼ぶ——を、今ほど自由に利用できる時代はないのですから。

本書では、困難な状況に陥り、「大きな負の感情」を抱えているあなたの子ども（3~18歳）をどんなふうに導いていけばよいのかについて解説します。子どもの話の聴き方、子どもとの語らい方、子どもにいつ、どんな言葉をかけるべきかについてもふれます。ストレスのかかる状況になったとき、あなた自身がどんなふうに反応しているかを客観的にチェックできるようになるので、子どもにも同じことができるよう手助けできるようになります。子どもが直面している困難な問題を、年齢に合った方法で組み立てなおす方法が学べるので、子どもはあなたとの会話を通して、不安や「はげしい感情」を処理できるようになるでしょう。解説の後、「本質的な会話」の実践例をテーマごとに見ていきます。実際にそういう状況になったときに、どんなふうに子どもの話を聴き、どんな言葉をかければよいかがわかるでしょう。

本書で紹介する会話の例はあくまで道しるべであって、決して暗記するものではありません。子どもたちにプラス、またはマイナスにはたらく言葉はどういうものかの指針としてほしいのです。恐ろしい出来事――そのくわしい内容、子どもの年齢、あなたがおかれた状況がどんなものであれ――が次々と起こるなかで、子どもたちがどうしようもない感情にぶつかったとき、どのようにすれば力になってあげられるかを伝授します。地球を襲う恐怖について語るのに気象学者である必要はありません。ヘイトクライムが起きる理由を答えるのに社会学者である必要もありません。「本質的な会話」は、親が自分の感情に支配されることなく子どもの話を聴くことで、子どもが自分自身の感じていることに意識を集中できるようにするための会話法です。というのも、結局のところ、「世界はこわい」と感じさせるものは、様々な事態が大人や子どもたちのなかに呼び起こす感情――恐れ、怒り、不安、心配、絶望――なのです。「世界はこわい」という思いにとらわれたとき、何よりの防衛手段となるのは、ごく普通の親子の会話なのです。

2章 悪い知らせが親に与える影響

自分の感情を確認し、整えられるようになることは、子どもに同じことをさせるための最初の一歩です。飛行機の機内アナウンスでも、「客室の気圧が低下した場合、まずご自分の酸素マスクをつけてからほかの乗客の救助にあたってください」と言いますよね。あれと同じことです。

悪い知らせを受けたときに、どんなふうに影響を受けるかは人によって違います。なぜなら人は、起きていることをどう知覚するかに基づいてストレス反応を示すからです。たとえば、竜巻が接近していると聞いたとき、それを「ストレス」と感じるかどうかは受け手によります。大自然が猛威をふるうさまを見ようと、外に出て竜巻の上陸を待ちわび、むしろ竜巻を追いかけようとする人がいるかと思えば、竜巻が発生するかもしれないと聞くだけでおびえ、不安を感じ、竜巻が去った後もしばらく不安がおさまらない人もいます。そうなると、竜巻シーズンになると警報ばかり気にして、まったくの役立たずになってしまうのです。

ある人にはいい刺激になることも、人によってはそれが悪夢になりうるのです。たとえば、ニューヨ

ークにあるマンハッタンの雑踏や喧騒《けんそう》は、静かな町や田舎で育った人、やかましくてごたごたした環境に弱い人にはストレスに感じられ、堪えがたいものでしょう。でも、都会で育った人や、にぎわいや人々がせわしなく行き交う様子が好きな人には、なんとも刺激的で楽しく感じられるでしょう。外向的なタイプの人には大勢の人が集まる場は苦になりませんが、内向的な人にとっては常にほかの人がいるだけで負担を感じるのです。

ストレスをあまり感じない人もなかにはいますが、何にもわずらわしさを感じない人などめったにいません。何をわずらわしく思うかには、その人の過去の経験や性格が大きくかかわってきます。自分はどんなことにストレスを感じ、どんなふうに影響されるのか——そのストレスによってひきおこされる感情、思考、行動——が理解できれば、困難な状況にもうまく対処できるようになります。自分自身のストレス反応に対処する訓練が、子どもに同じことをさせるための出発点となるのです。それができるようになれば、こわいと感じる出来事が起きても、親子ともに落ち着いていられます。

進化の結果、人間は危険に対して「闘争」「逃走」「フリーズ」の反応を取るようになりました。たとえば、あなたが原始人で、サバンナで突然ライオンに出くわしたとしましょう。からだからはアドレナリンやコルチゾールなどのホルモンが放出され、心拍数が上がり、血流がはげしくなって「危険！」のサインを出し、走る（逃走）——もしくは闘う（闘争）——準備をします。このように、人はからだで恐怖を感じます——心臓の鼓動が速くなる、汗をかく、からだが震える人もいます。その恐怖心が、「うわっ、ライオンだ！　闘うか逃げるか、助かるにはどっちがよい？」と思考を駆り立てます。「あの木にささっと登れるかな？　対決したところで勝ち目はあるのか？　死んだふりをするのはどうだろう？」いくつかの選択肢を思いめぐらし、とっさの判断をします。そして今度は、その思考が行動――（善しあしは別として）走るか、闘うか、途方に暮れてただ凍りつくか――を駆り立てます。これらの「闘争」「逃走」「フリーズ」の反応は生物学的なものですが、それらをどれくらい強く感じて反応するかは、個々人の遺伝的体質や気質、人生経験にかかっています。

生物学では遺伝的なもの（「持って生まれたもの」）と経験や環境（「身につけていくもの」）が複雑にからんでいるとされるのですが、肝心なのは、「何をストレスと感じるか」は一人ひとりが作り上げていくということです。

本章では、人はストレスに対して様々な反応を取りうるということを、いくつかのシナリオを通して見ていきましょう。

ジムとヘンリーは、マリア（8歳）とキャシディ（6歳）のふたりの子どもと暮らしています。ジムは中学の教師で、社会運動にも積極的にかかわっており、Xでは気候変動や設立にかかわった草の根のリサイクル団体についてよく発言します。あるとき、ひとりの生徒の親がジムの投稿について校長に苦情を言ったので、ジムは校長からSNSのアカウント停止を求められます。ひどく腹を立てたジムが帰宅し、ドタバタと家のなかに入ってきたので、ヘンリーは何があったのかと尋ねます。

「あんなまぬけな校長はクビだ」。ジムは怒鳴ります。「明日、直接そう言ってやる！　でも待てよ。

今日あったことを弁護士に話してからにするか。教育委員会にも知らせてやらねば！」

ヘンリーはあっけにとられます。「待て！　落ち着けよ。深呼吸してから、何があったのか話してくれよ！」

声を張り上げていきさつを語るジムに、ヘンリーが訴えます。「教師はきみがやりたかった大切な仕事だろ。もめごとを起こすなよ！」

「待てよ、ジム」ヘンリーは不安を感じます。

ふたりは言い合いになり、ジムは家を飛び出します。

「頼む、バカなまねはよせ、ジム！」ヘンリーがジムの背中に声をかけます。

ジムは深夜になってようやく家に戻ります。それからの数日間、ふたりのあいだにはぎこちない空気が流れます。よく眠れないヘンリーは、しょっちゅう寝返りを打ってはジムの仕事のことを心配します。ジムは日がな一日どうやって復讐《ふくしゅう》してやろうかと妄想をふくらませ、SNSアカウントもそのままです。弁護士にも連絡してみましたが、バカ高い依頼料を請求され、まともにとりあってもらえません。

ジムは生徒の親からの苦情を「脅威」と受け止め、攻撃されたのだからやり返してやらねばと考えました。ジムはそもそも向こう意気が強いタイプで、自分が人より強いと感じるのが好きなことは子どもの頃から気づいていました。小学校でいじめられたとき、いじめられなくなるまでやり返せと兄から教えられたのです。でもヘンリーは、ストレスや脅威に対して違った反応をします。争いはなるべく避けるべきで、そんなことをしても何の得にもならないと考えています。荒っぽい地域で育ったヘンリーは、相手に文句を言ったり言い争ってもろくなことがないと学んだのです。

自分で心のハンドルを握っていると思いがちですが、実際に思考をコントロールしているのは感情なのです。

ある朝、Ｉｎｓｔａｇｒａｍを開いたサラは、12歳になる娘が友人たちと露出度の高いビキニ姿で映った写真を投稿しているのを目にし、不安をおぼえます。投稿には、かなりひわいなコメントがついています。サラの心はしずみ、からだの震えを感じます。でも、自分が腹を立てているのは娘なのか、コメントした子たちなのか、こんなものを見てしまった自分なのか、よくわかりません。健全な娘がひわいなコメントにさらされていることへの悲しみ、そして娘を守ってやれない無力感も感じます。涙が込み上げ、不安を感じていることに気がつきます。手は汗ばみ、いろんな思いが押し寄せます。娘にこんな投稿をさせないようにするには、何ができるでしょう。サラはＳＮＳを使い慣れていません。投稿写真を見つめながら、こんなもの消してしまいたいと考え、「あの子の純真な子ども時代は終わってしまった」となげきます。「ほかにも私が見ていないものがあるのかも」とも考えます。「あの子はセックスに興味をもっているのかしら？　もうすぐ生理が始まれば大人の女性になる。まだ何の心の準備もできていないのに！」

サラが感じている怒り、悲しみ、恥じらい、罪悪感、不安がひきおこしているのは、心理学者が「認知のゆがみ」と呼ぶものです。はたして本当に、これは彼女が思うほど悲惨な出来事なのでしょうか。確かに、自分の子どもがSNS（かほかのどこか）で常識を欠いた行為をしているとわかれば動揺するでしょう。娘はＩｎｓｔａｇｒａｍでちょっと思わせぶりなポーズをきめているだけなのです。でも、サラの感情は、純真さの喪失やセックスとどんどん悪い方向へ妄想をふくらませています。悪い知らせを受けた親が、実際よりも悪く考えたり早合点したりすることはよくあり、ゆがんだ思考にとらわれることはだれにでも起こり得ます。特にひどくおどろいたときなどは、感情が混乱し、ものごとを明晰《めいせき》に見られなくなりがちです。

極端な考えに走ることの何が問題なのかと思われるかもしれません。結局、そんな考えは現実的でないと気づいて考えをあらためるのです。でも、ゆがんだ思考がやっかいなのは、人の理性を失わせ、後で悔むような発言なり行動を取らせかねないところにあります。

サラは自分の気持ちを静める時間を取ろうとしません。椅子に座る、深呼吸する、散歩に出るなどして負の感情から距離を取るどころか、電話を手にとり、校長に電話をかけます。留守電につながったので、「学校は子どもの安全管理がまったくできていないじゃありませんか」と、きつい調子のメッセージを残します。そして、職場にいる夫に電話をかけ、Ｉｎｓｔａｇｒａｍの投稿を削除する方法を尋ねます。会議をじゃまされた夫は不機嫌になります。サラ自身も仕事に遅れそうで、日課の運動もできなかったので気分がすぐれません。一日中考え事ばかりで、仕事にも身が入りません。娘に4回メッセージを送ったけれど、「ママ、落ち着いて☺ 今、学校なの。また後でね」と1回返信があっただけ。夜、自宅でようやく娘と顔を合わせたサラは、「どうしてあんな写真を投稿したの？ いったいどういうつもり？」と食ってかかります。口論になり、しまいに娘はドアをバタンと閉めて自分の部屋にこもってしまいます。やるせなさを感じたサラはワッと泣き出します。

Ｉｎｓｔａｇｒａｍの投稿というストレスに対し、サラは「戦闘」の反応を取っています。写真を見てから数時間もしないうちに、校長にけんか腰の伝言を残し、夫と口論になり、娘に食ってかかっています。実際に何があったのかについてじっくり考えるのは、「闘いを終えた」夜になってからです。もちろん、だれもがサラのような反応をするわけではありません。

ジェイミーとマーティンには、幼稚園児の娘エステルがいます。最近、エステルは寝つきが悪く、両親の寝室のベッドや床で寝たり、自分のベッドで親と一緒に寝たがります。幼稚園に通い始めて、もう半年が過ぎようとしています。「なぜ今になって？」ジェイミーとマーティンは不思議でなりません。ある朝、通園バスを待っていると、ほかの園児の父親が、自分の子どもはバスのなかで年長の園児にいじめられているようだと話してきます。マーティンは窓越しにバイバイと手を振りながら、エステルもいじめられているのかもしれないと考えます。子どもの頃にいじめられていたマーティンは、娘が同じ目にあっているかと思うとゾッとします。でも、「そんな大したことじゃない！　僕と違ってエステルは自信にあふれた、すてきな女の子だ。そんなはずはない」と自分をたしなめ、不安を心の奥底にしまい込みます。できるかぎり事を大きくしたくない、そんなことをしてもエステルを悩ますだけだと。このことについてジェイミーと話し合うまでもない、最近ジェイミーは仕事のことで頭がいっぱいだから動揺させるだけだと考えます。しばらくエステルの寝つきの悪さにつきあえばいいだけ、どんな悩みだろうとエステルならじきに乗り越えられるはずだと。

マーティンは「逃走」のストレス反応を取っています。悪い知らせを受けて「闘う」のではなく「逃げる」ことを選び、だれかとぶつかって感情的になることをいやがり、ややこしいかかわり合いを避けています。

では、「闘争」と「逃走」のどちらがよいのでしょう？　どちらでもありません。両方によい面と悪い面があり、ほとんどの人は状況に合わせて選択しています。まれではありますが、フリーズの反応もあります。

ジョンは、東海岸の海から1マイルのところに家族と暮らしています。育ったこの地域を、とても気に入っていますが、何度か経験したはげしいハリケーンを恐れてもいます。今、暴風雨が接近しており、今回は大型になりそうだと気象予報士が伝えています。市当局からついに避難勧告が出ました。猛烈なスピードで接近しているので、ゆっくり考える時間はありません。ジョンは途方に暮れます。避難所にはペットを連れて行けないし、子どもたちは犬を置いていくのはいやだと言います。でも避難しないなら、ハリケーンは自宅を直撃するでしょう。凍りついたジョンと家族は避難するタイミングを失います。幸い、嵐は予想されていたよりも規模が小さかったので、家族は全員無事でした。しかしジョンがとった「フリーズ」の反応は、くり返し起きている問題を浮き彫りにしました。彼が優柔不断なために、家族は適切な危機対応を取れなくなるのです。

ここまで紹介したシナリオからは、その人の気質や経験に加えて、感情や思考がいかにその人の行動を駆り立てているかがわかるでしょう。ジムは幼い頃の闘いをふたたび始めようとしていますし、マーティンはできるだけ事を荒立てたくないと考えています。サラは極端な想像をふくらませているためにまわりの人に食ってかかり、ジョンは過去の恐ろしい記憶が災いして、まひ状態になっています。悪い知らせを受けたからといって、人は必ずしも理性的に考えられなくなったり、意図的な行動ができなくなったりするわけではありません。でも、思考や感情に駆られたことのない人などいないのではないでしょうか？　ストレスに流されて、後で悔やむような言動をしてしまわないためには、「悪い知らせサイクル」に陥らないようにするしかありません。サイクルの流れを止めるには、自分が経験していることに意識を向け、意図的な行動を取る必要があります。わき起こる感情にきちんと目を向けることで、否定的な思考や行動に陥らずにすむので、家族全員を巻き込むこともなくなるでしょう。

最初のジムの事例に戻り、別のシナリオを考えてみましょう。

ジムのＳＮＳへの投稿に生徒の親が苦情を寄せたので、校長はアカウント停止を求めてきました。

校長と話しながら、ジムはからだがほてり、汗ばむのを感じます。不安感だけでなく怒りも込み上げ、心臓の鼓動が速くなります。校長に怒鳴ってやりたい衝動に駆られ、自分のなかの怒りの感情に気がつきます。でも、実際に声に出して窮地に陥る前に思いとどまったジムは、校長が話しているあいだに何度か深呼吸をします。話が途切れると、「スミスさんが私の投稿に気分を害されたことは理解したので、少し考えさせてください」と言います。校長とは後日あらためて話し合うことにします。

どんな対応が考えられるかヘンリーと話し合ったジムは、翌日、校長に「これを教育に活かすのはいかがでしょう？　ＳＮＳが持つ影響力について生徒たちに考えさせるよい機会になると思うんです」と提案します。校長も関心を寄せたので、ふたりは数日後に意見交換の場を持ちます。授業のねらいは、気候変動や社会問題に関するＸのポストを題材に、ネット上のやりとりについて生徒に議論させ、理解を深めさせることです。校長は苦情を申し出たスミスさんにも連絡し、授業案づくりに参加してもらいます。３人は礼儀正しく話し合いを進めます。意見が分かれる場面もありますが、ＳＮＳについて教育する必要性については意見が一致しています。

このシナリオでのジムは、自分が強い負の感情を抱いていることを認め、それらに飲み込まれることなく対処しています。そのため、明晰《めいせき》に考えた上で意図的な行動を取ることができ、状況を改善させています。ＳＮＳアカウントの停止を免れただけでなく、校長や苦情を申し出た親をも巻き込んで、前向きな取り組みを率いる立場となっています。

娘の挑発的な写真にすっかり面くらったサラはどうでしょうか？　最初のシナリオでは、動揺のあまり、ろくに考えることなく反応しました。写真とふしだらなコメントを目にしたことではげしい負の感情を抱き、さらに悪い状況を妄想しています。娘の純真な時代は終わったなどと破壊的な考えを抱き、状況を解決に導くどころか、あおる行動を取りました。

では、サラが自分の感情に目を向けたなら、どうなるでしょうか。

サラは胃が飛び出しそうな気分で、からだは震え、涙が込み上げてきます。不安で心臓がバクバクしています。でもハッとして、いつもこんなときに誤りを犯しがちだと気づきます。ひとっ走りして頭をすっきりさせようと思い立ちます。外を走りながら、自分の感覚に目を向けます。顔にあたる風、通り過ぎる車の音、落ち葉のカサカサ鳴る音……。家に戻り、シャワーを浴びて身支度するあいだ、写真の件から少し距離を取れています。何か手を打つべきですが、意図的でありたいと思います。まずはくわしいことを知りたいと考え、写真に映っているほかの女の子の親に電話をし、この件を把握しているか聞きます。すると、ひとりの母親は知っていました。どうやら同じ学校のほかの生徒たちがかかわっており――写真とコメントを合わせると20名ほど――コミュニティとしてどう対応すべきかを親たち同士で話し合うことにします。校長にメールで打診したところ、保護者会の開催を承諾してくれました。学校職員と保護者たちは数日かけて、子どもたちにプライバシーや写真シェアについて教える計画づくりを進めます。後になってこの件を振り返ったサラは、娘やほかの子どもたちに写真をネットに公開することの長所と短所について教える機会を持ててよかったと思います。

今回のシナリオでは、サラはいくつか異なる行動を取っています――写真を目にした直後に計画を立てたことで、その後の行動が大きく変わっています。感情に対処する時間を取ったので、衝動的な反応を取らずにすんだのです。行動を起こすまでに時間をおいたことで、感情とのあいだに距離が生まれ、自分がどんな結果を望んでいるかを判断することができたのです。行動に意図的であろうとし、自分の親としての価値観を意識したサラは、SNSに潜む危険性について娘や娘の友人たちが学ぶ機会にしようと思い立ちます。ほかの保護者たちも巻き込んだことで、この一件を深刻に受け止めているのは自分の親だけではないということを生徒たちに強く印象づけることができました。また、娘との会話を台無しにするどころか、その扉を開いています。その後数週間、サラと娘はSNSのメリット・デメリット、個人情報が漏れやすいこと、公開してよいものとそうでないものの基準など、たくさん話をしました。娘との話題が、プライバシーを守ること、年頃の女の子たちの考え、自分を大切にすることなどにも広がり、サラはうれしく思います。娘と話をするときは、ふたりともが気持ちがおだやかで、ほかのじゃまが入らないタイミングを選ぶよう心がけました。

最後に、マーティンの事例を見てみましょう。娘のエステルが最近よく眠れず、両親もその対応に追われています。ある日通園バスを待っているときに、いじめの話を耳にしたマーティン。最初のシナリオでは不安な気持ちを隠しましたが、今回はちょっと違います。

マーティンは頭がいっぱいの状態でバス停を去ります。家に入ると、不安感が高まるのを感じます。子どもの頃に通園バスのなかでいじめられたとき、両親は「たたき返してやりなさい！」と言うだけでした。人がどれだけ残酷になれるのかを思うと、マーティンはいまだに気分が悪くなります。だから自分の子どもたちには、人に親切にすることの大切さを言い聞かせてきました。それだけに、陽気なエステルがいじめられているかもと考えるだけで気が動転し、呼吸が乱れてきます。手の震えを止めようと、キッチンのカウンターの端をぎゅっとにぎりますが、胃がムカムカし、吐き気がしてきます。自分の感情に目を向けて対処しないと、感情に駆られて自制心を失ってしまいそうだと気がつきます。

マーティンは椅子に座って2〜3回深呼吸してから、1分ほどじっとして気分を落ち着かせます。床についた足、からだの横にある手、口のなかの感覚……順に確認していきます。次に台所に意識を向けます。におい、目に入るもの、音などをゆっくりとりこんでいきます。はげしい負の感情にとらわれていることに気づいたので、音楽をかけて気をまぎらわすことにします。そろそろ仕事に行く時間です。コーヒーを飲んでから車に乗り込み、ラジオをつけます。職場に入る前、今朝起きたことを振り返り、この件は妻のジェイミーと一緒に対処しようと考えます。昼休みに電話して相談してみよう、ジェイミーはこういったことに落ち着いて対応できる人なのでしっかり話し合えるはず。そう決めると、マーティンは仕事に集中します。昼休み、職場の外からジェイミーに電話をかけます。マーティンが動揺していることは電話越しのジェイミーにも伝わります。でもふたりは実のある会話ができ、いじめで悩んでいるのかどうかをエステルに聞く方法、もしそうならどんな対応を取るべきかを話し合います。エステルを動揺させないためにはジェイミーから話を切り出すこと、マーティンは助け舟を出せるようにそばにいるけど、不安が強まったら部屋を出て行くことで意見がまとまります。放課後の習いごとを終えたエステルをふたりで迎えに行きます。マーティンが夕食を用意するあいだ、ジェイミーからエステルに幼稚園や通園バスの様子について話を切り出します。

ストレスの処理方法

今回は何が違うのでしょう？　前回のシナリオでは、マーティンはエステルがいじめられているかもと思うだけで、不安や悲しみ、恐怖におそわれました。自分が子どもの頃にいじめられていた記憶とエステルを心配する気持ちに打ちのめされ、（意識してかしないでか）問題にふたをしてしまいました。でも今回のマーティンは自分の反応を心得ているので、時間をかけて感情に対処しています。おかげで、不安な気持ちを感じながらも、意図的に対応できています。自分の感情を認め、深呼吸し、音楽をかけるという彼なりの「心落ち着かせ作戦」を用い、数時間おいてからジェイミーと話し合うという判断により、感情にうまく対処することができました。

親はただでさえ忙しい日々を送っています。そこに立て続けに悪い知らせが舞い込むと、まるでゲームのなかの標的にされたかのように感じられるでしょう。そんな状況で冷静さを保ち、自分の価値観を見失わないようにするには、どうすればよいのでしょう。混乱から早まって「ひき金」をひき、関係ない標的を撃って状況を悪化させないようにするには、どうすればよいのでしょうか。すでに述べたように、「不安」は人間が進化の過程で獲得した重要な信号で、危険が迫っていることを教えてくれます。でもときとして、脳は私たちをだまそうとします。なぜなら不安というのは、実際に目の前にあるものからではなく、私たちがそうなっていると知覚するものから生じるからです。知覚は、一人ひとりの生い立ちや感受性によってかたちづくられます。あなたが不安や恐怖に流されなければ、恐ろしい出来事を乗り越えようとする子どもたちを、ずっと効果的に手助けできるでしょう。

親として大切なのは、あなたや配偶者またはパートナーが何に不安を感じるのかを把握しておくことです。自分たちが何に不安を感じるのか、ふたりのあいだに違いがあるのかを知っておくことは、子どもの不安を理解し、対処する上で役立ちます。

ワーク：からだのどの部位でストレスを感じているか？

このワークでは、あなたが「ライオン」に出くわしたときに——恐怖によって「戦闘」するにしろ「逃走」するにしろ——何が起きるのかをくわしく見ていきます。不安やストレス要因にぶつかったときに自分に何が起きるのか——ひきおこされる感情、思考、行動——をリアルタイムで確認します。そうすることで、自分がなぜそんな反応をするのかがより理解できるようになります。どんな感情を抱き、それらがどう作用しているかがわかれば、感情に対処しやすくなるでしょう。

ここ最近、ストレスに感じる出来事はありましたか？　国や地域など事の大小は問いません。家庭内でのものめごとや職場でのゴタゴタでもかまいません。その出来事が起きたとき、あなたのからだがどんなふうに感じたかに着目し、次ページの図に書き入れてください。からだのどの部分で悪い知らせを感じましたか？　心臓の鼓動は速まりましたか？　手は汗ばみましたか？　ひざが震えましたか？　どんな表情になりましたか（スマートフォンをインカメラにして確認するのもよいでしょう）？　あなたが「ストレスを感じた」とき、どんな感情がわき起こりましたか？　怒り、恐怖、いら立ち、それとも困惑でしょうか？　感情を見分けるには、からだの感覚や表情がヒントになるでしょう。

自分の感情を言い表すのがむずかしければ、深呼吸をして、からだの各部位に目を向けてみましょう。目を閉じると集中しやすいかもしれません。手は震えていますか？　汗ばんでいますか？　心臓の鼓動はどうですか？　筋肉がこわばっていますか？　からだのどこでストレスを感じているかを書き出します。そこからどんな感情が込み上げていますか？　悲しみ、恐怖、不安、困惑、恥ずかしさ、怒り、やましさ、それともそのほかの感情でしょうか。

過去のことを思い出すのがむずかしければ、今度ストレスを感じる出来事があったときにやってみてください。心の準備ができていれば、自分の反応に意識を向けやすいでしょう。ここで気づいたことは、本章の後半で使います。

次に、あなたの配偶者（パートナー）にも同じことを試してもらいます。やっかいなことが起きたとき、あなたの配偶者はどんなふうに反応しますか。すでに心当たりがありますか？　もしくはふたりで

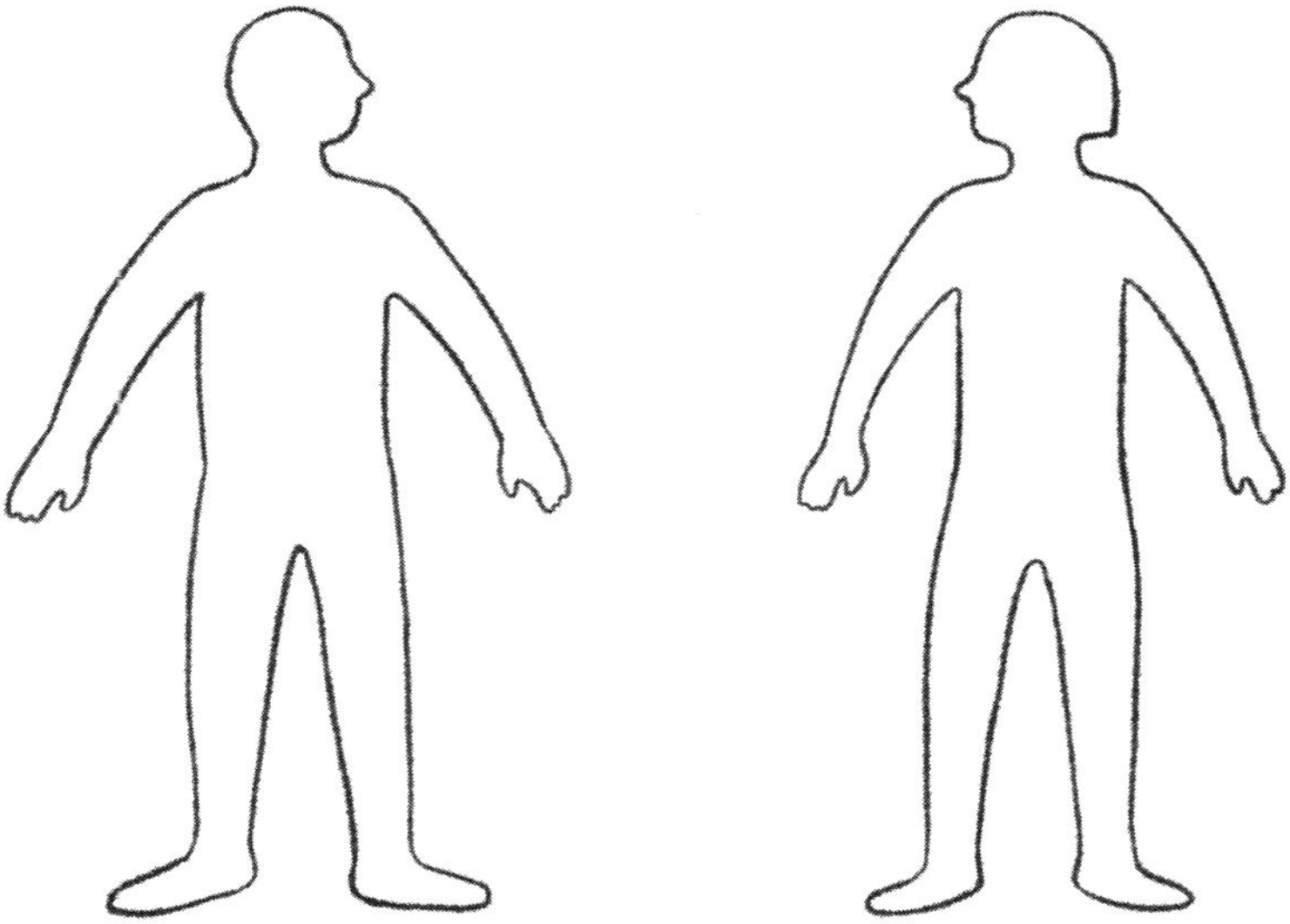

話題にしたことがあるかもしれません（私は夫のひざが震えるとストレスを感じているのだと察します）。すでに知っていても、あらためて配偶者に聞き、悪い知らせを受けると、からだのどの部分でそれを感じるのかを、上の図に記入してもらうとよいでしょう。

ストレスを受けたときの感情、からだの感覚、表情を確認できたら、次にそれらが思考にどう影響しているかを見ていきます。

ストレスを感じたとき、あなたやパートナーがどんなふうに反応しているかを客観的にチェックすることは、はげしい負の感情に飲み込まれず、一定の距離を保つ上で避けて通れないステップです。日常的に瞑想を行うなど、自分の感情を客観的に眺め、認める練習を重ねている人は、「今ある状況」を変えるよりも受け入れることを大切にし、より幅広い視野でものごとを見ることができます。自分やほかの人が何を感じ、どう行動しているかに意識を向ければ向けるほど、おたがいの感情、思考、行動に対して、衝動的にではなく意図的に反応できるようになるでしょう。では、ストレス反応についてのワークにすすみましょう。

ワーク：悪い知らせにどう反応しているか

悪い知らせにどんなふうに反応しているかについて、パートナーと話し合ってみましょう。10〜15分ほど時間をかけたいので、子どもが寝ているときなど、ふたりだけになれるタイミングに行います。最初の数分で、自分がどんな反応をしているかを紙に書き出します。次に、相手がどんな反応をしているかを別の紙に書き出します。さあ、ここからが見ものです！

書き出したものを見比べてみましょう。それぞれが書いた「自分の反応」は、どれくらい違いますか？　それとも似ていますか？　「相手の反応」はいかがですか？　あなたが書いた「自分の反応」とパートナーが書いた「相手の反応」を見比べるとどうですか？　似ている点や違いがあるでしょうか？

ワーク：鏡を使った感情ゲーム

基本的な感情は「楽しみ」「怒り」「悲しみ」「嫌気」「恐れ」の５つであることは、研究者のあいだでもおおむね意見が一致しています。確かにこれら５つの感情は、私たちが日々経験することの多くを特徴づけていますが、当惑、興奮、おどろき、恥じらいなど、このほかにも多くの感情があるでしょう。ストレスのかかる出来事が起きたとき、生理的にどう反応しているかを見ることは感情を理解する手がかりとなります。ポーカーの名手ならよく心得ていることですが、感情は顔の表情にもよく現れます。顔の表情やそれらの解釈は、文化や人種、国籍を超えてかなり普遍的であることは、幅広い研究によって確認されています。

ひとりの時間に鏡を使ってやってみましょう。感情をひとつ選び、その表情を作ったら鏡を見ます。最初は「うれしい」という感情で試しましょう。どんな表情ですか？　おそらく口角が上がり、唇が開き、笑っているでしょう。目のまわりはどうですか？　目は細くなっていますか？　口のまわりに「笑いじわ」はできていますか？　鼻の穴は広がっていますか？　同じことをほかの感情でも試し、顔の各部位がどう変化するかに注目します。

これを、パートナーや友人とゲーム感覚でやってみましょう。ひとりがある感情の顔を作り、相手に何の感情かをあててもらうのです。これを2～3パターン試したら、次はふたりでどの感情にするかを決め、それぞれがその表情を作って、おたがいの顔を見比べます（鏡を使うか写真を撮るとよいでしょう）。表情は似ていますか？　顔の各部位はどうなっていますか？　私たちは、眉、口、目、鼻、額をどう動かすかで、実に多くのことを物語っています。同じことを、いくつかの感情で試してみてください。感情にまつわる表情や生理的特徴に着目することは、自分やほかの人の感情を読み取れるようになるための第一歩です。

心の落ち着かせ方

感情を見分けられるようになったら、次は、感情にどんなふうに反応しているかを見ていきましょう。

これまで、あらためて感情について学ぶことは、家でも学校でもほぼありませんでした。ですが近年は、私の同僚マーク・グリーンバーグ博士が共同開発したＰＡＴＨＳカリキュラム（「Promoting Alternative Thinking Strategies」）などの教材を使って、「社会的・感情的学習スキル」を教える学校が増えています。そして、感情に対処することを学ぶのは効果的なだけではなく、成績も向上するとの研究結果が多数報告されています。では、あなたが子どものとき、感情についてを何をどんなふうに学んだかを思い起こしてみましょう。はっきりとでもそれとなくでも、今でもおぼえている教えは何かありますか？　ロンドンで子ども時代を過ごした私が身につけたのは、「感情を表に出すな（stiff upper lip）」というメッセージです。「すべての思いは胸の内に秘めて冷静でいなさい」という意味のイギリスの言葉で、泣くなんてもってのほかとされました。第二次世界大戦中に流行し、ポスターやマグカップなどあらゆるところに登場したロゴ「Keep Calm and Carry On」（「冷静に戦い続けよ」）を意味し、イギリス政府が国民の士気を高めるために作成した）のように、自分をコントロールして感情を抑え込みなさいとの意味合いです。感情をむき出しにすることは弱さの現れとみなされ、それが負の感情なら、ひんしゅくを買うほどでした。

当然ながら、「感情を抑える」の反対は「感情をさらけ出す」です。他者からどう思われるか、他者にどんな影響を及ぼすかを気にせず、何の遠慮もなく感情を表現することをいいます。この精神が花開いたのは、アメリカの若者が彼らの親世代が大切にしてきた戦後の常識や義務をかなぐり捨てた60年代のヒッピー文化でした。そんな自由さのプラス面は、他人から期待されているものになろうとするのではなく「ありのままでいる」「本当の自分」を見せることです。でも、「感情をさらけ出す」には、心が不安定になるというマイナス面もあります。たとえば、腹を立てたときに大声を出せば、本人は気持ちを「吐き出せる」かもしれませんが、そばにいる子どもはびっくりするでしょう。「感情を表に出さないようにする」のも同じです。子どもは、相手の心のなかでうごめく感情を見抜くずばぬけた能力を兼ねそなえているのです。

では、感情をむき出しにすることと、（心のなかは煮えくり返っていようと）冷静さを保つことの中間はあるのでしょうか？　人はだれでもはげしい感情を抱きます。そのこと自体を止めることなどできません。でも、感情への対処の仕方なら選ぶことができます。衝動的ではなく意図的に反応するには、自分と感情とのあいだにスペースを確保し、心を落ち着かせる必要があります。

あなたの「感情スイッチ」はどんなときに押されますか？　私の場合は、職場から車で帰宅しているときに、ラジオから天候が荒れる（竜巻警報など）との情報が入ってくるときです。渋滞に巻き込まれていると、最近ヘイトクライムが増えているとのニュースが流れてきます。恐ろしさを感じ、血管がドクドクしてきます。心臓の鼓動が速くなり、胃がギュッとしめつけられます。これが私への警鐘になります。

からだの変化に気づくと、私なりの「心落ち着かせ作戦」が始まります。ほぼ自動的に、深い腹式呼吸を数回します。５秒かけて息を吸って10秒かけて息を吐き出す、ゆっくりとした呼吸を運転を続けながらくり返します。そして、今できることに思いをめぐらせます。ストレス要因のひとつはニュースなので、ラジオを消して静かにするか、ゆったりとした音楽をかけます。それから、自分をその場に根づかせる努力をします。できるだけ多くの感覚を働かせて、自分をとりまく状況や今している行為に意識を向けます。ハンドルをにぎる自分の手の圧を感じる、車の窓にあたる雨音に耳をすます、まわりを走る車の色や濡《ぬ》れて光っている車体、どんよりとした灰色のにぶい光などに注意を向けます。「今ここ」に意識を集中させることで、不安な思考の悪循環に陥るのを避けます。そのおかげで、ハンドルをたたく、スピードを出し過ぎるといった、後で悔やむような衝動的な反応をすることなく、安全運転ができるのです。

あなたにも自分なりの「心落ち着かせ作戦」はありますか？　多くの人に効き目がある方法をいくつかご紹介しましょう。

●深呼吸を10回する。悪いことが起きたりパニックになったりすると、おなかや横隔膜ではなく胸部だけを使った浅い呼吸になりがちです。十分な酸素を取り込めないと息切れを起こし、不安な気持ちはさらに高まり、ひどい場合はパニック発作をひきおこします。深呼吸ならいつでもどこでも実践できます。おなかの奥深くまで空気を届け、体内の酸素を入れ替えると、心拍数が下がり、血圧を下げ、窒息状態になるのを防げます。鼻からゆっくり息を吸い込み、肺をたっぷり空気で満たしておなかをふくらませ、吐くときはさらにゆっくり、10秒くらいかけて風船をふくらますように口から息を吐き出し、おなかがへこむのを感じます。

●情報インプットを中断する。ニュース番組を消す。コンピューターやスマートフォンをオフにする。新聞を見ない。

●その場を離れる。その場を立ち去るだけでもよいですが、外を少し散歩するとより効果的です。その場を離れるのがむずかしければ、今いる状況に自分を根づかせる努力をしましょう。床に接した靴、靴のなかの自分の足、まわりのにおいや音を感じるなど、多くの感覚を働かせて、からだが知らせてくれるものに注意を向けます。そうすることで、不安な気持ちから今ここにいる自分に意識を向けられます。

●ユーモアを用いる。状況を明るくし、緊張をやわらげます。

●質問する。出来事について情報を集められるとともに、はげしい負の感情から距離をおき、どう対応すべきかを考える時間が取れます。

●聴く。一緒にいる人の話に耳を傾けます。一緒にいるのが子ども、またはぶつかっている相手のときはなおのことです(「意図的な傾聴」については5章で解説します)。

●気をまぎらわす。音楽を聴く、雑誌や本を読む、テレビを見る、ストレスボールを握るなど。

あなたに効きそうな作戦を書き出せたら、パートナーに効果的な作戦についても考えてみましょう。ふたりの作戦を比べると、どれくらい違っていますか？　意外なものはありますか、それとも想像どおりでしょうか？

これらの作戦を取ると、はげしい負の感情を抱いたときに取りがちな反応に待ったをかけやすくなります。反射的な反応を抑え、落ち着いた心持ちでいられるよう、長期的に心を鍛えることもできます。マインドフルネス瞑想、祈り、ヨガ、太極拳などを習慣にすれば、日常のあれこれから解放され、健やかなひとり時間を過ごせるようになり、気分も晴れ、否定的な反応が減っていくでしょう。ありがたいことに、ネット上には無料から有料版まで、様々な音声・動画サービス、アプリが提供されています。時間も数分から1時間超のものまでいろいろあり、音の種類もカスタマイズできます（環境音、音楽、ゴング音、音なしなど）。感情に対処するには訓練が必要で、練習を重ねれば重ねるほどスキルが身につき、難なくできるようになります。

感情が思考や行動を左右する

自分やパートナーの感情をこれほど意識する必要があるのは、感情が思考や行動を左右するからです。自分が何を感じるかは変えられませんし、そんなことは試みるべきではありません。でも、感じたことにどう対処するかなら変えられます。

どれほど注意していても、いったん負の感情がうず巻くと、マイナス思考――思い込み、断定、自己批判、評価――にかたちを変えることがよくあります。たとえば、「私はおびえている」は感情ですが、「この恐怖を乗り越えるなんて絶対にムリ」は思考です。そして、ストレスがかかる恐ろしい状況においては、そうした思考がどっと押し寄せるので、理性を吹き飛ばしてしまうのです。その典型が次の事例です。

ダンテは父親として、自分の子どもたちが嫌われ、いじめられることを懸念しています。子どもの頃に仲間外れにされ、学校が嫌いだったダンテは、自分の子どもたちが同じ憂き目にあわないよう、スポーツクラブに入れ、自らコーチを務め、ＰＴＡ活動にも積極的に取り組んできました。ところがある日、娘が泣きながら帰宅し、いじめられたと言います。大きなショックを受けたダンテは、「僕は父親として失格だ」と考えます。「子どもたちがいじめられないよう、やれるだけのことをやってきたつもりだったけど、何もわかっていなかった」と自分を責めます。

子ども時代のつらい経験を思い出したダンテは、すぐさま否定的かつ破滅的な思考に襲われます（「僕は父親として失格だ」「何もわかっていなかった」）。だれにでも、気が動転したときにひとりでに起こる

「お決まりの」否定的な思考があり、それによって自分を消耗させがちです。よくあるのが「インポスター症候群」で、「あーあ、うまくいかなかった。私はまったくの役立たず。ミスしたことをみんなに知られたら、あいつはまったく使えない、何が言いたいのかよくわからないやつと思われる」といった発想をします。

このような思考には、どう対処すればよいのでしょう？　文字どおりに受け取れば、さらに負の感情をかき立て、軽はずみな反応を取るだけです。なので、どうしてそんな思考を抱いたのかを疑ってかかるしかありません。ダンテの場合であれば、「僕が父親として失格という証拠はあるのか？」「この一件だけをもとにこんな考え方をしているのか？　これまで娘がうまくやれていたことはどうなる？」「そもそも何をもって『成功』や『失敗』を判断しているのだ？」などと自分に問いかけるのです。

はげしいマイナス思考に待ったをかけ、よくよく考えてみたダンテは、娘がいじめられたと聞いて気が動転してしまい、「お決まりの」自分に厳しい見方をしてしまっていることに気がつきます。そんな考えをしたところで苦しいだけ、娘の助けにならないと考え直したダンテは、その思考を手放すことにします。すると、何があったのかと娘に聞くことすらしていないことに気がつきます。極端に否定的な感情を脇へやったことで、娘の話に耳を傾ける余裕が生まれ、前向きに問題に対処できるようになったのです。思考が感情と行動を結びつけていることが理解できると、ものごとの本質が「見え」やすくなります。的はずれで役立たずな思考には、特に効果があるでしょう。

このように思考は行動を大きく左右します。そのため、やっかいな思考を抱いたときには、それは本当に正しいのかをよく確かめ、必要に応じて修正するか手放せるようになることが重要です。本章の前半で紹介したシナリオでは、強い負の感情がよからぬ思考をうながし（「娘の純真な子ども時代は終わってしまった！」）、その思考がとんでもない行動を取らせる（「校長に文句を言ってやろう！」）事例を見ました。しかしありがたいことに、その逆もあてはまるのです。つまり、思考を見直して、感情的な反応に対処できるようになれば、よく考えた上で意図的に行動することができ、問題を解決に導きやすくなり、取り返しのつかない事態を避けられるのです。

ワーク：ストレステスト

ここ最近で何かストレスを感じたことはありましたか？　ひとりで少し時間を取って考えてみましょう。もしくは、今度そんな状況になったときに考えてみるのでもかまいません。思いがけず悪い知らせがあった、または何か面倒なことが起きて動揺したことなどです。何も悲惨なことである必要はありません。まいってしまうほどではないけど、わずらわしさを感じたことなどでも大丈夫です。ここからは、その出来事にまつわるあなたの感情、思考、行動を確認していきます。そして、すでに確認したあなたの「心落ち着かせ作戦」を用いれば、もっと適切な反応ができたかどうかを見ていきます。

まずはじめに、その出来事についての詳細を書き出します。何が起きたのか、だれが関係していたか、どんなふうに始まって終わったか（明確でない場合は「継続中」とする）。

さらに、あなたがその出来事についてどんなふうに感じたかを書き出します。その出来事をストレスと感じたことに、どうやって気づいたのですか？　からだのどの部位が反応していましたか？　顔の表情はどうでしたか？　ほかの人もかかわっていたなら、その人たちの表情からも影響を受けましたか？

あなたが味わった感情をすべて書き出してください。

次に、あなたが何を思ったのかを思い出してみましょう。人によっては感情より先に思考がくる人もいるので、順番が逆でも問題ありません。どんな考えが頭をよぎったのか、思いついたものから書き出します。きれいに時系列に並べる必要はありません。その出来事にほかの人（パートナーや子どもなど）もかかわっていたのなら、その人たちに関する考えだったかもしれません。

それでは、これらの感情や思考が、あなたが取った行動にどう影響したのかを書き足していきましょう。ここでも、ほかの人がかかわっていたのなら、その人たちの行動から影響を受けているかもしれません。思考――起きた出来事を感情に基づいて解釈したもの――は行動にどう影響しましたか？

状況が改善したのなら、どんな方法が役に立ったのですか？　否定的な思考がひとりでに浮かんでしまったのなら、そこからどうやって状況をとらえ直せたのですか？　あなたが取った行動によって、出来事の結末に違いが生まれたと思いますか？　衝動的ではなく意図的に反応したことで、ほかの人たちの反応はどうなりましたか？

今度ストレスを感じる出来事があったら、このように自分の感情、思考、行動をどれだけ客観的にチェックできるか試してください。次のような問いかけをしてみるとよいでしょう。

- 不安になると、私の表情は［　　　　　　　］となり、からだには［　　　　　　　］の感覚があり、ひとりでに［　　　　　　　］な思考をし、［　　　　　　　］な行動を取りやすい。

●［　　　　　　］をすると気持ちが落ち着いた。

●心を落ち着かせて、意図的に反応したことで、私の行動は［　　　　　　］に変わった。

自分の感情に対処できるようになることや、感情のひき金についてパートナーと話し合うことは、かんたんではありません。しかし、子どもの感情コントロールを手助けする土台となってくれます。

本書のテーマは「子育て」と「ストレス」

ストレスがあると子育てに支障をきたす、という考えは今や常識かもしれません。でもこの関係性は昔から認められていたわけではなく、「ストレス」と「子育て」が関連づけられたのは20世紀以降のことです。ストレスがどう子育てに支障をきたすのかを具体的に理解する必要があります。グレン・エルダー博士とランド・コンガー博士は同僚らとともに、1989年に発生した農業危機がアイオワ州の農家にもたらした衝撃を考察する画期的な研究を行いました。10代の若者がひとり以上いる400以上の世帯を対象に、経済的苦境が両親にひきおこすストレスが、彼らの子育て、ひいては子どもたちの社会的、感情的、行動的な健康をどれほどゆるがしているかを調査したのです。それ以降、文化、環境、家族が直面する苦難の種類は違っても、同じような研究結果がほかの研究者たちからも報告されています。

2005年からミネソタ大学で准教授を務めている私は、これらの先行研究を足掛かりとして、「トラウマの体験」という別のストレス要因に着目した研究に同僚たちと取り組んできました。家庭内暴力が起きている家族、戦争や災害から逃れている家族、そしてこの10年は親が戦地に派兵された家族を対象に研究を行い、多くの知見を得てきました。兵士の家族に関する研究ではまず、親がイラクやアフガニスタンに派兵されていて、学齢期の子どもがいるアメリカ中西部の336世帯を対象としました。戦地にいる親は兵士としての任務と大切な家族を心配する気持ちのバランスを取らなければならず、家に残された親は戦地にいるパートナーを心配しながらひとりで子どもの世話をして安心させてやる必要があり、子どもは戦地にいる親との別れと安全を心配する気持ちに向き合っています。親の派兵により、家族全員が「最前線に立たされる」のです。帰還後にも兵士と家族にインタビューをして親子のやりとりを録画するとともに、子どもたちの教師にもインタビューしました。これらのデータから、出兵に関するストレス（心的外傷後のストレス症状など）は子育てにおける問題と関連があり、ひいては、子どもの社会的、感情的、行動的な順応を危険にさらすことが明らかとなりました。

私たちの研究については当時もそれ以降も、革新的な心理学者であるジェラルド・パターソン博士と（彼の人生のパートナーでもあった）マリオン・フォルガチ博士にとても感謝しています。彼らは、ストレスが親子間のやりとりの一瞬一瞬に影響すること、そして子育ては学べるものであることをはじめて提唱したのです。彼らが開発した「ジェネレーションPMTO（Parent Management Training-Oregon Model）」は、親が子どもにポジティブな言動や問題解決のやり方を教え、子どもの行動を制限および見守りながら子どもたちとの時間を楽しめるようにしたもので、今や世界で最も研究が進んだ子育てプログラムとして活用されています。

私の研究室では、トラウマの体験に向き合いながらも、子どもに前向きな言動を身につけさせようと奮闘している親たちのサポート方法を具体的にしたいと考えました。自分自身がはげしく「大きな」負の感情にとらわれているときに、子どもの言動と向き合うのは並大抵のことではありません。恐ろしい出来事が起きると、感情の砂嵐が発生し、ものごとの全体像が見えにくくなります。よほど明確な地図を手にしているか、目的地までの道順を記憶していないかぎり、目の前で起きていることが見えにくくなるのです。そこで私たちは、トラウマの体験のさなかにありながらも自分や子どもの感情にうまく対処したいと考える親をサポートするため、「ジェネレーションPMTO」を改編し、ADAPT（After Deployment Adaptive Parenting Tools）プログラムを開発しました。このプログラムは現在、全米の米兵家庭で活用されています。

以上のように、私はこれまで、暴力、戦争、派兵などの精神的苦痛に見舞われた嵐のなかでも歩みを進め、思いやりを持って家族をひっぱっていきたいと考える親たちの支援にキャリアをささげてきました。嵐になるとわかっていながら目的地のない旅に出ようとは思わないように、本書の旅もロードマップづくりから始めたいと思います。まずは、あなたが子育てで大切にしたい価値観を確認しましょう。

ロードマップ：子育てで大切にしたい価値観の確認

あなたがどうやって今日のような親になったのか、自分の子どもにどんな価値観を伝えたいと思っているのかについて少し考えてみましょう。これを機に子育て帳を作ってもよいですし、ルーズリーフ用紙に走り書きして、後でファイルにまとめるのでもよいでしょう。新しいページに、次の質問への答えを書いてください。あまり長い時間をかけて考える必要はありません。

1. あなたにとって大切な幼い頃の経験を３つ挙げてください。引っ越し、入学、初デートなどの出来事でもよいですし、家族でのお祝いごと、節目の誕生日、元気をもらった、またはぞっとしたときのことでもかまいません。

2. あなたの子ども時代を特徴づけると思う境遇や事実を３つ挙げてください。家族に起きた出来事（離婚、別居、親との死別、きょうだいの問題など）、経済状況、社会的環境（自分や属するコミュニティがマイノリティであるなど）などです。

3. あなたの性格や人柄を表す単語やフレーズを３つ書き出してください。あなたが自分をどう見ているかで、他人があなたをどう見ているかではありません。あまり考えすぎず、最初に思い浮かんだ3つで大丈夫です（あまり時間をかけると、自分を必要以上に厳しく見てしまいます）。

4. 書き出した内容をもとに、「これらの要素、記憶、境遇、性格が、自分の親としてのあり方にどう影響しているか？」を自分に問いかけます。ここでも、頭にパッと浮かんだことを書き留めます。

たとえば、「子どもの頃、私はまわりの人と違うという思いが強くて違和感があった。子どもには居心地のよい場があることがとても重要だと思うので、子ども同士が集まる機会をつくり、地域や学校になじめるよう心がけている」。もしくは「両親が離婚してからは寂しさを感じていたが、教会に通うことで精神的に救われた。子育てにおいても、宗教が大きな意味を持っている」など。

5. 最後に、あなたが子育てで大切にしたい価値観を確認しましょう。ほかの人のじゃまが入らないところで、少し長めの時間を取ってやりましょう。でもせいぜい5分以内で終わらせてください。では、あなたが健康で70歳の誕生日を迎えている場面を想像してください。子どもたちがパーティーを開いてくれています。

よく晴れた日、お気に入りの場所で友人や家族に囲まれています。にぎやかな雰囲気のなか、まわりにいる人たちの笑顔を見まわします。あなたの子ども（すっかり大人になっています）が立ち上がり、お祝いのスピーチを始めます。集まったゲストに向かって、あなたからどんな影響を受けてきたか、どんな考え方を教わったかなど、子ども時代の思い出を話します。そこで子どもが言いそうなことを書き出してみましょう。まじめにこつこつ働いてきたことや地域に尽くしてきたことでしょうか？　教育や祈り、自負心を持つことの大切さでしょうか？　自分を愛して、自分の主義主張を守りとおしてきたことでしょうか？

ここで子どもに話してほしいことこそ、あなたが子育てで大切にしたい価値観です。こんなことをパートナーと話し合う機会はそうそうないと思いますが、親は暗黙のうちに自分の価値観を子どもに伝えています。自分の価値観を（はっきりと）意識しておくと、子どもと正義や社会の分断といった価値観がかかわってくるむずかしい話をするときに役立ちます。

パートナーにも同じことを実践してもらい、それぞれが書き出した内容について話し合ってみましょう。ふたりの価値観は似ていますか？　違っていますか？　どうすればそれらの価値観を子どもに伝えられるでしょうか？　本書では、こうした点についても語り合っていきます。

3章
持って生まれたもの、身につけていくもの、親子のダンス

子育てとは、何年ものあいだに交わされる、何千回もの会話の積み重ねです。会話についての働きかけは、子どもがまだこの世界についてよく知らない、ごく幼い頃から始まります。親は、子どもたちと話をする方法、また子どもが様々なこと（重大なことからささいなことまで）を話してくれるようになる方法を学ぶ必要があります。この時期の子どもとよい関係性を築ければ、それが激動する世界を生きる子どもの〝いかり〟ともいうべきよりどころとなるのです。そんな親と子どものかかわり合いは、「家族で踊り続けている」と表現できるものになっていきます。

子どもの世界のとらえ方

子どもたち——特に幼い子ども——は、親の目を通して世のなかを見ています。ここで、あなた自身の幼少期にあった恐ろしい出来事を思い出してください。それは、世界を震撼《しんかん》させた出来事（チャレンジャー号爆発事故、オクラホマシティ爆破事件、２０００年問題、９・11同時多発テロ事件など）でしょうか、それとも家庭など身のまわりで起きたことでしょうか。何かひとつ思いついたら、目を閉じて、当時の状況に思いをはせてみましょう。あなたはどこにいましたか？　五感でどんなことを感じていましたか？　親やきょうだいはどこにいましたか？　あなたはどんなことを思い、感じていましたか？　親がどんな反応をしたかおぼえていますか？

精神衛生の専門家が最初に研究対象としたのは、第二次世界大戦で心の傷を負った親子のかかわり合いでした。１９４０〜１９４１年のドイツ軍による空爆はロンドンの街に破壊と恐怖をもたらした一方で、これほどの強烈な出来事に幼い子どもたちがどんな反応を示したのか、彼らはその後問題なく成長できたのか、何かしらの後遺症を負ったのか、養育者の反応が影響したのかどうかなどを調査するチャンスでもありました。精神分析家のアンナ・フロイト（父親のジークムント・フロイトは精神分析の礎を築いた人物）は著書『War and Children（戦争と子ども）』のなかで、子どもの幸福には親の心の状態がとても重要であると説いています。その実例となる私の父のエピソードがあります。１９３５年にロンドンで生まれた父は、幼少期に「ザ・ブリッツ」（１９４０〜41年にかけてナチス・ドイツがイギリスに対して行った大規模な空襲）を体験しました。街中に空襲警報が鳴り響くと、イーストエンドにあったアパートから父親に連れられて道路を渡り、地下鉄構内に逃げこんだそうです。炎に包まれる建物、救助隊の叫び声や被害者たちの悲鳴、地下トンネル内にできた人だかりのにおいをよくおぼえているそうです。なのに、自分や親が死ぬかも、爆弾が家に落ちるかもとこわくなった記憶はなく、それどころか、母親の腕のなかでぎゅっと抱きしめられ、安心感に包まれていたというのです。幼少期に得られる安心感は、人を信頼する素地となり、その後の人生で友人やパートナーと安定した関係を育みやすくします。

では、あなたが幼少期に恐怖を感じた出来事に話を戻しましょう。その記憶が幼い頃のものであればあるほど、親がどんな反応をしたのか、それがあなたにどう影響したかをよくおぼえているでしょう。年齢が上がってからの記憶であっても、自分にとって大きな意味を持つトラウマとなり得る出来事においては、身近な人に助けを求めがちです。心理学者たちはこの行動を、英国の精神分析学者で心理分析家、「愛着理論の父」と呼ばれるジョン・ボウルビィ博士の研究を踏まえて「安全基地（secure base）」的な行動と呼びます。ボウルビィと同僚のドナルド・ウィニコットやアンナ・フロイトは皆、私の父と同じく、ザ・ブリッツを生き延びた経験の持ち主で、子ども時代の経験は、その後の人生における人間関係や幸福度に極めて重要な意味を持つといち早く提唱しました。

愛着理論では、「幼少期の人間関係が、安全、安心、愛情、予測性で特徴づけられるなら、ほかの人々は本質的に善良で信頼できると考えるようになる」とされています。他者のとらえ方は、その後の人生で起きる出来事によって変わる可能性はありますが、ボウルビィは、幼少期の「内的作業モデル」（自己と他者との関係性についての認知的枠組み）が大きな影響を持ち、その人の対人関係の設計図のような役割をはたすと結論づけました。平たく言うと、幼少期にどんなふうに扱われてきたかが、他者をどうみなすか——そして、他者にどうみなされたいか——に影響するのです。ボウルビィの考え方とよく似た発達理論はほかにもあります。たとえば、ジェラルド・パターソン博士の「社会交流学習理論」（子育て指導プログラムやジェネレーションＰＭＴＯを支える理論）では、親がどんなふうに子どもに接して声かけしているかが子どもの言動をかたちづくるとしています。どちらの理論にも共通するのは、幼少期、ときに思春期になっても、親は子どもの社会化に重要な役割をはたすという点です。

ところで、親子関係とは一方通行でしょうか。違いますよね。大人だって子どもから影響を受けて変わることがあるのは、子育て経験がある人ならだれしも心あたりがあるのではないでしょうか。そうしたことは子どもが幼い時期でも起こることがあります。親子で気性や性格が異なる場合はなおさらでしょう。社交的な親と内気な子どもの組み合わせなら、親は子どもに合わせてほかの人との交流ペースを落とすようになるでしょう。逆に、子どもが生まれるまでパーティーなど大勢の人が集まる場は落ち着かず不安になるだけと考えていた内向的な夫婦が、自分たちの子ども（5歳と3歳）がまったく物怖《ものお》じせず、むしろ人前で注目を浴びるのが好きなタイプだとわかり、子どもたちの希望に合わせるうちに夫婦の性格も変わってきたというケースもありました。

臨床心理士そして家族問題の研究者である私は、これまでにたくさんの親子と出会ってきました。「手に負えない」「やかましい」「行動に問題がある」という子どもを連れて相談にくる親もいれば、「心配性」「内気」「ひきこもりがち」な子どもの相談を受けることもあります。でも、同じ子どもを学校など家庭以外の環境で観察すると、何ら問題なく過ごしていることがあります。そんな矛盾を見聞きするうち、親が訴える悩みはその子どもの本質的なものではなく、単に親子の気性が合っていないからではないかと考えるようになりました。

子どもが生まれると、親は新しいダンスを身につけなければなりません。最初は相手のつま先を踏みつけてしまうかもしれませんが、次第にうまく踊れるようになるでしょう。親子でどれだけ優雅に踊れるかは、相手と調和を取ってよいバランスを保てるか、フロアをどう使うのか、さらには床、部屋、照明の物理的条件などもからんできます。とはいえ、どんな状況であっても、最初にダンスをリードするのは親で、子どもは成長してひとりで踊れるようになるまで親に従うほかありません。ダンスの習得に長い時間がかかる子もいれば、すぐに踊れるようになる子もいます。転ばないようにと慎重に踊る親であれば子どもも同じような踊り方を、自由奔放に踊る親であれば子どもも大胆な踊り方を、それぞれ身につけるでしょう。また、親のどちらかの踊り方が違うと、親子の足並みは乱れるでしょう。親や養育者、または子どもが複数人いる家庭だと、いろんなダンスの組み合わせが考えられます。母親と父親で気質が違えば踊り方も違ってくるでしょうし、きょうだいのあいだで足並みがそろわないこともあります。

アンソニーとプリシラ夫妻には子どもがふたりいます。そのひとり、サムは3歳にして新聞を読むようなすぐれた知能の持ち主でした。しかしそれが災いし、「自分は傷つきやすい」という感覚が人一倍強い子どもでした。両親も気づかないうちにニュースをこわがり、世界は危険なところに違いないと思い込むようになっていました。妹のモリー（1歳）は快活で、よく笑い、新しいことを試したがる性格なのに、サムは何をするのもおそるおそるで、常に危険はないかと慎重に行動するタイプ。母親が外出しているだけで、サムにとっては「危険」なのです。父親が家にいても、「ママはどこへ行ったの」「いつ帰ってくるの」と泣き出すので、母親のプリシラはサムをおいて外出すると大変なことになることはよくわかっていました。サムが1歳になったのを機にプリシラがパートの仕事を再開したこともありました。週に4日、午前中だけ、息子をデイケアに預けることにしたのですが、サムは施設のソファに座り込み、窓に顔をくっつけて泣きどおし、担当者いわく「なぐさめようのない状態」だったそうです。結局、プリシラは1週間もしないうちに仕事を辞め、子どもたちの世話に専念せざるをえませんでした。

プリシラとサムはからだをぎゅっと密着させたダンスをしていたので、どちらか一方から動きを止めたり変えたりができない状態でした。プリシラ自身も子ども時代は神経質で、外の世界がこわかったので、不安を感じるとはどんなものかがよくわかっています。10代の頃はひとりで過ごすことを好み、学校のパーティーや集団活動は避けていました。長いあいだ、抗不安薬を服用していたほどです。大人になってずいぶん気持ちが楽になったと感じているので、息子には自分が経験した苦しみを味わわせたくありません。

私のカウンセリングを受けに来たとき、サムはもうすぐ4歳になるところでしたが、1時間として母親と離れて過ごすことができませんでした。セラピーでは、サムと母親を少しずつひきはなしていきました。最初は私のオフィスで椅子を並べて座らせ、回を重ねるごとに少しずつ母親の椅子を離していったのです――そうすることはサムにも伝えました。部屋の入り口までできたら、母親は廊下に出ました。そのあいだ、サムは自分のからだの反応から不安を感じていることに気づき、パニックに対処する行動（緊張をほぐす方法や呼吸法など）を学んでいきました。

さらに、「不安感を乗り越えられるよ」とサムに伝えるには、プリシラ自身も根本から変わる必要がありました。4年間、「サムには私がいないとダメ」との思い込みから、プリシラはサムをおいて外出することがなく、サムがこわがって泣きじゃくればすぐに駆け寄る、それがかえってサムの恐怖心を強めていたのです。母親としては、「いつでもそばにいるわよ」と子どもを安心させたいものでしょう。ところがサムにとっては、母親が自分をおいて外出しないことで、「離ればなれになるのはこわい」「一緒にいないと不安」という思いが強まっていたのです。プリシラは「サムは私がいなくても大丈夫」「ひとりでやっていける」と自分に言い聞かせ、サムを信頼していることを示す必要がありました。最初は数分から、やがて1時間、半日と、ふたりが離ればなれになる時間を長くしていきました。

母親から息子に信頼しているよと伝え、セラピーで不安への対処法を身につけると、サムは母親と離れられるようになりました。その後ふたりは、親子別々にグループ活動を行う家族向け学習プログラムにも参加。秋から保育園に通い始めたサムは、学習や友だちづくりを楽しめるようになりました。

安心感を育む

私が幼少期に体験した恐ろしい出来事は、ロンドンで暮らしていた2歳半の頃のことです。ある夜、子ども部屋のロッキングチェアで弟に授乳している母親のそばに立っていました。その日は11月5日、イギリスでは「ガイ・フォークス・デー」といって、1605年に貴族院の爆破を試みた政治活動家たちが捕まった記念日でした。人々は盛大に花火を打ち上げ、実行犯ガイ・フォークスをかたどったわら人形を燃やします。椅子を揺らしながら弟に授乳する母のそばで、私は窓の向こうの大かがり火を見つめ、けたたましく鳴り響く爆竹の音を聞いていました。本当は母のひざの上に乗りたかったのですが、そんなすき間はなかったので、母のスカートをぎゅっとつかんで立ちつくしていました。でも、それでよかったのです。母のそばにいることで、外のけたたましい音や派手な色の花火への恐怖心は弱まりました。心が落ち着いた私は、つま先で窓辺に近づき、外に広がる花火を眺めました。そんなことができたのも、いざとなれば母のそばに戻れるとわかっていたからです。

母の存在があるから花火と向き合えたというのは、どういうことなのでしょう。恐ろしいことが起きたときに子どもがどんな反応を示すかは、本人の遺伝的な気質や環境によっても異なりますが、すべての子どもに共通するのは、親が船を海底につなぎとめておく〝いかり〟のようなよりどころになるということです。それにどれくらいへばりつくかは、子どもの気質——変化や混乱にどれくらい敏感か——によります。発達心理学者は、子どもの感受性の違いを園芸用語で表現します。「ラン」タイプの子どもは、その花のようにか弱くてデリケートなので、すくすくと育つには、最も手をかけて諸条件——安定した環境、心をこめてすぐに反応する世話——を整える必要があります。「タンポポ」は、空気が乾燥していようと土が少なかろうと育つ丈夫な雑草なので、変化やストレスにさらされてもしなやかに適応できる勇敢な子どもを指します。そのあいだにあたるのが「チューリップ」で、「ほどほど（good enough）」に手をかけるだけで、ほとんどのストレスに耐えられる子どもをいいます。

この理論は「差次感受性」といわれます。たとえ方は適切ですが、研究としてはまだ初期段階で、科学的に実証されているわけではありません（たいていの状況で大多数の子どもにあてはまる確証がまだない）。しかし、自分の子どもが変化にどんなふうに反応するタイプなのか、何にストレスを感じるのか、人生にどう向き合おうとしているかを知っておくには役立つでしょう。決して子どもを型にはめようとしているわけではありません。子どもはその時々で異なる言動をしがちです。ですが、新しい状況におかれたときに自分の子どもがどんな態度を取るのかという傾向を把握しておくと、ダンスのリード役であるあなたも混乱や変化に対応しやすくなるでしょう。

生まれ持った気質に親の影響力――愛着理論でいうところの「安全基地」――を加味すると、レジリエンス（適応力や回復力、しなやかさ）がどう育っていくかをより多角的視点から見ることができます。親は、子どもの幼少期に見せる思いやりのあるしぐさ（私の母がロッキングチェアのそばに私を居させてくれたように）に始まり、子どもがこの世界を探索するのに必要な保護を与えます。愛着理論のボウルビィは、親は子どもにとっての「安全基地」だと言いました。この安全基地があるからこそ、子どもは前へ前へと歩みを進められるのです。親の元に戻れば、不安感の回復に必要なものが得られると知っているのです。

普通、安全かつ安定した環境で、子どもの少しの変化にもすぐに気づいて反応してくれる保護者に育てられていると、子どもは確かな愛着を示します。アメリカの約7割の子どもがこれに該当します。愛着の度合いを測定する確実な方法に「ストレンジ・シチュエーション法」があります。親子を少しのあいだ離ればなれにするという、よくあるストレス環境を作り、親が部屋を離れるときとその後の子どもの様子を観察します。親に確かな愛着があるかどうかは、親が部屋を離れるときよりも、部屋に戻ってきたときの子どもの反応から判断します。確かな愛着を感じている子どもはたいてい、親との再会に心からほっとし、親の腕のなかに駆け込みます。ところが、親が部屋に戻ってきても、わざとよそよそしくし、無視するような態度を取る子どももいます。かと思えば、不安げに親にぴったりしがみつく子どももいます。親を避ける、または不安そうなそぶりを見せる子どもは、将来的に不安症やうつ病を発症するリスクが高くなるとされています（決して明確な因果関係があるわけではありません）。

「ほどよい」子育て

親がどんな子育てをするかがそれほどまでに子どもの成長に影響するというのなら、やり方を間違えると一体どうなるのかと思うかもしれません。完璧かそれに近い親であらねばと思い込み、自分たちのやり方がまずいと子どもの人生を台なしにしてしまうと心配する親もいるのです。でも、この仮説に挑んだ研究があるのでご安心ください。１９５０年代、ドナルド・ウッズ・ウィニコット医師は、ほどほどにやっていれば大抵の子どもはすくすく育つという考えを提唱し、「ほどよい母親（good enough mother）」という用語を打ち出しました。完璧である必要はなく、ほどほどでよいのだと。

「ほどよい」とは、具体的にどういう状態を指すのでしょう？　幼児の成長期に親が「安全基地」となるために必要なこととは？　子どもが10代になる時期に望ましい子育てとは？　家族問題の研究者たちは、答えを出そうと努力してきました。細かな点は子どもの成長段階によって違いますが、ずっと変わらないのは、親が「ダンスを踊る」意欲を示すことです。子どもの準備が整ったら、クルクルと回転させ、好きなように踊らせ、ときには子どもにリードを取らせる。でも必要なら、いつでも親のそばにひき寄せ、ステップを取り直させ、足元が安定したら、新しい動きを学ばせるといったふうにです。

効果的とされる「ほどよい」子育ては、幼少期から始まります。赤ちゃんが欲しているものに気づいて対応することや、自主性を強めていく子どもを手助けするのもそうです。自主性を育みつつ安全性を確保するのはむずかしいですが、試行錯誤するだけの価値があります。子どもにどんどんチャレンジさせるタイプの親であれば、子どもは自信を身につけていくでしょう。子どもをがっかりさせたくない、イライラさせたくないからと親がすぐに介入するのではなく、いろいろ試させ、失敗する経験をさせれば、その子どもは習得意欲を身につけ、根気強く努力すれば結果につながり、学びに失敗はつきものと考えられるようになるでしょう。

幼い子どもが身につけるべき発達項目に「自己調整能力」があります。自分の考えに意識を向け、行動や感情にうまく対処する力をいい、その発達を促すのが「安全基地」です。子どもが自分で行動を調節できるようになるまでは、親が手助けします。幼少期のそれを「共調整」と言い、幼児が疲れておなかを空かせたときには、親が抱っこしてなだめ、おむつを替え、ミルクを飲ませる必要があります。幼児がイライラするとつっぷして泣きわめくのは、感情を落ち着かせる方法を知らないからです。そんなときに親がうまく対応すれば、「感情調整」というきわめて重要な能力の基礎を作ってあげられます。原因が何であれ、幼児がかんしゃくを起こしたときには、親が落ち着いて対処できるかどうかがとても重要です。でないと、状況はまたたく間に悪化してしまいます。

子どもが感情の嵐に飲み込まれたとき、親が〝いかり〟になってあげられれば、「自分でできないなら代わりに守ってあげる」というメッセージとなり、安全や安心の感覚を伝えられます。頭を打ちつけようとするのを親がおさえてくれたなら、その子は、第一に頭を打ちつけるのはやっかいな感情に対処するのにふさわしい方法でないこと、第二に自分でできなければ親が守ってくれるということを学習します。こんなふうに育てられる子どもは、親のやり方を少しずつ吸収し、感情や行動を自分で調整できる人になっていくでしょう。

小学校に上がると、また違った試練が待ち受けています。スクールレディネス（就学への準備が整っているかの判断）は、アルファベットや数字をどれだけ知っているかよりも、輪になって静かに座っていられるか、先生の話を聞いて正しく対応できるか、といった項目で測られます。自己調整能力の高さは、学校の教科を学ぶ、学校生活を送る、仲間と交流するなどの「タスク」をこなせることを意味します。また、根気強く努力すれば必ずよい結果につながると感じられることで習得意欲も高まります。そうなると、学校が、自分の能力を実感させてくれる場となります。このような実感は、大人になるまで少しずつ積み上げていくものです。

思春期になると、からだの変化にともない、感情や認知の面でも変化が起こります。自分らしさを育み、家族と距離を取ろうとするので、親がやりにくさを感じることもあるでしょう。自立をうながすために、あまり干渉しないでおこうと考える親も多いのですが、思春期の子どもは一見大人のように見えても、認知的にはまだ成長しきっておらず、わがままで衝動的な行動を取ることがあります。10代の非行が、大人の目が行き届かない放課後に増えるのも当然です。では、親はどうすればよいのでしょうか。そう、子どもから距離を取るのではなく、もっとそばにいて、出しゃばりすぎない程度に監視すべきなのです。

家庭環境が与える影響

ここまでは、遺伝的な気質や子育て（持って生まれたものと身につけていくもの）がどんなふうに子どもの不安感に影響するかを見てきました。ここからは、もっと広い環境が与える影響について考えてみましょう。すべての子どもは家族のもとに生まれ、家族というのは、人種、民族、社会経済的立場、歴史的背景、宗教、氏族など、社会的かつ文化的な影響を受けています。それらは変えられないものであることが多く、状況によっては親から子どもに警告する必要があることもあります。知っておかなければ、思わぬかたちで、子どもが深く傷つくこともあります。

Ｇｏｏｇｌｅで「parenting（子育て）」「the Talk（親が子に性行為について話すことを指す）」と検索すると、子育てのアドバイスをするママさんブログに交じって、父親がぎこちない様子で子どもに性行為を説明するおふざけ動画がヒットします。ところが、検索ワードに「ｂｌａｃｋ（黒人）」を追加すると、検索結果は違ってきます。肌が黒いか褐色の親にとっては、性教育よりも、人種差別、特に警察からの暴力行為のかわし方を子ども（思春期の息子である場合が多い）に教えることの方が大切なのです。この悲しい現実については多くの人が語ってきましたが、『ニューヨーク・タイムズ』紙のオプドク（同紙ウェブサイトの短編ドキュメンタリー掲載ページ）動画に出てくる父親の次の発言は――本章で解説するように――黒人が世代を超えて感じている不安を物語っています。[注9]「警察の神経を逆なでしないように、（手を〝10時・2時〟の位置に置くふりをしながら）両手をこうやってハンドルに置いて、自分がこわがっていることに気づいたんです。同時に子どももこわがっていることに」。父親が息子に警察のかわし方を教えることは、家族が受け継いだ様々な背景によって、「世界はこわい」と子どもが不安を感じたときに交わされる「本質的な会話」の最たるものといえるのではないでしょうか。

ロドリーゴは、ラテン系アメリカ人の母親とアフリカ系アメリカ人で警察官の父親の子どもで、郊外の中流階級が多く住む町で育ち、地元の公立高校に通っていました。高校1年生のとき、父親は近くの大都市の警察副本部長に昇進しました。ロドリーゴはいつも、自分が黒人であり、ヒスパニック系だということを意識していました。近所にも学校にも自分のような外見の子どもはごく少数しかおらず、両親からも人種差別を受けるかもしれないと教え込まれてきたからです。夏休みのアルバイト代を貯めてはじめて車を購入したときも、父親からは「スポーツカーやエンジン改造車、派手な色の車は避け、とにかく道路で目立たないようにしなさい」と忠告されました。「黒人が運転してるというだけで警察に止められるんだ。あえて目立つことはするな」と。自分に誇りを持ちながらも、まわりの白人の子どもたちよりも相手に敬意をもって、きちんとした服装で、ひかえめでいなさいと教え込まれました。父親は「警察官に車を止められたら——いつか必ずそうなる——ポケットから手を出し、警察官の目をしっかり見て、不審なそぶりをせず、敬語で話しなさい」とも釘をさしました。

私は、高校3年生になったロドリーゴのカウンセリングを担当しました。学校の成績もよく、課外活動にも積極的で、第一志望の大学入学も決まっていました。でも、人生ではじめて実家を離れる不安に加え、銃で撃たれる悪夢に悩まされていたのです。不安症やうつ病の家族歴はなく、銃に撃たれる危険性が急に高まったわけでもありませんでしたが、大学入学前にありがちな不安感によって、彼のなかに染みついていた、より深刻で根の深い恐怖心があおられていたのです。そこで私たちは、不安感への対処法を一緒に考えました。具体的に何が不安なのかを明確にし、対処法を考え出すと、ロドリーゴの気分は晴れていきました。危険性が消え去ったわけでも悪化したわけでもなく、ある程度のリスクとつきあっていくしかない。ていねいなふるまい、目立たない格好、ピンチの切り抜け方といった「よろい」を身につければ、それほど危険ではないと思えるようになったのです。その後、ロドリーゴは実家を出て、大学生活を楽しめるようになりました。

家庭環境が不安定だったり、身の安全を心配するあまり、かえって子どもを孤立させることもあります。私がカウンセリングしたダーネルのケースがそうです。

ダーネル（8歳）は、アフリカ系アメリカ人のシングルマザー家庭の子どもでした。母親のラティーシャはとても意欲的な女性で、日中は大学に通いながら、夜はデパートで働いていました。ふたりは、大都市の薬物がらみの事件も多い地域に住んでいましたが、ダーネルは奨学金を利用して、市外にある私立のカトリック学校に通っていました。朝は母親が地下鉄の駅まで一緒でしたが、帰り道はダーネルひとりぼっちなので、母親は近所の高齢者たちに息子の様子を見守ってくれるようお願いしていました。ダーネルの頭のなかではいつも、「見ず知らずの人と話をしてはダメよ」「まっすぐ家に帰りなさい」「家についたら鍵をかけて、ママに電話しなさい」「おやつを食べたら宿題をしなさい」と母親の声が鳴り響いていました。

母親の計らいによって確かにダーネルは安全でした。でも、毎日ひとりで家のなかで過ごし、外の世界を恐れることをおぼえてしまっていたのです。母親と同じように、「外にいると悪の道にひきずり込まれる」と不安にとりつかれていたのです。カウンセリングではじめてダーネルと会った私は、不安やうつ症状のひどさにショックを受け、むなしさとやるせなさに襲われました。上司は「きみがそんなに悲しくなるってことは、ダーネルがそれほど重苦しい気持ちを抱えているってことだね」と教えてくれました。数カ月以上に及んだセラピーでは、ダーネルが自分の世界をとらえ直し、親子で恐れている危険にどう向き合えばよいかを導いていきました。また、家以外に安心して過ごせる場所を一緒に考えました（隣人の家で過ごす、ボーイズ&ガールズ・クラブ〈全米で展開されている放課後の自主的プログラム〉に入る、オンライン勉強会など放課後のプログラムに参加するなど）。忙しい母親はカウンセリングにほとんど同席できませんでしたが、代わりに祖母が同席し、あらましを母親に伝え、息子が抱えている大きな不安感を乗り越えられるようサポートしてもらえました。わずかでも親子で過ごせるときは、一緒に街歩きをしてみたらどうかと提案したところ、ふたりは公園や近所の知らないエリアを散歩しながら、学校での出来事や勉強したことなどをおしゃべりするようになりました。

母親いわく、ダーネルは遺伝的に不安症やうつ症状になりやすいとのことでしたが、症状のほとんどは、ダーネルがおかれた環境——地域の治安の悪さ——に起因するものでした。セラピーでは彼をとりまく環境を変えることはできませんが、そのとらえ方を調節することはできます。母親が与えてくれる愛情やチャンス、そして不安への対処法をもって自分の世界を見直していきました。すると、ダーネルの不安や悲しみは少しずつ軽くなり、状況をより楽観的にとらえ、自分ひとりでいろんなことができると感じられるようになっていきました。

成長段階ごとの不安感

すでにふれたように、人が生き延びる上で、不安感は必要です。ライオンと出くわしたときが、まさにそうでしたよね。子どもの不安感の発達に着目すると、それが進化的な作用であることがわかります。子どもの持ち前の不安についてもっと理解し——それによって、どんな状況が起こりうるかに注意しておくために――、子どもの成長ごとにどんな不安を感じやすいのかを見てみましょう。本来、不安は私たちを守るためにあるものですが、行き過ぎると逆効果となることがよくわかるでしょう。

幼児（2〜3歳）

すでにふれたとおり、私たちが感じる不安は「思考」と関連しています（例：雷が鳴るとこわいと〝感じ〟、雷に打たれたらどうしようと〝思う〟）。ただ幼児の場合は、現実とそうでないものをしっかりと見分けられないので、不安は想像力にまかせて多彩に変化します。なので、幼児の頭のなかでは、おばけが大きな位置を占めているのです。２〜３歳の子どもに、「幽霊、悪夢、ブギーマン（ベッドの下に潜んで、悪い子どもをさらうといわれている）は本物じゃないよ」と言ったところで、意味がないのです。

幼児にとってのもうひとつの不安要因は、芽生えたばかりの自律性にあります。はいはいができ、歩けるようになり、引き出しやドアを開けて、ひとりであちこち見て回れるようになると、自分ひとりで世界と向き合っているような感覚を味わいます。でも、同時に不安も感じます。好奇心からいろいろなものに惹きつけられ、行動することが増えると、大人の手の届かないところにまで来てしまったということに気づくからです。まわりの大人があたたかく見守り、安心感を与えてくれることは助けになりますが、自律性が高まるにつれて不安を感じるのはごく自然なことです。もちろん、すべての幼児が同じような不安を、同じ強さで感じるわけではありません。でも、ほとんどの子どもが、本当におそれるべき「ライオン」は、親の手から離れることではなく、熱いストーブや電気のコンセント、先がとがった物などだということに気づいていません。

就学前から小学校低学年

幼稚園や小学校に上がると、子どもの不安はより現実的なものとなり、暗がり、野生動物、火、嵐を恐れるなど、より進化的な意味合いを帯びます。たとえ大げさに思えても、子どもの反応はすべてもっともなもので、実際に用心することをおぼえていきます。『赤ずきん』『ヘンゼルとグレーテル』といった非現実的に思えるおとぎ話でさえ、見知らぬ人や場所といった「実際の脅威」に対する不安感に影響します。おとぎ話は、子どもを楽しませるだけでなく、こわがらせて正しく行動させることがねらいでもあるからです。なので、絵本を読み聞かせるときは、子どもと不安について話し合うチャンスです。こわい物語を読みながら、不安を感じるのは自然なことで、不安な気持ちは頭のなかでうずまかせるのではなく、外に吐き出すことで、その力を弱められることを教えてあげましょう。

小学校中・高学年

子どもが成長し、家庭〝外〟での行動が増えると、不安は「外の世界」と密接に関連したものになっていきます。心理学者が子どもの「典型的不安」と呼ぶものがピークに達するのは9～10歳頃です。小学校の中学年あたりからは、ニュースや世界の出来事にも目を向けるようになります。今のように世界中がつながった世界では、はるか遠くの地で起きた惨事でさえ、子どもには身近で起きたように感じられることがあります。学校で実施される避難訓練（銃を持った不審者の侵入に備えて、ドアに鍵をかけ、身を隠して安全を図る訓練）に参加した影響で、校内での銃乱射事件を警戒する子どもや、荒れ模様の天気予報に気を取られる子どももいるでしょう。「自分はまわりの子たちとちょっと違う」と感じている子どもは、社会的マイノリティが侮辱されている報道などに興味を持つかもしれません。そのことに親が気づいていない、または子どもの情報選択を手助けしない場合、子どもはそうした情報をよりもっともらしいと受け止めるでしょう。その反面、普段から家庭内で、ある特定の集団が悪者呼ばわりされているのを見聞きしていれば、子どももその人たちをこわがり、毛嫌いするようになったりもします。

心理学者が一部の子どもたちに、深刻な――尋常でないほどの――不安感を認めるのも、これくらいの年齢です。通常、不安障害は小学生の頃に発症します（一方、うつ症状が表面化するのは思春期が多い）。それが子どもによくある不安なのか、明らかな不安障害なのかは、日常生活にどれくらい支障をきたしているかで見分けます。たとえば不登校の場合、「学校に行きたくない」「家にいたい」と言い出すのは、その理由が学校でいやなことがあったからか、単にいやなだけなのかにかかわらず、多くの子どもに起こりうることです。でもほとんどの場合、親が「行きなさい」と言い張れば、しぶしぶでも学校に行きます。ところが、通学バスに乗ったり校舎に入ることができず、親を蹴る、大声を上げる、からだが震える子どもは、親がなだめたり、厳しく接したりするだけでは乗り越えられない、「学校恐怖症」という不安障害だと考えられます。

10代（思春期）

10代になると不安感は弱まっていきます。脳が完全に発達したわけではありませんが、「人にはよい面と悪い面がある」「よかれと思ってしたことが、よからぬ結果をひきおこすこともある」といった複雑な考えや、個人的つながりの〝外〟で起きる出来事も理解できるようになります。幼い頃よりも自分の生活をあやつれるようになるので、自然と不安が弱まっていくのです。ただし、思春期ならではの課題もあり、そのひとつが、仲間たちの影響力がぐんと大きくなることです。この年頃の子どもには、学業やスポーツ、課外活動、アルバイトなどのプレッシャーに加えて、仲間はずれやいじめにあわないよう仲間に「合わせ」なければならない「同調圧力（ピア・プレッシャー）」という大きな負荷がかかります。大人と変わらないからだつきになり、思考力も深まったと思えるかもしれませんが、言動にはまだまだ子どもっぽさが残っています。

また、この年頃の子どもは否定的な考えをしやすく、不安やうつ症状、ひどい場合は自殺を考える子どもも出てきます。なんと、10代の若者の5人にひとりが自殺を考えたことがあり、この10年で10代の自殺率が大幅に増えています。原因はひとつではありませんが、ポップカルチャーや仲間内のおきてが生死にかかわる判断に影響を与えているようです。

知性を伸ばす一方、自主性の高まりから、飲酒運転、リスクのある性行為、薬物などの有害な行為に手を出す可能性も高まってきます。親としては、どこまで目を光らせるべきかと悩むでしょう。直感的に手綱をゆるめ、本人に責任感を持たせようとするかもしれません。ところが、子どもの方からこちらに向き直り、「まだ心づもりができていなかった」という行動を見せることがあります。いざ自主性を手にすると、自分が手にしたものに圧倒されてしまうのです。多くの人（特に、性格的に不安を感じやすい人）と同じく、10代の子どもも自分が主導権をにぎっていると感じたいのですが、手綱を渡されると、意思決定のむずかしさを痛感するのです。私の子どもたちも、不安に感じているパーティーに行くべきかどうか迷っているときなどに、親に決めてほしいと頼んでくることがありました。大人がひとりもいない場だったので「やめとけば」と言うと、子どもたちはほっとした様子を見せるのです。親が決めてくれたことで、肩の荷が下りたのでしょう。そう言いつつ、友だちとは親の文句を言い合っているのでしょうけれど。

親がどのくらい介入するかについては、微妙なバランスが求められます。強く反対するときと一歩離れて見守るべきときとを、戦略的に判断する必要があり、子どもや状況によっても違ってきます。

ここまで読んできて、あなたは自分が心配性だと思いますか？　そう思うなら、子どもの〝いかり〟となる上で、そのことがどんなふうに影響しうるかを、いま一度考えてみてください。不安症やうつ病の家族歴があるなら、「持って生まれたもの」や「身につけていくもの」の要素も関係してくるかもしれません。あなただけでなく子どもも心配性なら、それも影響してくるでしょう（心配性でないなら、けっこうなことです！）。遺伝的な要因を知っておくことは大枠では役に立ちますが、いざ、強い不安感にさいなまれたときに、あなたがどう対処するかの方が子どもに影響を与えます。そこで、「本質的な会話」の訓練が効いてくるのです。「子育てで大切にしたい価値観」に立ち返り、「感情を整える」というあなたが磨こうとしている能力をもって、子どもをしっかりと支えてあげましょう。子どもの長い人生において、そんな場面は文字どおり何百万回と訪れるでしょう。その一つひとつをチャンスととらえ、子どもがむずかしい状況や感情に対処できるよう、うまく導いていきましょう。

ワーク：あなたの過去と現在の不安感を確認する

あなたが子どもに授けたであろう「資質」について考えてみましょう。次の質問に答えてください。

1. あなたが子どもの頃、不安感はどんなふうに作用していたと思いますか？
2. あなたの両親（のどちらか）は心配性でしたか？　どうしてそう思うのですか？
3. 最近、不安に感じていることはありますか？

パートナーにも同じ質問をして、ふたりの答えを比べてください。パートナーの過去について、はじめて知ったことはありますか？　それは、家族として悪い知らせに対処するときに影響しそうですか？

Part 2 感情の理解

4章 感情を教える

2章では、私たち大人が悪い知らせを受けたときに、どんな感情を抱いたかを確認し、説明できることの大切さについて学びました。今度は、子どもが同じことをできるよう導きましょう。子どもに何かを教えるとき、まず必要となるのが語彙力です。ある考え方を理解しようにも、それを言い表わす言葉を知らなければ理解しようがありません。2〜3歳くらいの子どもは、毎週新しい単語を10〜20個ほどおぼえています。[注10] そう、毎週です！　でも多くの家庭では、それらの新しい単語に感情を表す言葉はほとんど含まれていません。

ここからは、その不足分を埋めていきましょう。親子でワークやゲームに取り組み、いろんな感情を見分けたり話し合ったりすることで、これから先もずっと使える「感情ワード」を増やしていきます。準備はとてもかんたん、大きな紙とテープと油性ペンがあれば十分です。

まず最初に、白い紙を用意し、「感情ワード」を思いつくだけ書き出します。パートナーにも同じことをしてもらいます。いくつ書き出せましたか？　多くの人は10〜20個でギブアップしますが、私たちが日々使っている言語にはもっと多くの単語が、そしてもっと多くの感情があるはずです。たくさん書

き出せた人でも、そのうち日常的に使っているものはいくつありますか？　次に、毎日の生活で使っている「感情ワード」を、子どもと一緒に〝追跡〟してみましょう。家族のだれかが「感情ワード」を口にしたら、先ほど書き出したリストにチェックを入れ、もし新しいワードが出てきたら書き足します。

ほとんどの人は、「感情ワード」をそんなにたくさん思いつきません。日々あわただしく生活していると、起きた「こと」に追われ、そのとき自分が「どう感じたか」を振り返っていないからです。たとえあなたが感情の起伏がはげしいタイプだったり、心配性だったとしても、深く考えたり、人と話題にしたりするのは、感情よりも思考についてが断然多いのではないでしょうか。

これからは、その習慣を見直していきましょう。感情ワードを確認し、日常生活のなかで積極的に使っていく。そうすることで、不安を感じる出来事が起きたときにも、家族として対処しやすくなるはずです。

感情ウィーク

何か習慣を変えるには、実践するのが一番です。さっそく今週1週間を「感情ウィーク」と決めましょう。今週は無理なら、直近で5～7日間の枠が取れる期間をカレンダーに予約してください。

「感情ウィーク」のあいだは、その日のテーマに沿って、1日に数分でよいので、子どもと一緒に「感情」に注目し、その見分け方などを話し合います。この作業に集中できる時間帯はいつですか？　夕食後のくつろいだ時間、就寝前、なかには朝や夕食前を選ぶ家族もいます。平日はバタバタしているなら、週末にまとめてやってもかまいません。家族の都合に合わせて、無理なく行ってください。

10代の子どもなら、こんな取り組みは幼稚すぎると、いやがるかもしれません。そんな場合は、ここで紹介するやり方にこだわる必要はなく、その子に合った方法を取り入れてください。写真を見ながら感情を確認する代わりに、ほかの会話をしているときに、さり気なく感情や、感情が与える影響にふれるのです。子どもと話しやすいのは、子どもがその場を離れられない食事中や、視線を合わさなくてよい車のなか、公共の乗り物に乗っているときです。パートナーとの会話のなかで、さり気なく感情を話題にしてもよいでしょう。

1日目：ブレインストーミング

この章のはじめで「感情ワード」を書き出しましたが、今度は同じことを子どもと一緒にやってみましょう。大きな紙と油性ペンを用意し、感情を表す言葉をどんどん書き出します（紙袋でも新聞紙の余白でも、書き込めるものなら何でもかまいません）。写真や雑誌を見てヒントにするとよいでしょう。家にあるものやこれまでに一緒に読んだ絵本を使うのもよいかもしれません（私のおすすめ作品はフランチェスカ・サイモンの『Horrid Henry』。不安げなアンドリュー、思いやりのあるクリス、気分屋のマーガレットと、登場人物の感情表現がとても豊かです）。子どもが思いつく単語をすべて書き出したら、その紙を家族全員がよく目にする場所（壁や冷蔵庫）に貼ります。

２日目：からだで感じる感情

感情はからだのどこに現れるのでしょう。新たに大きな紙を用意し、人のかたちを描いてください。おおよそでかまいません。この図を使って、感情がからだのどこに現れるかを確認していきます。最初は「うれしい」などのポジティブな感情から始めましょう。「うれしいなって思うとき、からだのどこでそう感じる？」と子どもに質問します。答えにくそうなら、あなたから先に伝えましょう。たとえば、「うれしいとジャンプしたくなって、心も足取りも軽やかになる」と答えたら、図の足の部分を丸でかこみ、その横に「うれしいと、心も足取りも軽やかになる」と書き入れます。もし、「笑いが込み上げて、頭を高く上げたくなる」と答えたなら、頭やのど（笑い声が発生する部分）を丸でかこみ、そのように書き入れます。

次に、怒り、悲しみ、不安、恥ずかしさといった、やっかいな感情について考えましょう。これらの感情をからだのどこで感じるか、子どもにひとつずつ質問します。１日目に作成した「感情リスト」を使ってもよいでしょう。先にあなたがからだのどこで感じるかを伝え、図に書き入れていきます。進めながら、子どもも同じように感じるかどうか話し合ってください。不安や怒りを感じると、赤面する、おなかが痛くなる、手が汗ばむなど、からだへの現れ方は人それぞれです。子どもから意外な答えが出てきましたか？

10代の子どもが相手なら、夕食時のおしゃべりにこんな話題をしてみてはいかがでしょう。

母　親：（夫に向かって）たった今、来週のプレゼンをまかされたの。大変なことになっちゃった。

父　親：責任も大きいし、緊張するな。

母　親：ほんと、考えるだけで不安でいっぱい。もしプレゼンがうまくいかなくて、売上につながらなかったら、上司から叱られるだろうし……ああ、食欲もなくなってきた。

父　親：不安になるのも無理ないよ。僕は教師だから大勢の前で話すことにも慣れてるけどさ。でもさっき、明日、生徒の退学処分をめぐって聞き取り調査を行うと教頭から言われ、ドキドキしてる。生徒の親も来るし、からだがほてって汗ばむだろうな。「僕が判断を間違えたら？　退学処分にしたところで、この生徒の将来は大丈夫なのか？」ってね。

（息子に話しかける）ジム、今日のテストはどうだった？　むずかしかったか？

この夫婦は、緊張するとどんな感情がわき起こり、どんなふうにからだに現れるのかをさり気なく話題にすることで、息子とそういう話がしやすい雰囲気を作り出しています。

3日目：感情ジェスチャーゲーム

今日は感情ごっこをしましょう。1日目に作ったリストから、親子でそれぞれ感情をひとつ選びます。何を選んだかは秘密です。まず、あなたがその感情を顔の表情やからだのジェスチャーで表し、どの感情を表現しているかを子どもに当てさせます。こうすることで、感情は顔とからだの両方に現れることを意識させるのです。スマートフォンでジェスチャーしている人の写真を撮り、答え終わってから、写真を見せて確認するとよいでしょう。答えは当たっていましたか？　はずれたなら、その理由を考えてみましょう。

4日目：感情コラージュを作る

「感情コラージュ」を作りましょう。人物写真が使われているチラシや雑誌をできるだけたくさんと、はさみ、のり、油性ペンを用意します。子どもと一緒に、いろんな感情を表した顔写真を切り取り、貼り合わせます。写真の横に文字が書ける余白を残して、のりづけします。それぞれの写真がどんな感情を表しているかをペンで書き込みます（だれが書いたかわかりやすいように、それぞれが違う色を使いましょう）。写真からどんな感情を読み取りましたか？　写真を見てどんなふうに感じたかを親子で話し合いましょう。

5日目：物語を作る

4日目に作った「感情コラージュ」を使って、物語を作りましょう。それぞれの写真について、順番に物語を考えるのです。写真を1枚選んだら、次の質問に答えてください。

1. この人がこんなふうに見える（感じている）のは何があったから？
2. この人は今から何をするところ？
3. この人の感情は、まわりの人にどんな影響を与えそう？

4．この後、どんなことが起きそう？　この人の感情から、まわりの人はどんな考えや行動をしそう？

すべての質問に答えたら、別の写真を選び、同じことをくり返します。
あなたと子どもで考えが異なる点に注目しましょう（話が盛り上がって、ほかの人の発言に口をはさむ人がいたら、ボールペンやスプーン、またはバナナを持っている人が話すなど、ルールを決めて、きちんと話す人を特定しましょう）。

感情ウィークの目標は、親子で感情について気軽に話せるようになることです。こうした取り組みをきっかけに、普段から感情について話題にするよう心がけましょう。最初はわざとらしく思えるかもしれませんが、食事中のなにげない会話に取り入れるとやりやすいです。おやつの時間や夕食時に「今日は学校でどんなことがあったの？」「練習は順調？」などと聞いてから、「それで、あなたはどう感じたの？」と続けるのです。そんなやりとりを続けるうちに、子どもも何があったかだけでなく、そのとき自分はどう感じ、どんな反応をしたのかと、感情がひきおこすものに意識を向けられるようになるでしょう。

重なりあう感情

ときに、いくつもの感情が層のように重なることがあります。ある感情を抱いていると思っていたのに、後でよく考えると、実際に抱いていたのはそれとは少し違うものだったと気づいたことはありませんか。これは、やっかいな感情をより受け入れやすい感情によって、隠してしまおうとしているのかもしれません。不安より怒りを受け入れやすい人もいますし、恥ずかしさを受け止めるのは、だれにとってもむずかしいものです。多くの人には、より「受け入れやすい」感情があり、そうした感情にはすぐに気づけるのですが、実はほかの感情もあったのだと、後になって思い知らされるのです。

だれもがいくつかの感情を同時に味わったことがあるでしょう。そんなとき、理解しやすい感情が先に現れ、心の奥深くにある感情に気づくには、自分をじっくり見つめる必要があります。自分の感情でそれができるようになれば、子どもの感情についても導きやすくなるでしょう。自分やパートナーの感情はもちろん、子どもの感情を理解するために、ときに探偵のようになってください。

サリーは家族全員の予定をぬかりなく管理することを得意としています。3人の子育てをしながらフルタイムで働く彼女にとって、それはかんたんなことではありません。とはいえ、どれだけ計画していても、うまくいかないことは起こるもの。ある日の午後、長女ジェニー（12歳）の病院についていきますが、予約時間になっても医者が現れず、これから予防注射を打つジェニーは、そわそわして落ち着きません。そんなこんなで、サリーは娘ヘンリー（7歳）のお迎えに行くのをすっかり忘れてしまっています。学校の事務員から「ヘンリーがひとりぼっちで職員室で待っています」と電話があり、はじめて気がつきました。サリーはくるっとジェニーの方を向くと、顔を真っ赤にして、「何が起きたかわかってるの？　あんたがぐずぐず言ってるから、ヘンリーがおいてきぼりにされたじゃない！」と声を荒らげます。

しかし、その言葉を口にしたとたん、「あんな言い方するんじゃなかった」と後悔します。怒りの裏に、母親として失態をおかしてしまった後ろめたさがあったのだと気がつきます――でも、ジェニーに強くあたった方が、後ろめたさに向き合うよりも手っとり早かったのです。

サリーは感情の重なりに自分で気がつきましたが、友人やパートナーの手助けが必要となる場合もあります。

ボビーは「感情について話し合うなんて時間のむだ」と考える両親に育てられましたが、大人になってから感情と異なる向き合い方をしている家庭もあると知り、自分もそうありたいと考えています。ある日、職場から早めに帰ると、スクールバスの停留所で息子のガス（11歳）と一緒になりました。座席にいるガスが涙を流しているのが窓越しに見えます。バスを降り、父親を見つけたガスはきまり悪そうにしています。「何があったんだい？」とボビーが聞くと、「何でもない。目にごみが入っただけだよ」と言います。ボビーはそれ以上しつこく聞こうとはしませんでしたが、気にはなっていたので、妻に報告します。夕食を食べながら、「学校はどう?」と両親が聞くと、ガスは「大丈夫だよ」と答えてから、「ちょっと気分がよくないから、部屋に戻っていい?」と言います。ボビーは顔を赤くし、心臓がドキドキ脈打つのを感じ、「何があったのか話してからにしろ!」と声を荒らげます。「今日バス停で見たんだぞ。いやがらせをされたのか? だれの仕業か言いなさい!」。ガスは泣きながら部屋に駆け込みます。

ボビーの妻ジェンナは、息子に大声を上げた夫に食ってかかりたい気持ちをこらえます。子どもたちが就寝してから、「ねえ、こんなふうに考えてみない?」とおだやかにボビーに話しかけます。「あの子が何も話そうとしないのはもどかしいわよね。きっと学校で何かあって悩んでるのよ。あなたの気分はどう?」。「最悪だよ」とボビー。「今思うと、バスを降りたときにガスが何も話そうとしなかったから腹が立った。見るからにうろたえた様子だったのに、はねつけられたからさ。夕食の後なら話すだろうと思ったのに、いっこうに話そうとしない。だから、ついカッとなってしまった」。「あの子の力になってやれないことに腹を立てているの?」とジェンナが聞くと、「ああ、学校で何があったのかわからないんだから、何もしてやれない。あの子が何も話そうとしないこともショックだよ」

母親は父親の言動を責めるのではなく、自分の思いを伝えています。おかげで、父親は自分がどんな感情にとらわれているかに気づき、認めることができています。

あなたの家族にも同じようなことが起きたことはありませんか。あなたやパートナーが腹を立てたけれど、後になって考えると、最初に現れた大きな感情が、ほかの感情にふたをしていたとわかるようなことが。また、口にしている言葉と、表情に現れている感情が一致していないと気づいたことはありませんか。たとえば、口では「傷ついた」と言いながら大きな声を出していたり、「誇らしい」とほめながら皮肉を言ったり、緊張しているのにそうとは認めないなどです。「感情ウィーク」のあいだに大人だけで話し合う時間を取り、いくつもの感情が重なることについて話し合う〝中級コース〟を実践するのもよいでしょう。パートナーと散歩するなどふたりだけの時間を持ち、いろんな感情がわき起こるかもしれない状況について話し合うのです。私のおすすめは、親戚が集まる場面です。そういう場は楽しくても、普段より気を遣いますし、子どもの頃に味わった感情などを思い出しやすいからです。親戚の集まり（またはほかの状況でもかまいません）について、あなたとパートナーでわき起こる感情は同じでしょうか？　相手と違う感情もありそうですか？　ここで目指したいのは、相手の感情のよしあしを判断することではなく、どんな感情がわき起こりそうかを確認し合い、同じ状況でも味わう感情は大きく異なりうると理解することです。

私が悲しいんだから、あなたも悲しいはず

私たちはよく、ほかの人も自分と同じ感情や感覚を味わっていると思ってしまいます。気温ひとつと

っても、そうです。自分が冷えたからと、子どもに「セーターを着なさい」と言ったことはありませんか？　または、「寒すぎる！　エアコンの温度を上げなさい！」ときつい調子で言ったことは？「冷えたみたい」と「寒すぎる！」では、相手に与える印象はずいぶん違います。寒さの感覚は人それぞれなので、ほかの人も自分と同じように感じていると思い込むのは違っています。

「感情コラージュ」で、親子でも感情の受け止め方やどう対処するかが異なることがわかりました。ここではさらに踏み込み、不安な出来事が起きたときの反応の違いが、もめごとや衝突をひきおこした事例を見てみましょう。

ある日、チャーリー（8歳）は通学バスから大笑いしながら降りてきます。楽しそうな様子をうれしく思った母親が「何があったの？」と聞くと、チャーリーは得意げに、クラスメートの女の子を友だちとだまして、へんな格好で写真を撮って、恥ずかしい思いをさせてやったと言います。おどろいた母親は、「ひどいわね！　どうしてそんなことしたの？　そんな子に育てたおぼえはないわよ！」と大声を上げます。

チャーリーは戸惑います。「いじめっ子に立ち向かいなさいって、ママが言ったんだよ。シエナにいじめられたから、やり返してやったんだ。僕がひどいことされてたの知ってるでしょ。落ち着いてよ！」。母親がさらに怒ったのがチャーリーにもわかります。家に着くと、チャーリーは自分の部屋に駆け込みます。母親は、あまりにも息子と感覚が違うことにショックを受けます。

このエピソードから、ある状況に対する感情的な反応が親子でまったく異なると、その違いからぶつかってしまうことが、よくわかります。こんなときは、どうしたらよいのでしょう？　母親は、今は言い争ったばかりなので、少し落ち着いてから対処法を考えることにします。そして夜、寝る準備をしているときにチャーリーに話しかけます。

「ねえ」母親が切り出します。「今日バスから降りてきたとき、シエナをだましたんだって、とてもうれしそうにしてたよね。そのときのこと、もう少しくわしく聞かせてくれない？」

「大したことじゃないよ、ママ！」とチャーリーは言いますが、母親もめげません。

「何があったのか知っておきたいの。あなたのお友達のリアムのお母さんから電話があって、『シエナのお母さんから電話があった』って言ってたわ。だからママもくわしいことを知っておきたいのよ」

ため息をつきながらチャーリーは言います。「シエナがいじわるしてきたことはママも知ってるでしょ。悪口を言ったり、列に割って入ったり、ひやかしてきたり。だから、みんなでいたずらしてやろうってなって、まんまとひっかかったから、うれしかったんだ」

「シエナはどんな反応だったの？」母親が聞きます。

チャーリーは肩をすくめ、顔をそむけて、「泣いてた」と言います。「そのとき、あなたはどう感じたの？」と母親。

チャーリーは母親を見て、言います。「困ってるシエナを見て、やったあ！って思った」

「ほかには？」母親が聞きます。

「少し後悔する気持ちもあった。だって、クラスのみんながシエナをじろじろ見てたからさ」

「なるほど」と母親。「自分がシエナの立場で、クラス全員に見られたらどんな気分かなって考えたのかな」

「たしかに家では、いじめっ子に立ち向かいなさいって教えてきたわ」。母親はおだやかに続けます。「いじわるをされたら、どうしていいかわからないよね。ねえ、明日学校に行く前に、今日あったことや、いつもシエナにされてること、どう対応したらよいかをママと一緒に考えてみない？」

チャーリーがうなずき、母親は「おやすみ」と言います。


この会話のなかで、母親は、チャーリーがいくつもの感情を味わっている可能性にふれています。感じ方が間違っている、自分のように恥ずかしさを感じるべきとはねつけるのではなく、同時にどんな感情を味わったのかを、おだやかな調子で聞き出しています。するとチャーリーは、恥をかかせられているシエナを見て、うれしいと同時に、悔やむ気持ちもあったと認めます。なぜ悔やんだのかについて、寝る前にもっと掘り下げてもよいでしょう。チャーリーはきっと、うろたえているシエナを見て気がとがめ、悲しさや恥ずかしさを感じたのでしょう。怒りもあったかもしれません。とにかくいろんな気持ちがあった、感情とはそれくらい複雑なものなのです。ここでおぼえておきたいのは、子どもは必ずしもあなたと同じ感情を持つわけではないということ、そして、複雑な状況によってからまった感情をほどくには、大人の手助けが必要だということです。

思考と感情を見分ける

思考と行動は、切り離すことができません。感情・思考・行動のつながりについて、十分に理解できたと思いますので、今度は子どもに教えてあげましょう。「感情コラージュ」では、人の表情からどんな感情を味わっているかを確認し、物語を作りました。ここでは、子どもと落ち着いて話せるタイミングでふたたびコラージュを持ち出し、前に作った物語をもとに、その人がどんなことを考えているかを子どもに聞いてみましょう。

母親とウィリアム（10歳・愛称ウィル）は夕食の片づけをしています。

母　親：ねえ、ウィル。先週作った感情コラージュを使って、ちょっとやってみたいことがあるの。片づけは後でママがやっておくね。

ふたりはコラージュを用意して、食卓に座ります。

母　親：（右上の写真を指す）この女の人はにっこり笑っていてとても幸せそうだから誕生日なのかもねって話したよね。今日は、この人がどんなことを思ってるかを考えて、物語をさらに深めてみよう。

ウィル：とってもうれしい！って思ってるんだよ。

母　親：うん、うれしいって感じてるよね。じゃあ、何を考えてるんだろう？「今日は仕事も休みだし、家でゆっくり過ごそう」「今夜は友だちとの誕生日ディナー、楽しみだな！」「またひとつ歳をかさねるのか。この1年も楽しいことがたくさんありますように」とかかな。

ウィル：それか、「Ｉｎｓｔａｇｒａｍにお祝いメッセージが届いてるかな。早く見たいな」かもね。

母　親：なるほど！　じゃあ、この男の子はどう？　すごくがっかりしてるようだから、ほかの子たちが誘われた誕生日パーティーに自分だけ誘われなかったと気づいたところって物語を考えたよね。どんなことを考えてると思う？

ウィル：これはかんたん。「ひどい！　なんで僕だけ誘ってくれなかったんだろう。好いてくれてると思ってたのに……。だれかに何か言われたのかな？　ほかの子たちも僕を誘いたくないって思ってるのかな？」

母　親：なるほど！　がっかりしてるって感情から、いろんな考えがありうるね。ママはこんなのも思いついたよ。「がっかりだな。でもきっと、お母さんから誘う友だちは2～3人だけにしなさいって言われたんじゃないかな。メアリーのパーティーのときも、僕は誘われたけどアルフォンスは誘われなくて、『メアリーはひどいやつだ』ってすごく怒ってた。でもメアリーに聞いたら、『ママから招待する友だちは4人までにしなさいって言われた』って言ってたもんな」

ウィル：それもあるかもね。

母　親：ひとつの感情から、いろんな考えがありうるってことだよね。

ウィル：そうだね。この前、食堂で列にならんでたら、ドン！ってぶつかってきた子がいたって話したでしょ？　トレイを落として、食べ物が飛び散って、すごく恥ずかしかった。友だちのジョナは「何なんだあいつ？　頭おかしいんじゃねえの？　あいつに拾わせようぜ！」ってけんか腰だったけど、僕は「よく前を見てなかった僕が悪かったのかも」って思いもあって。「お願い、やめて。僕が拾って、また列に並びなおすから」って思ってたんだよね。

母　親：それはハラハラしたね。

ウィル：うん。でも先生がいい人で、ぼくの味方をしてくれたから大丈夫だった。

母　親：よかったね。でも、あなたとジョナは同じ出来事に対して、まったく違う考え方をしたのよね。ジョナと同じように考えて行動していたら、けんかになってたかもしれないわ。

「感情コラージュ」を使わなくても、日々の生活にある身近な例を使って、感情が思考や行動とつながっていることを説明できます。最初は、「うれしい」「楽しみ」といったポジティブな感情でやってみましょう。家族で出かける予定や、週末や放課後に楽しみにしていることについて、子どもにどう思っているのか聞くのです。「うれしそうな顔をして、どんな気分なの？」と聞くだけで、こちらが思ってもみないことを話し出すかもしれません。親子でうれしいと感じていても、考えていることは違うかもしれません。次に、もっとむずかしい状況でやってみてください。子どもが何か思い悩んでいそうなときに、「何を考えてるの？」と聞いてみましょう。

ゲリーとアンナ夫妻は親戚の家を訪ねた帰り、夜の高速道路を運転しています。後部座席には娘のシルビー（15歳）もいます。突然、後ろを走っていた車が距離をつめてきます。ゲリーはウィンカーを出して、中央車線から低速車用の右側車線に変更しようとします。すると、後ろの車がブーンと音を立て、死角から強引に右側車線に入りこんできました。もう少しで衝突するところでした。

「うわっ、こわかった！」とシルビー。

「ほんと」アンナも認めます。「心臓が止まりそう。まだドキドキしてる！」

「死ぬかと思った！」シルビーは続けます。

「確かにこわかったな」とゲリー。「でも運転席にいたからか、大丈夫だって思ったよ」

母親がシルビーに言います。「私たちは運がいいわよね。こんな夜遅くだと車も少ないし、パパは運転が上手だからね」

「なんで大丈夫って思えたの？」シルビーが聞きます。「私は教習所で衝突事故のビデオを何度も見せられたから、本気で『ああ、ぶつかる！　高速から落っこちる！』って思ったのに」

「そんなこと思ってたの！」と母親。「こわいって気持ちから、最悪のケースを考えたのね」

「うん」とシルビー。

いざというときに、こんな会話をするのはむずかしいかもしれません。こわいことが起きた直後は自分の考えで頭がいっぱいになりやすいので、少し時間をおいて、みんなの気持ちが落ち着いてからにしましょう。怒りの感情があるときは、特に気をつけてください。気持ちが高ぶっているときは、感情について話し合うことなどできません。子どもの考えを聞き出すときは、あなた自身の感情や思考が影響しないかにも気をつけてください。この家族の会話で、母親は「こわくて、ママももうダメかと思った！」と娘に同調する言い方はしていません。そんな言い方をすれば、シルビーは母親も自分と同じ考えだとわかり、さらに恐怖心を高め、言葉を失っていたかもしれません。なので母親は、命の危険を感じたという思いは胸に秘め、シルビーの気持ちや考えを聞き出すことに専念しています。

5章 はげしい感情を整えさせる

ここまで、子どもがどんなふうに感情を学んでいくかを見てきました。そうです、幼い子どもは、親やまわりの大人が感情が高ぶったときに、どんなふうにふるまうかをよく観察しています。年齢が上がるにつれ、自分の頭や心のなかで起きていることを言葉にするようになります。そして、怒りを爆発させたとき、かんしゃくを起こしたとき、ウキウキしたとき、おどろいたとき、疲れたとき、恐怖や不安を感じるなど、はげしい感情を抱いたときに、あなたがどう対処するかを、（あなたが思っている以上に）体験しています。こうしたはげしい感情に向き合える子どもにするには、何をすればよいのでしょう。子どもに安心感を与え、自分の話を聴いてもらえていると感じさせるには、どんな準備をすればよいのでしょうか。

「傾聴力」を身につける

ある寒い冬の夜、私の家族は食卓を囲みながら、その日にあったことをおしゃべりしていました。すると突然、真んなかの娘が顔を上げ、「庭のあの光は何?」と言い出しました。ほかの家族には何も見えなかったので、「おまえは想像力がたくましすぎる」「幽霊でも見えるのか?」とからかい、おしゃべりを続けました。「違う、本物よ!」娘がまた話をさえぎり、「見てよ!」と言い張ります。しょうがなく注意を向けると、彼女が間違っていなかったことがわかりました。暗い裏庭に、ピカッとした光線が縦横に動いているのです。その光の元には何人かの大きな人影があり、そのひとりが暗闇からわが家のガラス扉に近づいてきます! ガラスの向こうから私たちに向かって、「ドアを開けるな」と合図し、自分たちは警察で、逃亡中の犯人を捜していると叫びました。捜索のじゃまにならないよう、すぐに子どもたちを地下室に移動させました。その後、犯人が見つかり、事なきをえたのですが、私たち家族はこの経験から、「子どもをむげに扱うなら、危険を覚悟せよ」という大切な学びを得ました。

このエピソードは、わが家の〝ちょっと信じがたい話〟としてだけでなく、いかに私たちは子どもの主張をないがしろにしやすいかの教訓となっています。〝庭で犯人捜し〟はあまりない設定かもしれませんが、肝心なのは、子どもが自分の話をちゃんと聴いてもらえていると感じるときにしか、親は子どもを助けられないということです。「世界はこわい」と感じたときにすべき「本質的な会話」では、子どもの話を正しく――意識して――聴くことが大切で、それには訓練が必要です。

×赤信号と〇青信号

本書では、2種類のシナリオをご紹介します。×赤信号は、起きたことに親が打ちのめされ、衝動的に対処する場合で、〇青信号は、親が自分の感情と一定の距離を取り、子どもとの向き合い方を意図的かつ能動的に考えられる場合です。

子どもやパートナーの話を「聴いて」いたつもりが、いつのまにかうわの空になっていたなんてことは、だれだってありますよね。何か考えごとをしていたり、電子デバイスに気を取られたり、ほかの人に意識が向いたり……。真剣に話を聴いていたはずなのに、話の内容から思考が脱線し、相手の話だけがどんどん先に進む、または、自分の先入観などから、傾聴力がそがれる場合もあるでしょう。

職場で電話に出たアマンダは、ショッキングな話を聞かされます。娘の学校の教頭先生からで、娘のジェーン（14歳）が教室で大声で悪態をついたため、停学処分になったというのです。込み上げる感情を抑えきれなくなったアマンダは、午後、娘にテキストメッセージを送り、電話をかけ続けますが、ジェーンからは何の応答もありません。帰宅するや、アマンダは大声で「台所にいらっしゃい」とジェーンに叫びます。

×赤信号

母　親：ジェーン、いったい学校で何があったの？

ジェーン：ママにはわかんないことよ。

母　親：いいから話しなさい。ママは頭にきてるのよ！　礼儀正しくしなさいとあれほど言ってきたのに、人前で大声で叫んだんだって？　どうしたっていうの？

ジェーン：あっち行ってよ！　ママは大騒ぎするだけで、何があったかなんて、わかりっこないんだから！

（ジェーンは部屋に駆け込み、アマンダは「こんな娘は見たことがない」と混乱します）

では、アマンダが娘に怒りのメールや電話をせず、家で顔を合わせたときに違う対応を取っていたらどうでしょう？

○青信号

母　親：ジェーン、学校はどうだった？

ジェーン：ひどいことがあったの。ジェームスがメキシコ出身の同級生にヘイト発言をしたの。とても聞いてられなかったんだけど、どうしたらいいかわかんなくて……。友だちのヨランダも腹を立てて、からだを震わせてた。ほら、ヨランダは外国人登録してないから、「もう学校に来れなくなるかも」って言ってた。

母　親：そんなことがあったのね。教頭先生から電話があって、ちょっとした騒ぎがあったって聞いたのよ。くわしい話を聞かせてくれる？　おやつを用意するから、着替えておいで。

今回のアマンダの対応は何が違うのでしょう？　大きな違いは、ふたりが家で顔を合わせたときの声かけです。×赤信号のシナリオでは、アマンダは午後からためこんでいたはげしい怒りにとらわれ、ジェーンと顔を合わせるやいなや、きつい言葉を浴びせ、娘の話を聞こうとすらしていません。感情ありきで衝動的に反応しているため、会話をする前も後も、アマンダは学校での騒ぎについて「ほぼ何も知らない」ままです。

ところが○青信号のシナリオでは、アマンダは自分の感情を整える時間を取ってから、娘と向き合っています。怒りやばつの悪さを感じつつも、そんな感情を口にせず、まずはジェーンの話を聴いています。よくよく聴くと、同級生のヘイト発言がきっかけで騒ぎが起きたことがわかりました。だからといって、ジェーンが大声で騒いだ行為が許されるわけではありませんが、その事実を知っていることで、アマンダは対処法を考えやすくなっています。

子どもの話にじっくりと耳を傾けることで、子どもには自分の感情を打ち明けてもいいんだ、自分の話を聴いても親はこわがったり興奮したりしないというメッセージになります。こちらの共感力を示すことで、子どもは心強くなるのです。

この章のテーマは「話をよく聴く」です。最初にパートナーと、その後で子どもと実践しましょう。やっかいな出来事や感情について子どもの話を聴くにあたって、あなた自身の感情を整える必要がありますが、そのやり方はすでにご存じのはずです。しっかりと理解できていれば、子どもにも伝えやすくなるでしょう。

ワーク：「話し手」と「聴き手」

10分ほどでよいので、パートナーとふたりきりになれる時間を見つけてください。夜、子どもが寝た後や、10代の子どもなら、子どもが帰宅するまでの時間がよいでしょう。早起きの人なら、家族がまだ寝ている朝の静かな時間もおすすめです。どちらかひとりが「話し手」に、もうひとりが「聴き手」になります。タイマーを使って、話し手は2分間話し続けます。話す内容は何でもよいのですが、話し手にとって意味があり、少なくとも2分間は相手が話に割って入らなくてもよい話題にしてください。話し手は話すことに、聴き手は相手の話を聴くことに集中します。口ははさみませんが、相手の話への興味が伝わる表情や合図など、言葉以外のしぐさは積極的に示しましょう。次に、話し手と聴き手の役を交代して、同じことをします。両方の役を終えたら、感想を伝え合います。

「話し手」として感じたことを順番に伝えます。どんな合図があると、話しやすかったですか？「ちゃんと聴いてるの？」と感じる相手のしぐさはありましたか？　2分間話し続けることは長く感じましたか、それともあっという間でしたか？　相手にも何か言ってほしいと感じましたか？　具体的にどんなことを言ってほしかったですか？　ふたりの感想に違いはありましたか？　次に、「聴き手」として感じたことを伝えます。相手の話に口を出したくなりましたか？　それはどうしてでしょう？　ふたりの感想に違いはありましたか？

パートナーなど大人の話を聴くのと、不安を感じている子どもの話を聴くのでは、大きく違います。必要となる能力は同じでも、子どもはこちらに感情面でいろんな反応をひきおこします。「子どもを守ってやらねば」という、私たちに備わっている進化的な反応もあれば、自分の子ども時代の経験にもとづく反応もあります。感情をひきおこす原因が何であれ、あなたに必要なのは、ジェーンの母親がしたように、子どもの話を聴きながら自分の感情を整える能力です。

では練習しましょう。今度は「話し手」「聴き手」になるのではなく、「子どもの話を1日に10分間じっくり聴く」を3日続けて行います。聴く練習をしていることを、子どもに伝える必要はありません。子どもが違和感を感じていれば、「あなたの話が聴きたいの」と言えば大丈夫です。寝る前、おやつの時間や夕食中など、親子ともにゆっくりしている時間を選びましょう。練習が終わってからも「聴く」を習慣化しやすいよう、ごく普通の日に、あなたの全神経を子どもに向けられるタイミングを見つけてください。あなたから「今日はどんな1日だった？」と切り出すか、すでに子どもが何か話していれば、さっそく「聴く」練習を始めましょう（パートナーとの練習とは違い、時々、口をはさむ必要があるかもしれません）。

ここでの目的は、子どもの話にできるだけ心を傾け、集中して聴くことです。なので、こちらの発言はできるだけ少なくしましょう。「子どもの話がおもしろくないので、なかなか集中が続かない」という親の声もよく耳にします。わかります！　私の子どもたちも、お気に入りのテレビ番組について、ものすごく細かい点まで話そうとするので、退屈しそうになります。でも、こんなたわいもない話で「聴く」練習をしておくと、話題がもっと深刻で心がざわつくものや、不安や怒りを感じるものになったときに必ず役立ちます。どんな能力も、伸ばして維持するには練習が必要です。それに、日頃から親はどんな話でも聴いてくれると思えれば、恐ろしい話ややっかいな事態が起きたときにも、子どもは親に話してみようと思いやすくなります。真剣に話を聴いていることが伝わる身ぶりを意識してください。うなずく、身を乗り出す、ほほ笑む、目を合わせる、子どもが見せているものに目を向けるなどは、しっかり話を聴いている合図になります。

おしゃべりが得意な子もいれば、話しべたな子もいます。よく言葉につまるようなら、数秒待って、こちらから質問しましょう。「へえ！」「すごいね！」「どうして？」などと相づちを打つと、子どもも話しやすくなるでしょう。ただし中立な立場からの質問だけにし、よい悪いの判断はしないでください。とにかく、子どもにどんどん話をさせて、情報を聞き出すことに徹しましょう。たとえば、子どもが学校の話から、ある人や何かについてひどい言い方をしたら、あなたは口をはさんで、子どもをたしなめたくなるかもしれません。そんなときは、深呼吸をします。子どもが積極的に話そうとしないなら、質問してくわしい話を聞き出しましょう。

先生に嫌われている、友だちからいじめられている、火災報知機を鳴らした子がいてこわかったといった話をしても、あなたがすべきは、相談に乗ることでも問題を解決することでもなく、共感をもって子どもの話を聴くことです。「宿題ができなかったけど、自分は悪くない」ととんでもないことを言い出し、あなたの頭のなかでは「何を言ってるの？」という声がしても、自分の感情はやりすごし、子どもの話に集中してください。10分が経過したら終了!ではありません。すぐに(1分ほどあれば十分です)、子どもの話を聴きながら感じたこと、思ったこと、そして自分が注意を向けたことが親子それぞれにどんなふうに作用したと思うかを書き出します。すべては相手の反応によって変わるものです。退屈、むかつき、気恥ずかしさを感じましたか? うれしい、誇らしい、やさしい気持ちですか? それ以外の感情でしょうか? 重要なのは、こうした感情にじかに影響を受けるのではなく、こうした感情を抱いていると気づけるようになることです。いざ思わぬことが起きたときに、どんなふうに感情に対処したらよいかのシミュレーション練習になります。

子どもが幼くてまだ話ができなくても、子どもの行動を能動的に「聴く」ことができます。一緒に床にすわり、遊ぶ様子をじっと観察してください。遊びに割って入る、遊び方を指示することはせず、あなたがその場に気持ちを向けていることを、表情や身振りで伝えましょう。

この「聴く」練習は、夜、家で静かに過ごしているときにしてもよいですが、実際、危険を知らせる会話はいつどこで始まるかわかりません。用事に追われ、あわただしく過ごしている日中に、子どもから悪い知らせや恐ろしい話を聞かされるかもしれません。思いもかけない出来事が降ってわく、そんなときこそ、こうした練習が効果を発揮します。ふだんから子どもの話に耳を傾け、自分や子どもの反応を意識していれば、感情的で衝動的な反応を避けることができるようになります。2章で学んだ感情を整える方法を活用して、自分の感情はいったん脇へやり、耳と注意力を集中させて「聴く」ことをしてください。

まさか!と思うようなことが実際に起き、心がざわついたときの、手っとり早い対処法をいくつかご紹介しましょう。

●その場で少し時間をおく。呼吸をし、自分がその場にいるという感覚に意識を向ける（足で地面を感じる、目の前の一点をじっと見つめる、まわりの雑音に集中する、など）。

●遅らせる。せきをする、立ち上がる、伸びをする。「少し待ってくれる？」「コップに水を入れてくるけど、あなたもいる？」などと聞く。

●仕切り直す。「ちょっと気持ちを落ち着かせる時間がほしい」「ああ、もうこんな時間。この話は後にできる？」と伝える（気持ちを整えられたら、すぐに戻りましょう。いつ話せるかを具体的に伝えること。目的は、子どもの話を最後までしっかり「聴く」ことです）。

感情を整える——心を落ち着かせ、今ここに集中する——のは、そうかんたんではありません。でも、意識して練習をかさねれば、おどろくほどの効果を感じられるでしょう。心が打ちのめされそうなとき、どうすれば感情を整えられるかを心得ているのは、家のどこにブレーカーがあるかを知っていて、ヒューズが飛んだときのスイッチの入れ方を把握できているようなもの。電気のヒューズなら前もって練習する必要はないでしょうが、あなたの心の「ヒューズ」のためには、自分の感情と向き合いつつ、相手の話をよく聴く練習が重要です。練習を重ねるほどに自然かつ無意識に感情を整えられるようになり、大変な状況に巻き込まれても、対処しやすくなります。

成長段階にあわせて感情を整えるスキルを育む

大人と違って、多くの子どもは意識して、自分の心の「ヒューズ」が飛んだときの練習をすることはできません。なので、あなたが習得しつつある、やっかいな状況で感情を整えるスキルを、子どもも身につけられるよう導きましょう。ここからは、子どもがどんな感情を味わうのか、感情を整える能力を身につけさせ、安心感や自信を持つ子どもに育てるにはどうすればよいかを、子どもの成長段階ごとに見ていきます。

乳幼児～幼稚園児

すでにおわかりのように、幼児期は、「感情を整える」という発達中の能力を育むうえでとても大切な時期です。たいていの幼児は、知らないものだらけの世界をあちこち見て回ろうとします。でもその欲求は、〝子どもの安全第一〟の親によってくじかれることも多く、そうなるとかんしゃくを起こします。その一方で、自主性を手に入れることにはあまり関心がなく、新しい状況や知らない人をこわがり、おだてられないと新しいことをやってみようとしない幼児もいます。こうしたタイプの子どもは、「こわい」と感じると、親に必死でしがみつこうとします。そんなときは、子どもをひきはなしても意味がなく、まずは不安をやわらげてやる必要があります。また、幼児はすぐに大人のまねをするので、あなたが不安を感じれば同じように不安を感じ、あたふたすれば、かんしゃくをさらにエスカレートさせるでしょう。子どものかんしゃくをなだめるには、落ち着いてわかりやすく指示するか、（公共の場にいるときなどは）その場をそっと離れるのがベストでしょう。不安がる子どもをひきはなす必要があるときは、そっとを心がけてください。かんしゃくを起こして親にしがみつく子どもは、ただひたすら親の腕のなかにいる必要があるのかもしれません。

ティム（3歳）は、雷のゴロゴロという音がすると、すぐに耳をふさぎ、泣きながら父親のもとに駆け寄り、しがみつこうとします。最初、父親は、「ティム、ただの嵐だよ。ぼくたちは家のなかにいるんだから、危なくなんかないよ！」と言って、息子をぞんざいにひきはなしました。でも、息子はおびえた表情のままです。

そこで父親は、次は違う対応をしてみようと、図書館で天気がテーマのかんたんな本を借りてきました。空がどんよりしてきたら、「ティム、空を見てごらん。雲でおおわれていて、雨が降りそうだね。庭の植物はよろこんでるね！　お天気の本を一緒に読まないかい？」と声をかけます。雷が鳴り出すと、「ゴロゴロしてきたね。外をながめるのと、本を読み続けるのと、どちらがよい？」と聞き、どうするかをティムに選ばせます。ティムが首をふって、本を指さしたので、ふたりは読書を続けます。父親はこうも言います。「空がゴロゴロ鳴ると、子どもたちはこわがるよな。嵐はやかましいけど、自然のためには大切なんだ。嵐が去ったら、外に行って、どんなよいことがあったかを見てみよう。庭の水やりにもなるし、空気も冷たくなる。家じゅうの窓をあけて、さわやかな風を入れよう！」

父親は、強引に嵐を見させるのではなく、「どちらがよい？」とティムに決めさせています。そして、嵐が起こるメリットを伝え、大きな音への恐怖心をやわらげようとしています。ポイントは、息子に選ばせながら事を進めている点です。今回、ティムは「本を読む」と言いましたが、次回は、「嵐を見てみよう」ともう少し強めに誘い、父親が屋内の椅子に座り、ティムをひざの上に乗せて、一緒に外をながめてもよいでしょう。

幼児がはげしい感情を整えられるようにするには、どんな準備ができるでしょうか？ 幼児からすると感情はとてつもなく大きなもので、うまくあやつれる手段はまだ手にしていません。自分ひとりではどうにもできないので、親の手助けが必要です。幼児は「赤ちゃんより少しプラス」くらいの存在ととらえましょう。まだ赤ちゃんのようになだめる必要がありますが、理解できる言葉が増えるにつれ、言葉を用いて自分の感情を整えられるようになり、自主性を身につけていきます。それまでは、親のあなたが「子どもの通訳者」となってあげましょう。

▼乳幼児～幼稚園児の「感情を整えるスキル」を育む方法

1．感情について話す。子どもがはげしい感情を抱いたら、ティムの父親がしたように、すぐにその感情について話し、どんな感情なのかを伝えます。「こわさを感じているように見えるよ。その感情をからだのどこで感じてる？　おなかかな？　（おなかを指さす）それとも胸のあたり？（子どもに手を自分の胸にあてさせて、心臓の鼓動を感じさせる）」と聞いてみましょう。

2. **一緒に深呼吸する。**深呼吸をすると心が落ち着くことは、ぜひ幼児期から教えましょう。指でカウントしながら深く息を吸い、風船をふくらますように息を吐きます。できるだけ大きな風船になるよう、風船がふくらむ様子を手で示し、子どもにもまねさせましょう。

3. **落ち着きながらも、キリッとした態度を取る。**子どもがかんしゃくを起こしたら、落ち着いて対処しましょう。自分で感情を抑えられないときでも、親が自分を危険な目にあわせないということを子どもに理解させる必要があります。頭を打ちつけたり、けがをするおそれがあれば、抱っこして、守ってあげることを態度で示してください。話し合うよりも、心が落ち着く言葉をかける方がずっと効果的です。子どもが抱いている感情を認めつつ、制約をもうける声かけを心がけてください（「おもちゃを取られたら頭にくるよね［感情を認める］。でも、人をたたいたら危ないでしょ［制約をもうける］」「知らないところに行くのはこわいよね［感情を認める］。でも、行かなくちゃいけないの［制約をもうける］。手をつないであげるから、何かあっても大丈夫だから」）。

小学生

小学生になる頃には、子どもも自分の感情を整える手段を手に入れています。学校生活を送る準備ができているかどうか（スクール・レディネス）も、自分の感情や行動に対処できる能力で判定されます。先生の指示にしたがえない子どもは、学校で出される課題をこなすのに苦労するでしょう。学校生活に多少の不安を感じることはよくありますが、異様なほどびくびくする子どもは、はじめての体験がいっぱいの学校生活に、不安感を抑えきれなくなるおそれがあります。でも幼児期とは違い、小学生はいろんな感情について話すことができます。感情を整える上で鍵となるのは、この話す力を活かせるかどうかです。

ピーター（8歳）はある日の午後、両親が近所で起きた事件について話しているのを、ふと耳にします。その翌日、ピーターと母親は買い物に出かけます。母親はピーターを車のなかで待たせて、歯磨きチューブを買いに行きます。5分後に戻ると、ピーターがからだを震わせて泣いています。おどろいた母親が「何があったの？」と聞きますが、ピーターは何も言いません。「何かこわいことでもあったの？」と聞くと、ピーターがうなずきます。母親はピーターをぎゅっと抱きしめ、「家に帰ってから、ゆっくり話そう」と言います。

母親は食卓におやつを用意すると、「車のなかでとてもこわがってたわね」と切り出します。「からだのどこでそう感じたの？」

「このあたり」と言って、ピーターは胸のあたりを指さします。

「胸のあたり？　心臓がドキドキしたの？」と母親が続けて聞くと、ピーターはうなずきます。「そんなにこわかったのね。ママが車にひとりきりにしたからよね？」と聞くと、またもやピーターはうなずきます。「どんなことを考えていたの？」母親が聞きます。

ピーターは黙ったまま、お皿のブルーベリーをころがしています。母親も何も言いません。数分してようやく、ピーターが口を開きます。「近所にどろぼうが入ったんでしょ。僕も車からさらわれるかもしれないって思ったんだ」

母親は夫とした会話を思い出し、ピーターがそれを聞いてしまったのだと気がつきます。でも、そのことにはふれず、こう言います。「なるほど、それはこわかったね。ママも子どもの頃、眠れない夜がよくあったよ。誘拐されるこわい夢もよく見た。でもそんな話を、おじいちゃんやおばあちゃんにはしなかったな。だから、ママに正直に話してくれて、うれしいよ。不安だったたってわかったら、ママたちも力になってあげられるもの」

「こんなこと言って、気持ちが軽くなるかどうかはわからないけど」と母親は続けます。「ほんの数分なら、車のなかにいてもとても安全なのよ。誘拐なんてめったに起こらないし、ロックされた車をあけようとしたら大きな音が鳴るから。でも今度、用があるときは、ママと一緒にお店に行こう。それで大丈夫？」

その夜、寝る用意をしながら、ふたりは一緒に深呼吸をしました。

この会話で、母親は夫との会話のどの部分をピーターが耳にしたのか、くわしい内容にはあえてふれていません。後日あらためて、夫もいる週末などに、この話を持ち出してもよいですし、もう一切ふれなくてもよいでしょう。この世のなかでは、こわいことや悪いことが起こるものです。でも小さな子どもたちは、そのくわしい内容や、悪いことが起きる可能性にはあまり関心がありません。それよりも、自分が感じている不安感をまわりの大人は本気で受け止めてくれるのか、安全を守ってくれるのかを知りたいのです。なので、何があったのかをくわしく説明するよりも、子どもの理解や反応をサポートする方がずっと効果的です。なのでピーターの母親も、「誘拐はめったに起こらないのよ」とさらっとふれるだけにとどめ、ピーターの不安感に焦点をあてています。

▼小学生の「感情を整えるスキル」を育む方法

1．感情に名前をつけ、からだのどこで感じているかを確認する。どんな感情なのか、どんなふうに感じるのか――からだのどの部分で感じ、どんな表情をしているか――を確認させます。鏡やカメラを使うのも、おすすめです。

2．たくさん話させる。どんな感情なのかを、子どもに自分の言葉で説明させます。そうすることで、自分の感情を理解しやすくなり、あなたがどう対処したらよいかのヒントにもなります。この年齢の子どもは、実生活に関するものに不安を感じやすいですが、その不安感は現実よりも恐ろしいものにかたちを変えるおそれがあります。たとえば、地球の海面上昇について少し話すだけで、想像力豊かな子どもは、近所が洪水に見舞われ、家族や友だちが流される光景を思い描くかもしれないのです。

3．効果的な方法を考える。心を落ち着かせる効果的な方法を一緒に考えましょう。深呼吸なら、すぐに取り入れられます。小学生ともなれば、何をすれば効果があるかを自分で考えられるでしょう（ぬり絵など手先を使う作業、散歩する、親と一緒に料理やお菓子を作る、泡風呂に入るなど）。

中学生

中学生くらいになると、親も子どもがどういうことに不安を感じるのか、きょうだいや親子で似ているところやそうでないところなどが、よくわかっているでしょう。子どものすることに自分とよく似た一面――とりわけ子どもの頃の自分――を見出す親も多く、似ているからこそ、対応に手こずるかもしれません。子どもがかつての自分と同じような問題にぶつかると、どう対処したらよいかが見えにくくなることもあります。

ジャニスは娘のペネロペ（11歳）と一緒に、私のカウンセリングを受けに来ました。娘が数週間前から登校拒否になっていると、ひどく落ち込んでいました。そもそも心配性の子どもでしたが、規模の大きな中学校に通うようになってからひきこもるようになり、1カ月が過ぎたあたりから頭痛や腹痛を訴え、学校に行きたくないと言い出しました。学校のソーシャルワーカーから電話があってはじめて、母親はペネロペがいじめられていることを知ります。自分も中学生の頃にいじめられていたので、いやな記憶が思い出されます。

学校をやめさせてホームスクーリング（自宅で独自の教育を行うこと）に切り替えるべきか思い悩んでいました。私は、ペネロペが直面している問題をどれくらい理解し、ペネロペにどうなってほしいと思っているかを聞きました。すると、「娘には私と同じような目にあってほしくないんです。私の父親は、私がなぜいじめられているのかをまったく理解してくれず、『強くなれ』とどなり、不安感が大きくなるだけでした。どう乗りこえたのかよくおぼえていないくらい、ひどい中学時代だったんです」と打ち明けました。そこでまず、ペネロペがおかれている状況について、母親が把握していることを話してもらいました。ペネロペは、小学校の友だちふたりと同じ中学校に通っているのですが、そのひとりのエライザが、『もう私とは仲良くしたくないのね』と責めてきたそうです。たしかにペネロペはエライザを避けるようになっていましたが、それはエライザが宿題を押しつけてきたからでした。自分の言ったとおりにしないとわかると、エライザはペネロペの悪口を言いふらしました。

そんな話をしながら、母親は「胸がはりさけそう」とこぼします。「娘には学校をこわがってほしくないんです」。私も同じ思いでした。学校を避けると、〝学校は楽しくないところ〟という思いを強めてしまうだけです。では、学校に行き、エライザと顔を合わすことへの強い不安感にどうやって対処できるようにするのか？　私たちは計画を立てました。学校に行かないという選択肢はまだ選ばず、まずは、学校に行きやすくなる方法を一緒に考えようと母親からペネロペに伝えました。そして、自分も中学生の頃につらい思いをして、不安のやわらげ方を知っていればと思っていたことを娘に打ち明けました。そして、ペネロペが安心して学校生活を送れるための作戦を、親子で一緒に考えました。登校を再開した日こそ大変でしたが、ペネロペは母親が心変わりしないこともよくわかっていました。

中学生になると、日常生活のなかで自分が感じる欲求や感情を認め、対処できるようになります。でも、いざ大変な状況に巻き込まれると、まだまだ大人の助けが必要です。はげしい感情を整えるには、こわがっているものを避けさせるのではなく、何が問題なのかを明らかにし、問題への向き合い方を一緒に考える必要があります。

▼中学生の「感情を整えるスキル」を育む方法

1．話をよく聴き、行動を観察する。これくらいの年齢の子どもは、言葉でも行動でも不安感を表すことができるでしょう。

2. **作戦を考える。**はげしい感情にとらわれたとき、何をすれば心が落ち着くのかを考え、理解させましょう。短期的な作戦（深呼吸をする、お風呂に入る、運動するなど）と、長期的な作戦（ヨガやマインドフルネスを習慣にする、自分の考えを見つめ直すなど）を立てるよう導きます。

3. **不安感に立ち向かわせる。**慎重にサポートしながら、不安感に向き合わせましょう。これは大人でもむずかしく、生活に支障が出てしまうまで、ついつい不安から目を背け、やりすごそうとしがちです。子どもが不安に思っていることを、ごく自然に会話のなかでふれるようにすると、不安について話すことにも慣れていきます。また、こわがっているものについて一緒に考える時間を取ってください。雷雨をこわがるなら、なぜ雷が鳴るのかを子どもが理解できるように説明します。なぜ多くの子どもが雷をこわがるのか、どうして本や映画の不吉な場面で雷が使われるのかなどを話すのです。こわいと感じるものについてくわしく知り、話題にすることに慣れさせると——心理学用語で「馴化《じゅんか》」という——それほどこわくなくなり、不安を乗り越えやすくなります。

10代（思春期）

10代に突入すると、子どもの世界はぐんと広がり、複雑になります。そして、これまでよりも自分の生活について決定権を持つようになり、放課後や週末を自分の好きに過ごします。アルバイトで自由に使えるお金を手にし、乗り物を利用して自分の行きたいところへ出かけます。学内や学外で、様々な活動にかかわり、外出が増え、親や大人のいないところで過ごすようになるので、とにかく監視がむずかしくなっていきます。当然ながら、大人の目が届かないところでトラブルに巻き込まれることもあります。

内気な青年カレブ（16歳）は、人と顔を合わせて話すのが苦手で、手軽なＳＮＳばかり使っていました。ところがあるとき、カレブの外見や肌の色をからかう友人の悪質な投稿を目にします。カレブの母親は、いつもひとりぼっちでコンピューター相手に過ごしている息子を心配していましたが、「ネット上でいやがらせされている」と打ち明けられるまで、息子がどんな思いをしているのか、まったく気づいていませんでした。いやがらせをした子たちにはげしい怒りを感じた母親は、「先生かだれかに言いつけてやりなさい」と言います。でも、そうしたくなかったカレブは、数日たってから、「学校のカウンセラーに相談した」と母親にうそをつきます。その後、いやがらせをしてくる子たちと顔を合わせそうな食堂などを避けるようになり、しまいには学校に行かなくなりました。通学バスには乗るのですが、１時間目が終わると早退していたのです。両親ともに職場にいたので、カレブが家にいることは知りませんでした。両親はどちらも学校をサボったことのないまじめなタイプだったので、学校から連絡を受けるまで、息子が何度も無断欠席しているなど思いもよりませんでした。

10代の子どもにどう手を差しのべたらよいかは、つかみにくいものです。大人のように見えても、ふるまいにはまだ子どもらしさが残っています。脳が急速に発達する時期なので、それも当然です。すでに完全に発達している知力もありますが、複雑な計画を実行する、衝動を抑えるといった、自己管理をつかさどる「実行機能」は、20代半ばにならないと発達しきらないのです。プライバシーや自主性を主張するようにもなるので、親はいやなことが起きるまで、異変に一切気がつかないこともあります。

母親は、10代の子どもに親がかまうべきでないと考えていたので、どうしてカレブが孤立していったのか、わかりませんでした。息子と話し合い、どうしたら力になれるかと聞きましたが、息子は口を開こうとしません。セラピストのところに連れて行くとようやく、友だちに冷たくされている寂しさや、学校生活への不安を口にしました。そこで、カレブが両親に悩みを打ち明けやすくなるよう、計画を立てました。母親から「先生かだれかに言いつけてやりなさい」と言われたとき、カレブはすでに不安でいっぱいだったのです。セラピストは両親に、もっとおだやかに事を進めるようアドバイスしました。両親がもっと息子の話を聴くよう心がければ、息子も少しずつ心を開くようになるでしょうと。

その後、両親は、カレブの話に耳を傾けるようにしました。父親は、自分もカレブと同じくらいの頃に、女の子からいじめられたことがあるとの体験談も話しました。学校のダンスパーティーで一緒に踊るのを断ったせいでした。とても楽しみにしていた卒業記念パーティーにも行けなかったので、いじめに負けてしまった気がしたと打ち明けました。また両親は、カレブが「やりたいことリスト」を作るのを手伝い、どんどんチャレンジさせました。地元の登山クラブに入会したカレブは、同じ趣味の友だちと楽しい夏を過ごし、小さな食料品店でアルバイトも始めました。カレブにとってはとても勇気のいることでしたが、真面目にがんばって働く姿はマネージャーからも一目置かれるほどでした。孤立感がやわらぐにつれ、カレブは両親に心を開き、不安に感じていることも話すようになったので、不安をやわらげ、自信を高める作戦（短期と長期）を一緒に考えました。

▼10代の「感情を整えるスキル」を育む方法

1. **話をよく聴く。**すぐに反応したり、判断をくだしたりしないでください。幼児なら、その無邪気さや愛嬌でわがままなふるまいを許したりもしますが、10代になると見た目は大人と変わらないので、つい「それくらいわかってるでしょ」という態度を取りそうになります。ですが、子どもはまだ成長の途上で、傷つきやすいのです。ものごとをよくわかっているようで、実はそうでもありません。自主性を発揮したがるけれど、まだまだ子どもっぽいところもあります。あなた自身が思春期に抱えていた悩みを思い出すと、子どもに共感しやすくなるでしょう。

2. **問題に向き合う姿勢を教える。**問題を避けるのではなく、問題を乗り越えるための作戦を一緒に考えましょう。心を落ち着かせる、問題を解決するといった大人が身につけている能力を、子どもはまだ学び始めたばかりです。なので、何かを言い訳にして問題に背を向けるのではなく、そこから学べるよう導いてあげることが大切です。今、その重要さを経験しておくと、大人になって、もっと大きな問題にぶつかったときに、同じ間違いを避けることができるようになります。また、子どもの「心を落ち着かせる方法」を一緒に考え、実践しながら、より効果的になるよう内容を見直していきましょう。

3. 体験談を話す。子どもの悩みの助けになりそうなら、あなたの子どもの頃の体験談を話してください。とくに、つらい思いをしたエピソードを話すとよいでしょう。10代の子どもは、「こんなつらい思いをしているのは自分だけだ」と思い込みやすいので、親やほかの人が同じ不安や悩みを抱えていたと知ることで、気持ちが楽になるでしょう。

子どもの話を「よく聴く」のが、むずかしい話をするときの基本です。子どもの年齢にかかわらず、はげしい感情を整えさせるには、短期と長期の作戦を立ててのぞみましょう。6章では、これまでに紹介した方法を組み合わせて、「世界はこわい」と感じる子どもを手助けしていきます。

6章
感情コーチング

子どもを安心させるための会話についてあらかじめ考えることは、航海に出る準備と似ています。船の操縦を学び、必要な装備を船に取りつけ、コンパスやライフジャケットなどの小道具を身につけ、潮見表や地図を参考にルートを考える。これで航海に向けた基本的な準備が整います。しかし、船乗りたちは口をそろえて言います。海に出ると、必ずと言ってよいほど想定外の事態が起こり、ルート変更を余儀なくされると。

本書ではすでに、航海術を学び、計画を立て、必要な道具を集めました。このパート2の最終章では、さらにふたつの道具を加え、道具一式をそろえましょう。船の旅が予期せぬ嵐に見舞われるのと同じで、どれだけ綿密に計画し、抜かりなく道具をそろえても、あらゆる状況に対応できるわけではありません。本章に続くパート3では、いろんな天候に備えた航海の練習をするように、様々な状況で計画や道具を実践的に使っていきます。

それでは、その前に、あなたがすでに手にしている道具（スキル）を確認しましょう。

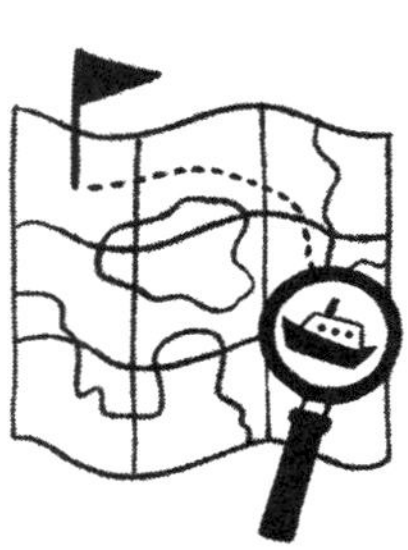

●感情を整える：子どもの感情と向き合うときに、あなた自身の感情を整えるスキル
●感情ワード：様々な感情を言い表す語彙力と、それらの感情をからだのどこで感じるかを理解するスキル
●傾聴力：子どもの感情を受け入れ、はげしい感情への対処法を伝えるスキル

この章ではさらにふたつの大切なスキル、問題を解決すると制約をもうけるについて解説します。

以上のスキルを組み合わせると、子どもの感情を導きやすくなります。では、「感情コーチング」の視点があるかないかで、親子のやりとりがどう違ってくるかを見てみましょう。

✕赤信号

エリヤ（4歳）は毎日、父親と一緒に徒歩で幼稚園に通っています。何人かの路上生活者がいる場所も通ります。ある日、そのうちのひとりが金をせがんできました。「現金は持ってない」父親はぶっきらぼうに言います。

ふたりが歩き続けていると、エリヤはつないだ手をぎゅっとにぎり、「こわいよ、パパ」と言います。

「心配いらない」父親は答えます。

幼稚園に着いてもエリヤは手を離したがらず、園内に入ろうとしません。父親はエリヤの背中を

押し、「ほら、行きなさい」と投げやりな言い方をします。

エリヤの不安感にどう対応したらよいかがわかっていない父親は、よくありがちな反応――「心配いらない」とだけ言って、取り合わない――を取っています。でも、エリヤは実際に不安を感じているのです。「不安に思う必要はない」と言ったところで、不安感は消えないどころか、「こんなふうに感じるのはおかしいのかな」「間違っているのかな」と思ってしまいます。こんなやりとりを何度もくり返すうち、エリヤは「こんな感情を持つべきではない」「持ったとしても人に言うべきではない」と考えるようになるでしょう。ネガティブな感情を取り合おうとしない親を、「感情はねつけ型（emotion-dismissing）」と呼びます。普段はあたたかく子どもに接し、励まし、ときに制約をもうけて監視し、愛情深い子育てをしていても、感情についてはあえて注目する必要はないと考えているのです。もしくは、感情をおろそかにしていることに気づいていないのかもしれません。しかし、健やかな心を保つには、感情を表わすことがとても大切です。子どもというのは、親の考え方や気分に大きく左右されるので、親が感情をなおざりにしていると、その姿勢を受け入れ、感情を押し殺しがちになるでしょう。それがゆくゆくは、不安症やうつ病をひきおこしやすくするのです。

○青信号

では同じ状況で、父親に感情コーチングの視点があるとどうなるかを見てみましょう。

ある日、エリヤと父親がいつものルートで幼稚園まで歩いていると、ひとりの男が近づいて来て、父親に金をせがみます。「現金は持ってない」と父親は言います。

エリヤは父親の手をぎゅっとにぎり、「こわいよ、パパ」と言います。

父親は言います。「どんな気持ちか教えてくれてありがとう。手をぎゅっとにぎったから、こわいんだなってわかったよ。パパが子どもだったときにも、父親にお金をくれって近づいてきた人がいてこわかった。胸がドキドキするのかい？」

エリヤがうなずきます。ふたりは何も言わず歩き続けます。幼稚園に着くと、父親が「気分はどう？」と聞きます。

「まだちょっとこわい」とエリヤ。

「よし。じゃあ一緒に深呼吸しよう」と父親が提案します。

約1分間、一緒に深呼吸をしてから、父親は「あの人たちは、エリヤをこわがらせるつもりはないんだよ」と説明します。「何も悪さはしてこない。ただ、おなかがペコペコなんだ。あの人たちに何かしてあげたくないかい？」

エリヤはうなずきます。「明日、何か食べ物を持っていってあげようか。どう思う？」と父親が聞くと、エリヤはうなずいて、父親に抱きつきます。ふたりはバイバイをします。

エリヤの年齢がもっと高ければ、父親は貧困問題について語ることもできたでしょう（パート3でくわしく見ます）。でもエリヤはまだ幼いので、父親はいくつか重要なポイントに焦点を絞っています。最初に、エリヤの言葉に耳を傾け、どんな感情を抱いているかを見分けようとしています。エリヤは「こわい」と口にしたので、こわいという感情がからだにどんな反応をひきおこすかにふれています（手をぎゅっとにぎる、胸がドキドキする）。その次に、自分が子どもだった頃にも同じような状況でこわい思いをしたと話し、エリヤの感情を受け入れています。また、一緒に深呼吸することで、感情を整える手助けをしています。最後に、エリヤが考えていたであろうことにふれ、「あの男の人たちは何も悪いことはしない」と説明し、「明日、食べ物を持ってきてあげよう」と問題解決のアイデアを提案しています。これらのステップを踏むことで、エリヤの不安感はやわらぎ、金をせがんできた男の人がどんな状況にあるのか（おなかが空いていた）を理解できるようになりました。

子どもの年齢が上がると、「感情コーチング」はもう少し長いステップを踏むことになります。

✕赤信号

ある日、幼稚園児のデビッドが泣きながらバスから降りてきます。

母　親：デビッド、どうしたの？

デビッド：大きなお兄ちゃんたちが大声で悪口を言い合ってた。僕もジェームスから、「お前の肌は浅黒いからバカだ」って言われた。肌が黒い人はみんな悪者だって言うんだ。

母　親：何てひどいことを！　そんな子たちはバスに乗る資格はないわ。ママから園長先生に電話で話しておくわ。

デビッド：明日はバスに乗りたくないな。

母　親：そらそうよね。明日はママが車で送ってあげる。

バスのなかでの出来事を聞かされた母親は、あまりの腹立ちから、自分の感情をよく確認することもせず、デビッドに対応しています。そのため、大げさに反応し、はげしい調子で会話を打ち切ってしまっています。おまけに、翌日は車で送ってあげると約束し、子どもが不安を感じている状況への対処法を一緒に考える、という本来取るべきステップをすっ飛ばしています。

では、ほかにどんな対応ができたでしょうか。

○青信号

ある日、デビッドが泣きながらバスから降りてきます。

母　親：デビッド、どうしたの？

デビッド：大きなお兄ちゃんたちが大声で悪口を言い合ってた。僕もジェームスから、「お前の肌は浅黒いからバカだ」って言われた。肌が黒い人はみんな悪者だって言うんだ。

母　親：（深呼吸をする）まあ。それで今はどんな気持ちなの？

デビッド：悲しいし、胸がドキドキする。だってお兄ちゃんたちがこわいんだもん。ねえママ、明日は学校まで車で送ってくれるよね？

母　親：もしママがあなたの立場でも、同じ気持ちになるだろうな。ママも子どもの頃にいやがらせをされて、とてもこわかったし、腹が立ったものよ。ねえ、ママと一緒に深呼吸してみない？　ちょうどママも深呼吸したいなって思ってたところなの。

（ふたりは深呼吸をしてから、家まで歩きます）

母　親：家に入って、気持ちが落ち着いたら、ママとお話しよう。おやつを用意するから、かばんを置いておいで。

（テーブルに座ったふたりは、しばらく話もせず、おやつを食べます）

母　親：どう、気持ちは落ち着いてきた？

デビッド：うん、ちょっとましかな。さっきはめちゃくちゃ腹が立ったし、こわかった。僕より大きいお兄ちゃんたちだから。ねえ、明日は車で送ってくれるよね？

母　親：それはこわかったわね。バスのなかで、大きな子たちからひどい言われ方をされたんだから。明日バスに乗るのが不安なのね。じゃあ、どうしたらバスに乗りやすくなるか、後でママと話し合おう。

（デビッドが泣き出したので、母親はそばに行って、抱きしめます）

母　親：晩ごはんの用意を手伝ってくれる？

デビッド：うん、わかった。

（一緒に食卓の準備をして、家族みんなで食事をします。就寝前に、母親はデビッドと話し合います）

母　親：どうしたら明日バスに乗れるようになるか、一緒に考えてみようか。ママ、バスのなかであったことを学校にメールしたの。あなたの身の安全を守ることがママの務めだから、先生やバスの運転手さんにも知っておいてほしかったの。じゃあ、どうしたらバスに乗りやすくなるかな。どんなアイデアでもよいから、ママが紙に書いていくね。全部のアイデアが出つくしたら、どの案が使えそうか話し合おう。

青信号のシナリオの方が長いのは、母親が、デビッドが強い感情に対処するのを手助けするだけでなく、しかるべき制約をもうけつつ、問題解決の手順を踏んでいるためです。母親は少しその気にさせられつつも、車で学校に送るのはありえないと断固たる姿勢を取っています。最初に、デビッドがどんな気持ちなのかを自覚させ、心を落ち着かせる（感情を整える）手助けをしています。そして、避ける（バスに乗らない）のではなく、どうすればバスに乗れるようになるか、一緒にアイデアを考え出します（問題解決）。もちろん、すべてを自分たちで解決するのではなく、学校側にメールで連絡を入れるなど、デビッドが安心してバスに乗れるための対策も取ります。この段階――問題発覚から数時間ほど――での目標は、デビッドの不安な気持ちをやわらげて少しでも安心させることですが、不安を感じていたとしても事態を避けるのはよくないと言い聞かせています。そのおかげでデビッドは、不安な状況に対処するアイデアがあること、問題解決の手順を踏めば対処しやすくなることを身をもって学んでいます。

では、問題解決の手順をおさらいしてみましょう。同じような内容を仕事で学んだことがあるかもしれませんが、これらの手順を家庭に応用すると、いろんな問題の解決に役立つスキルを子どもに教えられます。ここでの目標は、問題解決の手順を用いて、子どもがこわいと感じる状況や、それによってひきおこされるやっかいな感情に対処できるようになることです。

問題解決の5つのステップ

1．どんな結果を望むのかを明確にする：問題そのものよりも、どんな結果を目指すのかが重要です。○青信号のシナリオで、母親は「デビッドが安心してバスに乗れるようにする」を目標としました。子どもを中心にした目標を考えましょう（たとえば「バスのなかのいじめをなくす」は大事な点ですが、親子だけでどうにかできるものではないので、ふさわしくありません）。

2．アイデアを出し合う：目標を達成するために何をすればよいのか、アイデアを出し合います。この段階では、どんなアイデアでもよしとします。全員がひとつ以上のアイデアを出し、すべてのアイデア（少なくとも4～5個）を一枚の紙に書き出し、リストを作成します。

3. アイデアを吟味する：各アイデアのメリット・デメリットを話し合います。

4. 計画を立てる：実際に使えそうなアイデアを選び、具体的な計画を立てます。

5. 計画を実行する：計画を実行し、どんな効果があるかに注目します。必要に応じて、計画に変更・修正を加えましょう。

○青信号

デビッド：ママが毎日学校まで車で送ってよ。それと、あのお兄ちゃんたちを学校から追い出してほしい！

（母親は口をはさまずに、両方のアイデアを書き出します）

母　親：運転手さんの隣に座るのはどう？　ママが学校に電話して、大きい子たちはバスの後ろに、小さい子たちを前に座らすことはできますかって聞いてあげる。

デビッド：（にんまりして）明日は学校を休んでもいいよね？

（母親は、これらのアイデアも書き出します）

母　親：意地悪されたときに何て言い返したらいいか、ママと練習しようよ。

デビッド：どうしたらいいか先生に相談するのもいいよね。

母　親：すごい！　もう7つもアイデアが出たね。

じゃあ次は、どのアイデアがうまくいきそうか、一つひとつ見ていこう。うーんと、「毎日学校まで車で送る」（読み上げる）。本気でそうしてほしいんだろうけど（ニヤリとして）、ママが言いたいことはわかるよね？　朝、ママは仕事に行かないといけなくて、デビッドがバスに乗ったら、すぐに出発しないといけないの。だから、このアイデアはむずかしいわね。「大きい男の子たちを学校から追い出す」。これは、私たちだけで決められることじゃないよね。バスでどこに座ったらいいかを考えてみよう。運転手さんの隣はどう？

デビッド：（うなずく）運転手さんの隣でいいよ。でも、ママから運転手さんにバスのなかであったことを話して、気をつけて見ててくださいってお願いしてくれる？

母　親：もちろんよ。それから、「先生に相談する」ってのもあったね。先生もよろこんで力になってくれると思うよ。明日、先生と話せるか聞いてみようか。

デビッド：先生が「いいよ」って言ったら、ママも明日学校に来れる？

母　親：もちろん。「意地悪されたときの言い返し方をママと練習する」はどう？

デビッド：いいよ。今すぐでも大丈夫？

母　親：いいわよ。これで、バスに乗りやすくなるために試してみる作戦が決まったね。まずは、バスの運転手さんにお願いして前の方に座らせてもらい、大きい子たちは後ろに座ってもらう。次に、こんなことが起きたらどうすればいいかを先生に相談する。それから、大きい子たちに意地悪されたときの言い返し方をママと練習する。いろいろとできることがあるね。デビッド、今の気分はどう？

デビッド：ずいぶんましだよ。（母親に抱きつく）

母　親：よかった！　明日、学校から帰ってきたら、どんな1日だったか話し合おう。いつでも作戦の変更はできるからね。それと今日あったことは、バスの運転手さんと先生にママから知らせておくね。

問題解決の手順を踏んだことで、デビッドは「自分には対処方法がある」とわかった上で学校に行けるようになりました。母親も、バスでの出来事を学校に報告することにしました。すでにお気づきかもしれませんが、バスのなかで起きたことや、それをどう考えるべきかには踏み込んでいません。これには、ふたつの理由があります。第一に、まだデビッドは幼いので、彼が安全を感じられるようにすることを何より優先すべきだからです。第二に、今回の出来事の背景には社会正義や人種差別の問題もかかわっていますが、同時に対処するのは大変すぎるからです。これらの問題については、翌週以降などしばらく時間をおいて、あらためて母親から話題にする方がよいでしょう。（くわしくは10章と11章で取りあげます)。

次に、年齢がもっと上の子どもへの「感情コーチング」の事例を見てみましょう。

ジャスティン(12歳・愛称ジャス)は晩ごはんを食べながら、その日の社会科の授業について父親に話しています。この授業では、毎週ひとりの生徒が最近のニュース記事をピックアップします。今日取り上げたのは「移民政策」に関する記事で、アメリカ兵として働いていた移民が米国籍を申請したところ却下されたという内容でした。ひとりの生徒が、「自分の父親は、移民はアメリカ人の雇用をうばい、犯罪者が増えるだけと言っていた」と発言すると、議論がヒートアップします。両親ともに移民の別の生徒が「何が言いたいのかさっぱりわかんねえよ」と食ってかかったので、教師が仲裁に入ります。教師は「移民についてはいろいろな意見があるが、移民が犯罪を犯しやすいという見解には根拠がない。この国では、ネイティブアメリカン以外は全員が移民かその子孫だ」と説明し、自分の曽祖父もイタリアからの移民だと話しました。ところが、生徒たちの言い争いはおさまるどころか、校庭に場所を移し、やじを飛ばし合い、殴り合いに発展します。ふたりの生徒ヒューゴとマテオが校長室に呼び出されます。

そのひとりと仲良しのジャスティンは動揺しています。父親がほかの保護者に連絡を取り、ヒューゴとマテオがどうなったかを確認してから、話し合うことにします。

○青信号

父　親：それは大変な1日だったな！　騒ぎが起きたとき、どんな気持ちになった？

ジャス：焦ったに決まってるでしょ。パパだってそうなるよ。

父　親：（生意気な口調がひっかかったので、深呼吸する）そうだな、そりゃ焦るだろうな。それに、いろんな感情がわき起こってきそうだな。友だちを心配する気持ちや、ほかの子たちへの腹立ちとか、ほかにもあるかもな。

ジャス：先生が話してるのに、みんなが叫びだして、心臓がバクバクした。教室がすごい騒ぎになって、いやだなって。

父　親：ほかに何か気づいたことはある？

ジャス：すごい音がすると思ったら、男子たちが校庭に出て行ったの。

父　親：それでヒューゴとマテオが殴り合いになったのかい？

ジャス：そう。マテオがひどい言い方をしたからってヒューゴが殴りかかって、マテオが鼻血を出したから、先生たちが割って入って、ふたりをひきはなしたの。最初はヒューゴに怒りを感じたけど、マテオの鼻血を見て、もっとボコボコにされたらどうしようって不安な気持ちにもなった。

父　親：いろんな感情が込み上げて、こわかったんだな。きっとほかの子たちも同じ気持ちだったんじゃないか。友だちがひどい目にあってるのは、見てられないよな。パパもお前くらいの年齢の頃に目の前でケンカが起きて、みんな病院行きになったらどうしようって思ったことがあるよ。

ジャス：そうでしょ！　私もマテオが脳しんとうを起こしたらどうしようって思ったし、ヒューゴが逮捕されて、もう学校に来られなくなったらどうしようって思って。（からだを震わす）

父　親：おまえの表情や足の震えを見れば、どれだけこわかったかがよくわかるよ。（父親はジャスティンを抱きしめる）

ジャス：ねえ、パパ。ヒューゴとマテオはどうなると思う？　今日のことが原因でまたケンカになったら、先生は何かしてくれるかな？　じゃないと、もっとひどいことになっちゃうと思うの。明日は学校を休もうかな。

父　親：今後のことが心配なんだね。じゃあ、どうしたら学校に行きやすくなるか、一緒に考えてみないか？　これからのことは予測しきれないけど、おまえの不安をやわらげる方法はきっとあるはずだからな。

多くの場合、何か問題が起きる時というのは、自分の子どもだけでなく、ほかの子どももかかわっています。「感情コーチング」を行うと、子どもに自分のはげしい感情を自覚させ、対処しやすくし、さらには問題解決の手順を教えることもできます。父親がジャスティンの問題解決を手助けするには、もっと多くの情報が必要です。そこで、さしあたっての目標を、今日の出来事についてもっとくわしく把握し、「ジャスティンの不安な気持ちをやわらげて、明日学校に行けるようにすること」としました。

長期的な目標は、学校側が今回の件を踏まえて、安全性や、相手を尊重して礼儀正しくふるまうことの大切さを子どもたちに指導することですが、それは親子だけで決められることではありません。なので、問題解決の手順を踏み、自分たちに何ができるか、ジャスティンにとって大切なことは何なのか、どうすれば不安感をやわらげられるかを理解させることが、今の最善の策なのです。

あちこちに電話をかけた父親は、マテオの無事を確認します。病院で軽い脳しんとうと診断されましたが、数日、自宅で安静に過ごせば大丈夫だろうと言われたそうです。ヒューゴは1週間の停学処分を受けていました。この件を心配した何人かの親たちが、先生や校長に連絡を取っていたこともわかりました。

晩ごはんを片づけてから、父親はジャスティンと話し合いの時間を持ちます。

○青信号

父　親：ジャスティン、今何してる？
ジャス：学校の友だちとメールしてる。みんな、またけんか騒ぎにならないかなって心配してる。
父　親：そう思うのも仕方ないよな。なあ、どうしたら不安な気持ちがおさまるか、パパと一緒に考えてみないか？　いろいろアイデアを出し合って、書き出していこう。最初はどんなアイデアでもいいんだ。それで、後で全部見なおして考えよう。
ジャス：正直、明日は学校に行きたくないよ……。

父　親：（アイデアとして書き出す）ほかには？

ジャス：学校に行ったとしても、体調が悪くなったら保健室に行きたい。それか、気持ちをやわらげるためにストレスボールを学校に持って行きたい。

父　親：おまえが不安に思ってるってこと、パパから先生にメールで知らせておくよ。

ジャス：どうしたら今日みたいな騒ぎが起きないようにできるか、みんな先生に相談したがってる。

父　親：じゃあ先生と一緒に、むずかしいテーマについて話し合うときのルールづくりをするのもいいかもな。

ジャス：「他者を尊重しよう」ってポスターが学校のいろんなところに貼ってあるけど、その意味がわかってない子が多いなって思う。

父　親：うん、いい指摘だな。明日学校に行きたくないって思ってるんだろうけど、それがだめなのはわかってるよな。それに本心では、ちゃんと学校に行って、もめごとを解決したいって思ってるんじゃないのか。（ジャスティンがうなずく）じゃあ、ほかのアイデアはどうかな。「保健室に行く」はありえるよな。「ストレスボールを持って行く」については、何か校則があるのか？

ジャス：ううん、問題ないよ。でも、「パパが先生にメールする」はいやだな。私が不安に思ってること、先生に知られたくないもん。

父　親：わかった。先生や友だちの力を借りて、自分で解決したいんだな。すばらしいことだ。じゃあ、どう進めていったらいいかを一緒に考えよう。

ふたりはもう少し時間を使って、生徒たちが先生にサポートしてもらいたいことについて大まかな計画を考えます。具体的には、クラスメートを尊重した礼儀正しい話し方、授業のなかで発言していいこととそうでないことなどです。あくまでジャスティンの希望であり、本当に実現するかどうかはわかりませんが、「自分たちにもできることがある」という感覚が、学校に行く不安をやわらげてくれます。すべて自分たちでどうにかできることでなくても、何かしら計画を立てることで、先が見えない状況へのストレスを減らせるのです。

では、学んだばかりの方法をさっそく実践してみましょう。お気づきのとおり、「感情コーチング」はいくつものステップからなり、時間もかかります。最初は、親子ともに気持ちが高ぶらない、ささいな状況で試してください。その方が、自分の感情を冷静に見つめることができ、対処しやすいでしょう。「どうしてうちの子はこんなつまらないことでくよくよ悩んでるの？」と思うような、たわいもない状況でよいのです。でも、「感情コーチング」を行うタイミングは慎重に選びましょう。時間がかかり、何回かに分けて行う必要があるかもしれません。予定のない日や週末など、ゆったりした気分のときを選んでください。

子どもが落ち込んでいる、不安そうにしているなど、「感情コーチング」の実践にふさわしい状況になったら、次の手順にしたがって進めてください。各手順で実際にどんなことをしたのかを、できるだけすぐに、紙かスマートフォンに記録しましょう。

①あなたの感情を整える

2章で、どうすればあなたの心を落ち着かせられるかを確認しました。不安を感じる子どもと向き合うのは容易ではありませんし、あなた自身のつらい過去が思い出される状況ならなおさらです。だからこそ、はげしい感情と向きあうと、自分はどんな反応を取りがちなのかを確認し、心落ち着かせ作戦を考えておいたのです。

②子どもの気持ちを確認する

4章で行った「感情ウィーク」を参考にしながら、子どもがその気持ちをからだのどこで感じているか、顔の表情にはどんなふうに現れているかを自覚させます。子どもが抱いている感情はひとつでしょうか、それとも複数の感情でしょうか。子どもが自分で説明するのがむずかしそうなら、「今はどんな気持ち？」「どうしてそう思うの？」「からだのどこでそう感じる？」などと質問して、答えを引き出しましょう。

③「傾聴力」を用いて、子どもの感情を受け入れる

5章で練習した「子どもの話を集中して聴く」を、ここで実践しましょう。子どもと向き合い、口をはさむときは、話しやすくなるよう合いの手を入れる程度にします。本章で紹介したシナリオのなかで親が実践している、子どもの感情を受け入れる方法も活用してください。あなたの過去の経験を話す

（「子どもの頃に同じような目にあって、とてもこわかった」）、その経験が特別なことではない（「こんなことが起きたら、そりゃこわいわよ」）と伝えるといった効果的な方法です。

④制約をもうける

子どもがとんでもない要求をする、あるいは、大事なことをやろうとしないときは、制約をもうける必要があります。必要に応じて適切な制約をもうけることで、こわいものを避けてばかりはいられないこと、生きていくには恐怖心と向き合わなければいけないこと、今はつらくても強い気持ちを持てるようになると、子どもに教えられます。

⑤問題解決に取り組む

問題解決の手順を踏むことで、子どもは成功体験を得やすくなります。「感情コーチング」に限らず、人生のあらゆる局面で使える手法です。大変な状況だけでなく、何か楽しい計画を立てる（家族のお出かけ、週末にしたいことなど）ときにも活用できます。最初にどんな結果を望むのかを明確にし、子どもと一緒にアイデアを出し合い、計画を立てます。いろんな場面で実践し、みんなでその効果を体感しましょう。

「感情コーチング」に慣れるには、練習をかさねる必要があります。そこでパート3では、「感情コーチング」を用いた様々な会話事例を、〝暴力といじめ〟〝気候と環境問題〟〝テクノロジー社会〟〝格差問題〟〝社会の分断〟の5つのテーマに分類して見ていきます。これまでに紹介した会話の導き方がどんなふうに応用されているかに注目してください。自分の子どもとなら、どんな会話になりそうでしょうか。細かな点は違っても、「感情コーチング」の5つのステップに沿って会話を進めるようにしてください。そうすれば、子どもがどんな悩みを抱えていようとも、あなたが子どもの感情を目と耳と心でしっかり受け止めようとしていることが伝わり、困難な状況を避けるのではなく、どう乗り越えられるかを考え出す手助けができます。最初はむずかしく思えるかもしれませんが、必ず努力に見合うだけの成果を実感できるでしょう。

Part 3 本質的な会話

子どもとどんなふうに話すとよいのか

ここからは実践編です。本書を手にしたあなたは、子育てに「本質的な会話」を取り入れるチームに加わり、基本的な考え方や手法を学んできました。パート3以降は「作戦ブック」ととらえてください。どんな選手であれ、試合が盛り上がったときに、この先のゲーム展開を読みきることなどできません。でも、スキル（「傾聴力」や「感情ワード」など）の実践を重ねていけば、心構えができてくるでしょう。

とはいえ、私たちの日々の生活には、シナリオにすべき設定がごまんとあり、本書で紹介する会話をそのまま使えることはないでしょう。でも、本書で紹介してきたスキルや戦術、会話事例があれば、試合に出場できるようになります。そして、それらを日常的に使っていくと、「本質的な会話」が自然にできるようになるでしょう。

本書の前半では、不安をひきおこす恐ろしい出来事がどんなふうに大人に影響し、大人の反応がどんなふうに子どもに影響するかを見てきました。パート3からは、親子の会話が深刻な内容になったときの言葉の選び方を見ていきましょう。これは口で言うほどかんたんではありませんが、必ず身につける

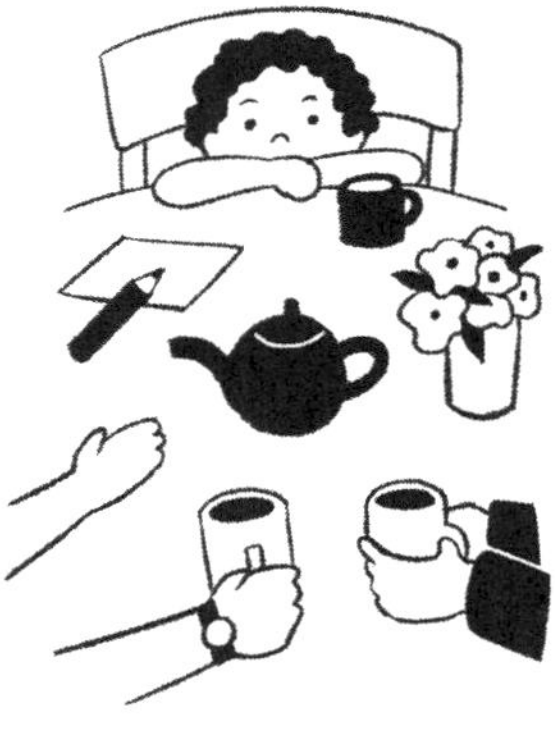

ことができます。

パート3では、「感情コーチング」を用いた親子のやりとりを、〝暴力といじめ〟〝気候と環境問題〟〝テクノロジー社会〟〝格差問題〟〝社会の分断〟の5つのテーマ別に見ていきます。子どもを導くために、各テーマの専門家になる必要などありません。あなたが目指すべきは、感情とその対処法の達人になることです。「感情コーチング」の達人は、子どもの気持ちを落ち着かせ、はげしい感情の処理を手助けできるようになります。そして長い時間をかけて、わが子のことをより深く知り、積極性や自信、能力を兼ねそなえた大人になるよう導いていけるでしょう。

会話事例のなかには、あなたや知り合いの家族に実際に起こる状況もあるかもしれません。でも、ハリケーンに襲われて実際に家を失った子どもと、クラスメートが住まいを失って「こわい」と感じている子どもでは、反応は大きく違うでしょう。被災地からはるか遠くに暮らし、被害の様子をニュースで見て不安を感じている子どもとなると、なおさらでしょう。だれかほかの人――子どもの友だち、近所の人、はるか遠くに暮らす人――に大変なことが起きたとき、その人たちから話を聞けなくても、あなたがどんな声かけをするか次第で、子どもの理解や共感をうながすことができます。どんな人にも尊厳と敬意を持ち、広い心で接し、自分と異なる人の声に耳を傾けて意見を取り入れるということを教えられるのです。自分で声を上げられない人たちに代わって意見を言える人になるよう導いていけるのです。

子どもがはげしい感情に対処するのを助け、経験に意図的になるよう導くことで、「こわい」と感じる問題にぶつかっても、前向きで楽観的な行動が取れる子どもになっていくでしょう。

重要ポイント

シナリオ集には、「3つの質問」と「基本方針」がくり返し登場します。

最初に「3つの質問」をする

子どもと話し合う前に、あなた自身に次の「3つの質問」をしてください。

①話し合いにふさわしいタイミングはいつ？

いつも選択の余地があるとはかぎりませんが、前もって計画できる場合は、邪魔――家事、気が散るもの、ほかの人の存在――が入らず、気持ちに余裕を持てるタイミングを選びましょう。散歩中、車の運転中、夕食後のゆったりした時間帯もおすすめです。

②子どもの感情と向き合うとき、どうすれば、あなた自身の感情を整えられますか？

恐ろしいことが起きて、あなたの感情も高ぶっているかもしれませんが、今は子どもの感情にフォーカスするのだと心に留めておきましょう。本書で見てきた「心落ち着かせ作戦」で感情を整えましょう。子どもとの話し合いに集中できそうですか？　冷静になれそうにないときは、パートナーやほかの人にも話し合いに加わってもらいましょう。

③子どもにどこまでの情報を伝えるべき？

恐ろしい出来事についてどこまでくわしく伝えるべきかは、子どもの年齢によります。最初は、子どもからの質問をベースに、年齢に応じた、かんたんな事実だけを伝え、なるべく安心させるよう心がけます（3章の「成長段階ごとの不安感」を参照）。死傷者の数や残酷な場面など、子どもに知らせたくないことを、あらかじめ考えておくとよいでしょう。あなたが知っている情報を、子どもになじみ深いものと結びつけて話すのもおすすめです。

基本方針

シナリオでは、いつどこでどんなふうに話すかを、次の基本方針にそって決めています。読み進めるうちに、あなたも自然にできるようになるでしょう。

基本方針は5つのステップから成り、子どもとのどんな会話にも使えます。話し合いの最初と最後には、6章で学んだ「感情コーチング」のスキルを活用します。これらの基本方針を念頭におくと、「本質的な会話」を始める準備が整います。

1. **ポジティブな調子で会話を始める。** 前向きではげますような声かけをすると、子どもの気持ちもやわらぎ、会話を始めやすくなります。

2. 子どもの話をよく聴き、情報を集める。5章で学んだ「傾聴力」を活用して子どもの話に耳を傾けながら、あなた自身の感情を整えるよう努めます。子どもの内なる思いや感情について聞くのはしのびないかもしれませんが、まずはどんな問題にぶつかっているかを理解しないことには、助けようがありません。

3. 子どもの気持ちを確認し、受け入れる。子どもが感情を言い表すのがむずかしそうなら、手助けします。その際、子どもの気持ちを決めつけないように注意してください。子どものからだの反応（手が汗ばむ、鼓動がするなど）や表情も手がかりにしましょう。そして、そんな気持ちを感じても何ら問題ない、とがめるつもりもないと伝え、感情を受け入れてあげましょう。

4. はげしい感情に対処する見本を示す。5章で解説した「成長段階にあわせた感情を整える方法」をもとに、子どもが感情と向き合えるよう手助けします。また、自分のやっかいな感情も整え続け、見本となってください。

5. 必要に応じて情報共有し、制約をもうけ、問題解決をはかる。最後はポジティブな調子で会話を終える。子どもにどこまでの情報を伝えるかは、「3つの質問」で確認しました。制約をもうけた方がいい場合もあれば（子どもがむちゃな言動をするときなど）、問題に対処できるよう手助けした方がいい場合もあります。いずれの場合も、話し合いはポジティブな調子で終わるようにし、その後は一緒にゆったり過ごしましょう。

それでは、「3つの質問」と「基本方針」があるといかに役立つかを、シナリオで確認していきましょう。

マイシーは、夫のダン、娘のメリッサ（7歳）、息子のダンJr.（3歳）と郊外の町に暮らしています。マイシーの実家は数百マイル離れた街にあります。先日、その地域にハリケーンが上陸したため、両親はマイシー宅に避難しました。不運なことに、マイシーが子ども時代を過ごした実家はハリケーンで全壊し、家財道具はすべて使えなくなりました。両親は災害保険に入っておらず、マイシーの母親には慢性疾患があるので、健康面の不安ものしかかります。マイシー夫妻はすっかり動揺しています。

非常時の対応で頭がいっぱいのマイシー夫妻は、何が起きたのかを子どもたちにちゃんと伝えられていません。ある夜、メリッサが泣きながら「おじいちゃんとおばあちゃんが溺れるこわい夢を見た」と両親の寝室に駆け込んできて、おどろきます。朝になると、「体調が悪いから学校に行かない」と言い出します。熱はないようですが、やるべきことに追われている両親は、娘の話もろくに聞かず、学校を休ませます。翌日も同じことのくり返しでした。数日がたち、両親が「そろそろ学校に行きなさい」と言うと、メリッサは「学校に行きたくない！」と泣き叫びます。学校にいるあいだに嵐がきたら、両親と離ればなれのままで、みんな死んじゃって「こわい」と言うのです。真夜中に両親のベッドにもぐり込み、何年もしていなかったおねしょまでするようになります。

何がよくなかったのか

マイシー夫妻は、ハリケーン上陸で両親が被災し、大きなストレスがかかるなか、何が起きたかを子どもたちにきちんと話していませんでした。子どもたちは、十分な情報がないなかで勝手に恐ろしい物語を考え出し、それに耐えられなくなっているのです。

両親はどうしたらよいのか

マイシー夫妻は、夕食後のゆっくりした時間に、弟を寝かしつけてからメリッサと話し合うことにします。年齢も違い、メリッサほどは不安を感じていなそうな弟には、また別の機会に話すことにします。マイシーはこういう深刻な状況にめっぽう弱いので、夫のダンに話をリードしてもらうことにします。メリッサにどこまでの情報を与えるかも、夫婦で相談すべきです。たとえば、被害状況についてはメリッサが質問してきたことにだけ答え、救助のくわしい内容や犠牲者の数などは伝えないといった方針が考えられます。

7歳の子どもが理解できること

7歳の子どもは、家族という守られた巣から外の世界に踏み出し、家族以外の人とのつながりを持ち始めたばかりです。学校に通い、先生やまわりの子どもたちを通じて、新しい情報や考えと出会う日々を送っています。小学校低学年というのは、新しいスキルや情報を吸収しやすい段階ですが、高度で複雑な情報となると大人のようには処理できず、ほかの人の視点を取り入れるのもむずかしいでしょう。それに、まだ具体的なことしか考えられないので、自分の目の前で起きていない出来事については理解しづらく、亡くなった人はもう戻ってこないという不可逆性も理解しきれません。自分が理解できないことが起きている状況がこわいため、まわりの人の反応をよく見て、まねをします。なので、この年頃の子どもにとっては、親が大切な見本となるのです。マイシー夫妻はできるだけ冷静でいるよう努めながら、メリッサとの話し合いを始めます。

〇青信号

母　親：メリッサ、今日はがんばって学校に行けたね。どうだった？

母親が明るい調子で会話を始めます。いい1日だったことは知っているのですが、あえてこの質問をすることで、メリッサの前向きな返事を引き出します。

メリッサ：うん、大丈夫だったよ。

父　親：この数週間、いろいろと大変だったけど、何があったのかをちゃんと話してなかったな。

（メリッサが何も言わないので、両親もしばらく黙っています）

子どもが黙っていると、つい口をはさみたくなりますが、子どもがその気になったら話せるように、間を取っています。

父　親：メリッサはこのところ不安そうだね。うつむいてばかりで、お顔がよく見えないぞ。口元も下がって、楽しそうに笑ってるときと大違いだ。何か心配ごとでもあるのかい？

父親はメリッサが気持ちを言葉にしやすいよう導きます。こんな声かけをすることで、メリッサは自分の感情に気づきやすくなります。

母親は自分の感情の高まりが話し合いを妨げないよう心がけています。

父　親：おじいちゃんおばあちゃんや家族のことを心配してたんだね。そら、こわくなるはずだ。パパでもこわくなるよ。そういやパパも子どものとき、友だちに恐ろしいことが起きて、自分もそんな目にあったらってすごく不安になったよ。胸がぎゅっとなって、ドキドキしたのをおぼえているよ。

父親は娘の気持ちを聞き出し、感情についての話を受け入れ、娘をはげましています。

メリッサ：（まだ泣いている）こわいよ。嵐にあう夢を見るってわかってるから、夜もよく眠れないの。

父　親：じゃあ一緒に深呼吸をしようか。不安なときに深呼吸すると、気持ちがとても楽になるんだよ。５数えながら息を吸って、10数えるあいだに息を吐くんだ。

父親は、「深呼吸をする」という感情の整え方を伝え、一緒にやってみて、いかに役立つかを理解させようとしています。

父親のカウントに合わせて、３人で深呼吸をくり返します。その後で、もうしばらく話し合いを続けます。母親の気分もだいぶ落ち着いてきました。

母　親：おじいちゃんおばあちゃんと話したら、ふたりとも元気だったわ。嵐もおさまって、お天気もよくなり、もう危険はないって言ってたよ。数週間前の嵐は、ママも見たことないくらい特別に大きいものだったの。それに今は、お天気の専門家が、嵐が来る前に知らせてくれるから、前もって避難できるのよ。だから、おじいちゃんとおばあちゃんもこの家に泊まってたでしょ。大きな嵐をハリケーンっていうんだけど、海から遠く離れたこの町は心配ないの。興味があるなら、今度、嵐について一緒に調べてみようよ。くわしく知ると、こわい気持ちもずっと軽くなるはずよ。（母親はメリッサをぎゅっと抱きしめる）

母親は、メリッサの年齢で理解できる情報だけを話して「理解できた感」を与え、興味があれば、もっとくわしく学ぶこともできると伝えています。子どもにふさわしいレベルと量で情報を与えることで、不安感はやわらぐのです。

このシナリオの両親は、娘の悩みを聴きたいと思っていること、不安感をやわらげる手助けができるということを、言葉と行動で伝えています。娘の話に耳を傾け、年齢に合わせた反応をし、何が起きたのかを理解させ、不安感をやわらげようとしています。ハリケーンや洪水にかぎらず、幼い子どもが気象現象をこわがっているときには、こうした会話が役立ちます。この後のシナリオにあるように、話し合いに必ずしも両親がそろっている必要はありません。

計画的な話し合い：タイミングや伝え方

話し合いのタイミングは、どのように判断すればよいのでしょうか。嵐への不安をつのらせた娘に不意を突かれたマイシー夫妻の場合は、選択の余地があまりありませんでしたが、ハリケーンの前や最中に話し合っていれば、もっと違うかたちで娘の力になれたかもしれません。でも、だしぬけにそんな話をすれば、子どもを不必要に不安がらせるのではと考える親もいるでしょう。これから恐ろしいことが起きるとわかっているとき、幼い子どもにどれくらいの情報を伝えたらよいのでしょうか。

シェリーとマリオ夫妻は、息子のハイメ（5歳）が通う幼稚園から、明日、侵入者を想定した避難訓練を実施するとメールで知らされます。ハイメが通い始めた幼稚園はそれまで通っていたプレ・スクールよりもずっと規模が大きいので、いろいろと違う点があることについては話して聞かせるようにしています。今のところ機嫌よく通園しているハイメですが、たまに「騒がしくてこわい」ともらすことがあります。避難訓練もこわがるだろうと考えた両親は、心の準備をさせようと、夕食後にハイメと話し合うことにします。

5歳の子どもが理解できること

5歳くらいの子どもは、外の世界に足を踏み出し、理解できることもどんどん増えていきます。遊びを通して感情を表現し、新しい考えを試しています。言葉で表現できることも増えるので、何か問題にぶつかったときに、行動より言葉で解決しようとする場面も増えるでしょう。現実と空想の世界は違うということを理解できるようになりますが、架空のものにどぎまぎさせられることもあります。怪物は本物じゃないと頭でわかっていても、「こわい」と思う気持ちもあるのです。また、現実と空想世界で同じようなことがあると面食らうこともあります。たとえば、ホラー映画を見た後に、実生活で恐ろしいことが起きると、打ちのめされてしまうのです。これくらいの年頃の子どもは、生活のいろんな場面で親を「安全基地」とし、何がこわくて何が安全かを判断するのに、親の表情をよく見ています。

○青信号

母　親：新しいクラスにも慣れたみたいでたのもしいわ。今日は何か楽しいことあった？

母親はポジティブな調子で会話を切り出し、楽しい答えを引き出そうとしています。単に「楽しかった？」と聞くのではなく、子どもに具体的に楽しかったことを考えさせる聞き方をしています。

ハイメ：遊びの時間にみんなで宇宙船を作ったら、先生も「とてもいいね！」って気に入ってくれたよ。

母　親：先生は、明日の避難訓練について何か言ってた？

母親は、避難訓練について息子が知っていることを把握しようとします。

ハイメ：ううん。でも、ベンの1年生のお姉ちゃんが、悪い人がやって来て、銃を撃ってきたら、机の下に入らなきゃいけないって言ってた。

父　親：おお、そうか。そんなふうに言われて、どんな気持ちがしたんだい？

父親はこの話を聞いて動揺しますが、今はハイメの感情に集中するんだと思い直し、「どんな気持ちがした？」と聞いています。ハイメの答えを待ちながら、何度か深呼吸をして、心を落ち着かせます。

ハイメ：こわかった。幼稚園に行くのこわいから、明日はお休みしてもいい？　悪い人が銃を撃ちにくるんでしょ？　ベンが「幼稚園は危ないところ」って言ってたよ。（泣き出す）

避難訓練の話をしたらハイメは不安がり、気持ちをなだめるのに手こずるだろうと前もって話し合っていた両親は、こんな反応を予測していました。今こそ、ハイメが自分の感情を確認し、パニックに陥らないよう手助けすべきです。

母　親：こわいよね。そんなこと言われたら、ママだってこわくなるよ。ねえ、こわいって気持ちはからだのどこで感じる？　涙が出てるから顔かな。胸のあたりかな？　ママはこわいと、心臓がドキドキするな。

こわいという気持ちをからだのどこで感じるか、ハイメに考えさせています。からだの感覚と結びつけることで、恐怖心などのやっかいな感情に気づき、言葉で言い表しやすくなります。

ハイメ：うん、心臓がドキドキする。幼稚園がこわいところだなんて知らなかった。

父　親：ベンに言われるまでは、こわいと思っていなかったのかい？

ハイメ：うん、幼稚園は大好きだよ、楽しいからね。でも、今はこわい。

父　親：楽しめてたのなら、よかった。でも、こわいのも無理ないね。パパも幼い頃、遊んでいるときにほかの子から聞いた話で、すごくこわい思いをしたことがある。後で本当じゃないってわかったんだけど、親にも言い出せなくて、しばらく不安な気持ちでいっぱいだったな。だから、ハイメが自分の気持ちを教えてくれて、パパはうれしいよ。

ハイメ：（父親を見る）ほかのみんなも、銃や悪い人の話をして、すごくこわがってるよ。

父親は、ハイメはこれまでは幼稚園をこわがっておらず、むしろ楽しいところととらえていたことを知ります。そして今、ハイメが感じている不安感を受け入れ、子どもが広めるうわさ話は間違っていることが多いので、大人に確認した方がいいと伝えています。

母　親：パパとママから言っておきたいのは、幼稚園はとても安全なところで、危なくないってことよ。こんな訓練をするのは、幼稚園が子どもにとって安全なところであり続けるためなの。ほら、このアパートでも消防訓練をしたことがあるでしょ。だけど、あれから火事は起きてないし、家が火事になったお友だちはいる？（ハイメが首を振る）ママも知らないけど、安全を守るためには消防訓練をしなくちゃならないの。明日の避難訓練もそれと同じことよ。

母親は基本的な情報を与えて、ハイメを安心させようとしています。幼稚園で銃乱射事件が絶対に起きないとは言い切れませんが、基本的に幼稚園は安全な場所です。消防訓練の例を出したのは、ハイメも体験したことがあり、こわがらなかったからです（マンション暮らしでなければ、ほかの例でもかまいません。アメリカ中西部に住んでいるなら、竜巻訓練の方が身近かもしれません）。

父　親：明日、幼稚園から帰ってきたら、どんな訓練だったか聞かせてくれるかい。

父親は、翌日帰ってきてから、幼稚園での出来事について話す場があることをはっきり伝えています。訓練の様子を聞くのはいつがいいかを、あらかじめ夫婦で話し合っていたのです。10分ほどで話し合いは終わり、その後は3人でゲームをして遊びます。

こんな話し合いの直後に子どもをひとりで寝かせない方がよいと心得ている両親は、ハイメと一緒にくつろいだ時間を過ごしてから、寝る準備に取りかかります。

このシナリオの両親はまず、幼稚園で予定されている避難訓練について息子がどこまで知っているかを確認しています。それから、息子の話をよく聴き、訓練について子どもが理解できる範囲で説明し、思っているほどこわいものではないと伝えています。また、息子の不安感をやわらげるため、訓練後に話をする場をもうけています。子どもが「こわい」と感じる行事が予定されているとき、こんな会話をすると、子どもの気持ちを落ち着かせられるでしょう。

想定外の話し合い：感情の受け入れから問題解決へ

子どもが大変な事態に巻き込まれていると突然知らされた親は、いともかんたんにはげしい感情にとらわれてしまいます。そうなると、計画的に話し合いの場をもうけ、感情的にならないようにと心づもりができているときとは違い、「本質的な会話」を取り入れるのがむずかしくなります。そんな、私たちの日常で避けきれない場面も、子どもに問題解決の手法を教える機会に変えることができます。次のシナリオでは、母親は問題解決の手順を進めながら、10代の娘がこわがっている状況を乗り越えられるよう導き、娘の不安感をやわらげるだけでなく、この先の人生で問題にぶつかったときにも応用できるスキルを伝えています。

✕赤信号

学校から帰宅したオリビア（14歳）は、玄関のドアをたたきつけるようにして家に入ってきます。いつもより早く帰宅していた母親は、仕事の電話中です。大きな音がしたので、電話を保留にして「静かにしなさい！」と叫びます。電話を終えた母親はオリビアのところに来て、「何があったの？どうしてあんな大きな音を立てて家に入ってくるわけ！　こっちは仕事の電話中だったのよ。家には家族もいることを考えなさい！」とたたみかけます。

オリビアは母親をじっと見つめて、「マジで？　ママなんて大嫌い！」と叫び、ドアをバタンと閉めます。部屋のなかからオリビアのすすり泣きが聞こえてきます。

家の電話が鳴ります。校長先生からの自動音声メッセージで、「一連のいじめの件を受けて、来週、緊急の保護者会を開催します。ぜひご出席ください。生徒は来週後半に実施する集会に必ず参加してください」と連絡が入ります。母親は親しくしているほかの保護者に「いじめの件って何のこと？」とメールします。

すると、「オリビアがかかわってるのよ。直接聞いたら」と返信がきます。

面食らった母親は、怒りが込み上げます。オリビアの部屋に駆け上がり、ドアを開けると、「何があったのか今すぐ話しなさい！　あんたがいじめにかかわってるってどういうこと？　そんなしつけをしたおぼえはないわよ！」と叫びます。ベッドで寝ころんで泣いていたオリビアは、立ち上がったかと思うと、母親を無視し、玄関から出ていってしまいます。

母親はぼうぜんとします。仕事の電話をじゃまされたことに始まり、学校から連絡が入り、保護者からメールの返信があり、娘に大声を上げると、オリビアは家を出て行ってしまった。ほんの10分ほどの出来事でしたが、学校で何があったのか、母親は何も把握できていません。

何がよくなかったのか

母親は、仕事の電話をじゃまされたことへの腹立ちから、はげしい感情にとらわれてしまっています。さらにオリビアが叫んだので、冷静になることも、何があったのか情報を得ることもできていません。

母親はどうしたらよいのか

まずはオリビアの無事を確認すべきと考えた母親は、「大声を上げてごめん。何か問題があって、むしゃくしゃしてたのよね。ちゃんと話を聴きたいから、家に帰ってきてちょうだい」とメールします。そして車を出し、近所をとぼとぼ歩いていたオリビアを見つけます。このあいだに深呼吸をしていたので、オリビアが車に乗る頃には気持ちもだいぶ落ち着いています。

14歳の子どもが理解できること

14歳くらいになると、外の世界とのかかわりがぐんと増え、複雑で抽象的な考えも理解できるようになります。とはいえ、それらを大人と同じように処理できるわけではありません。思春期は幼少期に次いで脳が急速に発達する時期なのですが、前頭葉――計画を立てる、衝動を抑える、複雑な考えを実行する脳の部位――はまだ発達しきっていません。そのため、一時の感情に駆られやすく、自分の考えで頭がいっぱいになり、じっくりと論理的に考えて結論を出すことはむずかしいのです。飲酒運転は危ないとわかっていながら、「自分は大丈夫」と勝手な思い込みをするのもそのためです。また、友だちとの関係性が大きな意味を持つようになるため、親より友だちからの影響を強く受けた言動を取りがちです。「みんなが自分に注目している」と考えるのも、10代の子どもにありがちな特徴です。
では、母親が「基本方針」を取り入れてオリビアと話し合うと、どうなるでしょうか。

〇青信号

母　親：さっきはごめんね。悲しそうな顔をして、学校で何があったの？

母親はポジティブな調子で切り出します。やりとりのすべてが自分のせいだとは思っていなくても、ここは大人になる方が娘が心を開いて話をするだろうと考えたのです。学校で何かあったと知っている母親は、ストレートに質問します。

オリビア：（すすり泣きながら）もう学校に行きたくない。恥ずかしすぎるよ。

母　親：もう少し気持ちが落ち着いてからにしようか。ママ、お茶を入れるわね。

オリビアにはもう少し気持ちを落ち着かせる時間が必要と考えた母親は、飲みものを用意します。こんなささいなことでも思いやりの気持ちを示すことができ（とりわけ、子どもが抱きしめられるのをいやがる年頃の場合）、おたがいに時間もかせげます。母親は感情的にならないよう努めています。学校でどれだけひどいことが起きたにせよ、この段階では「学校に行かない」という選択肢を選ぶつもりはありませんが、この段階ではその点にはふれていません。

（ふたりは家のなかに入り、食卓に座ります）

オリビア：親友のルースがほかの女の子たちからいやがらせされてたから、守ってあげようとしたら、とんでもないことになったの。あの子たち、私とルースの写真にひどい加工をしてSNSにアップしたんだよ。どんどんシェアされて、学校中でうわさになってる。

母　親：まあ、ひどい。悲しさや腹立ちを感じるのも無理ないわね。そんなことされたら、ママだって恥ずかしくてたまらないわ。SNSは本当にやっかいね。子どもでもでたらめな投稿ができちゃうから、いろいろと問題になってるでしょ。でも、あなたが助けようとしたこと、ルースはありがたいと思ってるはずよ。

母親は、オリビアが感じている気持ちを「悲しい」「腹立ち」「恥ずかしい」と言葉にして受け入れ、ルースにやさしくふるまった点を強調しています。この後、母親はルースが以前から女の子たちにいじめられ、ときに暴力を振るわれていたこと、両親が離婚したばかりでつらい思いをしていること、仲良くしているのはオリビアだけだということを知ります。話し合いはさらに続き、オリビアがルースをかばったことの意義、ルースをどんなふうに助けられるか、学校のいじめ対策にも及びます。

オリビア：でもどうしたらいいの？　みんなに見られたんだから、学校なんか行きたくない。廊下を歩くだけで、みんなの笑い者になるに違いない。もう転校するしかないよ。

母　親：とても困ってる気持ちが顔に出てるよ。自分の恥ずかしい姿を大勢の人に見られたかもしれないのよね。ところで、恥ずかしいって気持ちはからだのどこで感じる？　とてもからだがこわばってるみたいね。

学校での出来事に打ちのめされているオリビアは、「学校に行けない」と思い込んでいます。でも母親は、今はその間違いを指摘するタイミングではない、もう少し時間をおいてからにしようと考え、今はオリビアの気持ちを受け入れ、からだの感覚と結びつけることに集中します。

オリビア：全身がぎゅっとしめつけられる感じで、おなかも痛い。学校では、からだがほてって、心臓がバクバクして、気を失いそうだった。

母　親：きっと、からだが危険を知らせる闘争・逃走反応に入ったのよ。すごく疲れてるみたいだから、2〜3時間スマホをさわらず、ゆっくり過ごしたらどう？　必要なら、「携帯がつながらなくなる」ってルースやほかの友達に伝えてからね。その後で、これからどうしたらよいかをママと一緒に考えましょ。お風呂のお湯を入れてくるね。

オリビアの気分はいくぶん落ち着きましたが、母親は問題解決の手順を進める前に、少しゆっくり過ごすことを提案します。数時間あけることで、オリビアの気分はさらに落ち着き、冷静に問題解決に取り組めるでしょう。

（夕食後、ふたりは話し合いを始めます）

母　親：気分はどう？
オリビア：すごく疲れたし、なんだかむなしいよ。あの子たちがやったことが信じられない。

母親はまず、オリビアの気分を確認します。話し合いは、おたがいの気持ちが落ち着いてから始めます。

母　親：大変な1日だったんだから無理ないわね。じゃあ、どうすれば学校に行きやすくなるか、ママと一緒に考えてみない？　あなたやルースが今までどおり勉強して、友だちと仲良くすごして、いじめをなくしていけるか、どんなアイデアでもいいから言っていこう。

母親はオリビアの気持ちを受け入れてから、「学校に行く不安感をやわらげる」を目標に、問題解決の手順を進めます。

オリビア：とっさに思い浮かぶのは、私のひどい写真のことをだれも知らない学校に転校する。それか、しばらく学校を休んで、姿を現さない。

母　親：いったん、すべてのアイデアを書き出すわね。アイデアが全部出たら、どれが本当に使えそうか見直していこう。（オリビアのアイデアを書き出す）

問題解決の第二ステップは「アイデアを出し合う」です。この段階では、親からするととんでもないと思えるアイデアでも、すべてよしとします。「転校したい」という突拍子もないアイデアも、すぐには否定しません。まずはすべてのアイデアを書き出し、その後で一つひとつ検討します。

母　親：スクールバスに乗らなくていいように、2〜3日なら車で送ってあげるよ（アイデアとして書き出す）。さっき、教頭先生から電話があったのよ。今日のこともご存じで、「学校としてこんな行為は許しません」っておっしゃってたわ。来週、SNSを使ったいじめ対策について保護者会を開催し、生徒には集会を予定してるそうよ。

オリビア：何それ！　そんなの、今日のことがあったからってバレバレだよ。よけい、ひどくなるよ。

母　親：それはいやよね。（少し間をおく）。教頭先生も状況を悪化させたくないから、まずは私たちと相談してから対応を決めましょうって言ってくださってるのよ。（「集会を開催す

る」「教頭先生と相談する」と書き出す）

オリビア：（オリビアはため息をもらす）

正確には母親のアイデアではありませんが、学校で予定されている行事もリストに書き入れます。いくつかアイデアが出たところで、どの案が実際に使えそうか話し合います。

母　親：書き出したアイデアを、一つひとつ見ていこうか。

オリビア：「しばらく学校を休む」。これはいいでしょ？

母　親：だめよ。これまで学校をサボったこともないし、もうすぐディベート大会もあるんでしょ？

オリビア：わかった。じゃあ、「今週いっぱい、ママが車で学校まで送る」は？

母　親：それは、ありうるわね。

オリビア：「教頭先生と相談する」は絶対なの？

母　親：無理にとは言わないけど、あなたのためを思ってのことよ。あなたから直接話を聞かないことには、教頭先生だって何があったのかを把握できないんだから。それと、問題になってる写真は削除させたっておっしゃってたわ。まだ正式に決まったわけではないけど、問題を起こした女の子たちは、何らかの処罰を受けることになるでしょうね。

オリビア：でも写真がアップされているあいだに、大勢の人に見られたたよ。

母　親：まだ気にしてるのね。（少し間をおいてから）じゃあ、今週いっぱいはママが車で学校まで送るのと、学校側の対応について教頭先生と相談する、でいいね。

母親は、実際に使うアイデアだけを別の紙にまとめます。かんたんな内容なら、口頭で確認するだけでも十分です。また、学校をサボるのは許されない、と制約をもうけています。

母　親：パパもママも、あなたのことをとても大切に思ってるの。こんなひどいこと、二度と起きてほしくない。わかってるでしょうけど、これはれっきとしたいじめなの。でも、あなたに親友がいるってわかってうれしいわ。それに、こんなひどいことをされたらどんな気持ちになるかよくわかっただろうから、今後は堂々といじめに立ち向かえるようになるわね。そうだ、ママと一緒に「自分を大事にする方法」も考えてみようよ。たとえば、学校から帰ってきたら、一緒にペディキュアを塗ったりヨガをしたりするの。

オリビア：帰ってからも、やることがいっぱいだね。（笑うオリビアを、母親が抱きしめる）

母親は、「学校に行きたくない」というオリビアの本心を気づかう言葉をかけ、帰宅後は一緒にセルフケアをしようと誘い、ポジティブな調子で話し合いを終えます。

このシナリオでは、母親は感情に飲み込まれることなく、オリビアの話にしっかり耳を傾けています。

その結果、オリビアの気持ちを確認し、現実的な状況とうまく折り合いをつけられるよう導けています。親子で一緒に問題解決の手順を進めることは、10代の子どもには特に効果があります。こうした会話をすることで、子どもの母親への信頼感は高まり、今後また問題が起きたときにも相談したいと思えるでしょう。

ここまでや7章以降で紹介する数々のシナリオをたたき台として、あなたならではの「本質的な会話」を考えていきましょう。道具はすでに手に入れました。実際の会話は、内容も子どもの状況——年齢、性格、欲求、質問——もシナリオとは異なるでしょう。でも、あなたが身につけつつあるスキル——「感情コーチング」や会話のしくみ（「3つの質問」と「基本方針」）——は、「世界はこわい」と感じる子どもとの「本質的な会話」の土台になります。

これらの基礎的スキルを足がかりに、7章からは、〝暴力といじめ〟〝気候と環境問題〟〝テクノロジー社会〟〝格差問題〟〝社会の分断〟のテーマ別に、様々な会話事例を見ていきます。会話がくり広げられる場面、話の内容、子どもの年齢、どれくらい身近でその恐ろしい出来事が起きるかは様々です。シナリオどおりに会話を進めようとするのではなく、事例をヒントに、あなたならどんな会話をするだろうと想像しながら読み進めてください。

私たちが生きるこの複雑な世界について、子どもはたくさんの質問をしてきますが、こちらから質問するのはよしましょう。

親の務めは、こうした質問に答えられるよう社会問題にくわしくなることではなく、子どもが感情を整えられるよう導き、この世界から逃げ出したいと思わせないことです。「本質的な会話」を重ねることで、子どもは開かれた心とたくましい好奇心を持って世界とかかわることができるようになり、思いやりや能力、自信を兼ねそなえた大人へと育っていくでしょう。

7章 暴力についての会話

公共の場で——学校や商店、ショッピングモール、職場、礼拝堂など——またもや銃乱射事件が起きたと聞くと、暴力行為を身近に感じてしまうかもしれません。数々の事件は私たちに恐怖心を与えるだけでなく、日常のあり方も大きく変えています。コンサートやパレードに行くといった、以前ならなんでもなかった行動にも不安をおぼえ、空港では靴を脱ぎ、ベルトを外し、金属探知機を通ることが、もはやあたりまえになっています。幼稚園ですら避難訓練を実施し、園児が逃げ方を学んでいることに、親としては複雑な思いがあるのではないでしょうか。しかし、暴力を恐れる意識が高まっている一方、アメリカ国内の実際の暴力犯罪はこの数十年で減少していると聞くと——ＦＢＩ（米国連邦捜査局）の統計では１９９３年から50％以上減、司法省の統計では71％減——意外に思う人も多いかもしれません[注11]。

では、統計の数字と人々の不安感に大きなギャップがあるのはなぜなのでしょう。ひとつは、事件がどこで発生しているかにあるのかもしれません。暴力事件が起きる場所が身近になっていることが、私たちの経験に大きなインパクトを残すのです。だれが事件を起こしているかも問題です。子どもが危険にさらされる状況は、私たちのベースとなる安心感をゆさぶります。無防備な子どもや礼拝中の人などをねらった暴力はなんともおぞましく、子どもが自分の身に危険があるからと学校に行くのをこわがるなど、あってはならないことです。統計がどうであろうと私たちがおびえてしまうのには、犯罪のこのような無作為性にあります。銃乱射事件が気になってしょうがなくなったとしても、不思議ではありません。

子どもが危険にさらされているのに、その場にいて守ってあげられないのは、親にとって何よりも恐ろしい状況ではないでしょうか。この章で何よりお伝えしたいのは、いったん悲観的な考えにとらわれると、感情がものごとの受け止め方をゆがめ、事実（安心感を与えるものでさえ）を見えにくくするということです。

ものごとを受け止める力については、本書でも多くのページを割いて解説してきました。すなわち、「思考」は感情から生じ、「言動」はその結果なのです。学校での銃乱射事件など公共の場で起きる暴力について子どもと話すときは、次の点を心に留めておいてください。第一に、特定の学校で暴力行為が起きる可能性は低いけれど、24時間いつでもどこでもチェックできるニュース報道のせいで、危険性をより大きく感じてしまうこと。第二に、家庭内暴力の発生率を踏まえると、子どもが学校で暴力犯罪に直面する可能性はとても低く、学校は家庭よりもはるかに安全な場所だということ。第三に、たとえ犯罪率が高い都市部に暮らしているにせよ、ほとんどの犯罪は特定の「犯罪多発エリア」やギャング同士など限られた社会的ネットワーク内で起きているということです。

この章では、本書の前半で学んだスキルを活用して、学校や地域で起きる暴力について子どもと話す方法を解説します。避難訓練のほか、子どもが見聞きする、あるいは実際に経験しうる脅迫や暴力を取り上げます。

ではシナリオに進む前に、暴力についての話し合いが親子にどんな影響を与えるかについて、いまいちど考えてみましょう。子どもに感情への対処法を教えながら、あなた自身の感情を整えなければいけないときがきたら、きっと役に立ちます。

- 暴力に関して強い主張はあるか、それは子どもとの話し合いに影響しそうか。主張とまではいかなくても、話し合いを左右する意見があるかもしれません——たとえば、銃規制に強い思い入れがあれば、それが態度にも現れるでしょう。
- 自分や身近な人が暴力を経験したことはあるか。暴力の被害にあったことがある、あるいは身近な人が暴力を振るわれるのを目のあたりにした経験は、長いあいだ、心に深い傷を残すことがあります。
- 暴力について、あなたとパートナーは同じ考えを持っているか。これを機に、おたがいが暴力にさらされた経験について話し合ってみましょう。
- 家族の生活に暴力が直接的に影響しているか。犯罪率が高いエリアに住んでいる、子どもの学校で暴力が問題になっているか避難訓練が実施されていれば、不安をひきおこしやすいため、内容の濃い話し合いになるでしょう。

●暴力について、子どもはどれくらい理解しているか。子どもの年齢にふさわしい会話にするにはどうすればよいだろうか。

●会話を通して子どもの不安をやわらげるにはどうすればよいか。子どもに聞かれたら、どこまでくわしく伝えるべきか。子どもがはげしい感情に対処するのを助けるには、どんなことをすればよいか。

シナリオ1は、学校に通う子どもやその家族のほぼ全員の心に響くであろう「学校での銃乱射事件」についてです。

シナリオ1　銃乱射事件ってなに？

ソフィア（5歳）が幼稚園に通い始めて3週間がたちました。この前日、アメリカのほかの街の中学校で銃乱射事件が発生し、3人の子どもが犠牲になったとのニュースがありました。翌日、スクールバスから降りてきたソフィアは元気がありません。「どんな1日だったの？」と母親が聞いても、うつむいたまま「大丈夫」としか答えません。

✕赤信号

母親は「何かあったの？」と聞きますが、ソフィアはしずんだ様子です。バスで仲良しの子と一緒に座れなかったのか、先生に何か言われたのかと母親は考えます。

するとソフィアがため息まじりに、「ママ、銃乱射事件ってなに？」と聞いてきます。

母親は息をのみます。幼い娘とこんな話をするとは思ってもみませんでした。「何を聞いたの？」思ったよりきつい口調になってしまいます。学校に銃を持った男が現れるという自分でもゾッとするような状況について娘と話さなくてはならないことに、気が動転しているのです。

ソフィアはうつむいたまま、「別に。ねえ、おやつは何？」と言うので、母親はすぐに忘れるだろうと考え、安心します。

ところがその夜、母親は深夜2時に起こされます。ソフィアがベッドのそばに立ちつくし、「こわい夢を見て眠れない。食堂に銃を持った男の人がいた」と言うのです。

母親の対応の何がよくなかったのでしょう。残念ながら、子どもは一度気がかりなことを見聞きすると、大人が望むようにはすぐには忘れません。それどころか、よくも悪くもはげしい感情をひきおこすそうした出来事は、いつまでもくっきりと記憶に残るものです。そして、いったんその話をうやむやにすると、あらためてその話題を持ち出すのがむずかしくなります。というのも、子どもは大人の感情を敏感に読み取っているので、どんな話をすると親が不愉快になるかを心得ているのです。やっかいな話題であればなおさらです。

では、ソフィアからの質問に、母親が深呼吸をしてから答えていたらどうなるでしょうか。

○青信号

ソフィアの悲しそうな様子に気がついた母親は、バスで仲良しの子と一緒に座れなかったのか、幼稚園で何かいやなことがあったのかと考えます。

母　親：何があったの？

ソフィア：（ため息まじりに）ママ、学校での銃乱射事件ってなに？

（母親はソフィアに背を向けて何度か深呼吸をし、動揺していることが顔に出ないよう注意します）

幼い娘からの質問におどろいた母親は、まずは自分の感情を整えます。少しのあいだ深呼吸をし、困った表情を見られないよう顔を背けます。動揺していることがソフィアにわかると、母親を困らせたくないからこの話はやめておこうと考えるかもしれません。

母　親：疑問に思っていることを聞いてくれて、うれしいな。でも、いったいどこでそんな言葉を聞いたの？

ソフィア：行きのバスでうしろに座ってた3年生がそんな話をしてたし、休み時間にそのひとりが銃をバン、バンって撃つまねをしてた。帰りのバスでも、幼稚園で銃乱射事件が起きるかもって話してる子たちがいた。

母親はソフィアの話に耳を傾けています。ソフィアが言葉につまったときだけ、短い質問をはさんで話を引き出します。そうすることで、ソフィアが知っていることをベースに答えることができ、むだに不安をあおったり、理解できない情報を伝えたりするのを避けられます。たとえば、ソフィアは犠牲になった子どもがいたとの情報は聞いていなそうなので、母親からあえてその話をすることはしません。

母　親：なるほど。それで、ソフィアはどんな気持ちだったの？

（ソフィアが何も言わないあいだ、母親は待ちます）

ソフィア：わからない！

母　親：銃乱射事件なんて聞いたら、ママはからだで不安を感じるな。胸がドキドキして、不安いっぱいの表情になってね。ソフィアはどうだった？　バスから降りてきたときに元気がなかったから、何かあったのかなとは思ってたのよ。

ソフィア：（うなずく）

（母親は数分ほど何も言いません。おやつを用意して、一緒に食卓につきます）

母　親：学校での銃乱射事件はどんなものかって質問だったよね。学校のまわりや校内で銃が発砲されることとよ。

ソフィア：どうしてそんなことする人がいるの？

母　親：いい質問だね。基本的に、学校は銃を持って入れない安全なところだものね。銃乱射事件について、どんな話を聞いたの？

ソフィア：大きな子が学校で銃をバンバン撃って、たくさんの子どもがけがをしたって。それって本当？

（母親は台所に行き、コップ1杯の水を飲みながら考えます）

母　親：2～3人の子どもがけがをしたのは本当よ。けがをさせたのは、去年学校をやめて、学校に来てはいけない子だったんだけどね。

ソフィア：どうして？

母　親：うーん、むずかしい質問だけど、ママなりに考えてみるとね……ほとんどの人は子どもの頃に、腹を立てても、ほかの人を傷つけてはだめだってことを学ぶの。だけど、なかにはそのことを学べず、不安な気持ちをどうすることもできなくて、ほかの人を傷つけてしまう人がいるの。ソフィアも小さい頃、腹を立てて、ほかの人をたたいたことがあるよね。腹が立ってはげしい感情を抑えきれなくなったときに、銃を手にしていたら、それで人をひどく傷つけてしまうことがあるの。だから銃はとても危険なものなの。

ソフィア：ママはそんな人、知ってる？

母　親：ううん、知らないよ。多くの人は子どもの頃にはげしい感情への対処の仕方を学ぶから、めったにそんな人に会うことはないのよ。

ソフィア：私の園にもだれかが銃を撃ちに来ると思う？

母　親：（娘を抱きしめながら）思わないよ。そんなこわい話を聞かされたら、「自分も撃たれるんじゃないか」って不安になっちゃうよね。でも、安心してちょうだい。それに、いろんな気持ちを話してくれて、ママはとてもうれしいよ。幼稚園は安全なところだし、校長先生はじめ、先生や職員の人たちも安全を守ろうとしてくれている。先生方から園内での安全について、防災対策や避難訓練などのお話があるかもしれないね。

母親はソフィアの話をよく聴いてから、感情を見分ける手助けをしています。自分がどんな気持ちなのかがよくわかっていないソフィアに対し、まず母親は自分が同じ状況ならどう感じるかを伝えています。ただし、「こんなふうに感じるべき」という言い方ではなく、「同じような気持ちを感じているの？」という聞き方をしています。ソフィアがうなずくと、母親は不安を感じるのはよくあることだと受け入れています（「ママはからだで不安を感じるな」と安心させ、「不安になっちゃうよね」と気持ちを認めています）。自分も子どもの頃に銃がこわいと思っていたこと、銃はとても危険な武器なので多くの人が不安に思っている、といった話をしてもよいかもしれません。

ソフィアを安心させたい母親ですが、「銃乱射事件は絶対に起こらない」という言い方はしていません。もちろん、そんなことを断言できる親はいませんが、ソフィアの母親のように「守ってあげる」という気持ちを伝えることはできます。

ソフィア：わかった。ねえ、外で遊んできていい？

母　親：もちろんよ。不安に思ってることを話してくれて、うれしかったよ。またいつでも不安なことがあったら話してね。

このシナリオでは、制約をもうけるや問題解決をする必要はありません。というのも、ソフィアは「幼稚園に行きたくない」とも「スクールバスに乗るのがこわい」とも言っていないので、母親は娘の気持ちを軽くする必要性を感じていないのです。しかし、ソフィアが銃乱射事件への不安をたびたび口にする、何度も悪い夢を見るなど、継続的な不安を感じさせるようであれば、それも違ってくるかもしれません。そして最後は、「外で遊んできていい？」と聞くソフィアに対し、母親がもう一度、不安な気持ちを話してくれてうれしいと思っていることを伝え、これからもそうしてねと念を押し、ポジティブな調子で会話を終えています。

シナリオ2　ユダヤ教の礼拝堂（シナゴーグ）での暴力

ノア（8歳）と母親は、ユダヤ系の人が少ない郊外の町で暮らしています。最近、近くの礼拝堂が反ユダヤ主義の人の標的になる事件が二件続きました。一件目は、墓地内の墓石にスプレーで、かぎ十字（ナチスのシンボル）と「ユダヤ人がわれわれに取って代わることはない」と落書きされ、二件目は、礼拝中に建物の外で銃を振りまわした男が、周辺警備のために雇われたばかりのガードマンに取り押さえられました。事態を受け、地域の人たちはやきもきしています。ノアの母親は子どもたちと一緒に礼拝堂に通っているので、不安でいっぱいです。子どもたちにこの状況をどう伝えたらよいかわからず、身の安全を心配するあまり、子どもたちと礼拝堂に行くのを突如やめてしまいます。そんなある日の夕食時、ノアから「礼拝堂は危ないところなの？」と聞かれます。

○青信号

母　親：どうしてそんなこと聞くの？

ノ　ア：だって、学校でエヴァンが、銃を持った人が礼拝堂にやって来てユダヤ人を殺そうとしたって話してたの。それにママも、ここしばらく礼拝に連れて行ってくれないよね。

母　親：なるほど。（深呼吸をする）。エヴァンの話を聞いて、どんな気持ちがしたの？

息子が事件について知っていると思っていなかった母親は、ドキッとします。同じクラスにはユダヤ系の児童はいないので、ほかのクラスの児童から聞いたのだろうと考えます。母親は深呼吸をして時間をかせいでから、情報集めにかかります。

ノ　ア：エヴァンはよくでたらめなことを言うから、最初は作り話をしてると思って笑ってたんだ。でも先生が「それは本当よ」って言って、本気でこわくなった。「何があったのですか」って先生に聞いたら、「お母さんに聞いてごらん」って言われた。

母　親：そう言われて、どんな気持ちになったの？

ノ　ア：いやな気持ちがして、胸がドキドキした。ママに電話したかったけど授業中だったたし、保健室に行こうかなとも思ったんだけど、恥ずかしくて言い出せなかった。

ノアは自分の感情やからだがどんなふうに反応したかを言葉にできていますが、むずかしそうな場合は、母親が話をうながすか、自分だったらどう感じるかを伝えて、手助けするとよいでしょう。

母　親：それは恐ろしかったね。でも、自分の気持ちや、どう対処したらよいかを考えられて、すばらしいわ。先生が説明しなかったのは、きっと、親子で話した方がいいと思ったからじゃないかしら。話してくれて、ママはうれしいよ。

母親は、ノアが感じた気持ちを受け入れ、学校での出来事を話してくれたことをほめています。

ノ　ア：ねえ、何があったの？
母　親：礼拝堂でちょっとした騒ぎがあったんだけど、けがをした人はいないの。銃を持った男の人がやって来て、大声で何か言ったんだけど、ガードマンが警察に通報して、すぐに警察の人が来て、その人を連れて行ってくれたからね。銃は撃ってないから、けが人は出ていないのよ。

母親は起きたことをなるべく簡潔に話しています。むだにくわしい情報——男がユダヤ人を中傷する言葉を叫んだことや、地域の人を全員殺すぞと脅迫したことなど——は伝えたくないからです。くわしい内容を耳にしていれば、ノアから話してくるはずと考えたのです。

ノ　ア：その人はどうしてそんなことしたの？

母　親：それはママもわからない。何かに怒ってて、その感情にきちんと対処すればよいのに、銃を振りまわして怒ってるってことを見せつけたかったのかもね。それか病気で、自分が何をしてるのかよくわかってなかったのかも。どちらにせよ、銃を持った人がいつ撃つかわからないのはこわいよね。こわいとき、ノアのからだはどんなふうに感じるの？

母親は、ユダヤ人を標的とする「反ユダヤ主義」の話は息子にはまだむずかしいと考え、そこまでは踏み込んでいません。息子から質問があれば、そのときに説明することにします。墓地に落書きされた件についてふれていないのも、同じ理由からです（もっと年上の子どもに「反ユダヤ主義」について話すケースは、10章の〈シナリオ5「陰謀論」〉を参考にしてください）。

ノ　ア：胸がドキドキしたって言ったでしょ。それに、「銃を持った男の人が現れたのは本当よ」って先生が言ったときは、からだが震えるのを感じた。礼拝堂でだれか殺されたのかもって思ったんだ。

母　親：（うなずく）ママもこわいときは胸がドキドキしてからだが震えるわ。本当に恐ろしいことが起きたんだものね。

ノ　ア：僕たちが礼拝に行かなくなったのも、そのせい？　安全じゃないから？

母　親：今週の土曜日は行くつもりよ。騒ぎはあったけど、礼拝堂は安全なところなの。知り合いの人たちが協力して安全を守ろうとしてくれているしね。建物のなかに入る人が武器を持っていないかチェックするガードマンもいるでしょ。だから、その男の人もなかに入れなかったの。

正直なところ、母親は不安を感じながら会話しています。礼拝堂の安全性を心配する気持ちに対処しきれていないのです。でも、自分の不安感が息子に伝わらないようにしたいので、最近礼拝に行ってない理由にはふれず、「今週末は行く」と約束しています。この会話が終わってからラビ（ユダヤ教の指導者）に電話して、自分の不安な気持ちを伝えるつもりです。ノアの年齢がもっと高ければ、ユダヤ人をねらった暴力について子どもにどう伝えたらよいかも教えてもらうとよいでしょう。

シナリオ3　スニーカーを横取りされた場合

母親からクリスマスにスニーカーを買ってもらったラファエル（10歳）は、それを履いて学校に行くのをとても楽しみにしていました。ところが新学期から1週間が経《た》ったころ、トイレに行ったときに、年上の男子から「スニーカーをよこせ」と言い寄られます。「言うとおりにしないと刺すぞ」と金属製のパレットナイフをちらつかせられます。おびえたラファエルが靴をぬいで渡すと、相手は自分が履いていた古びたスニーカーを渡してきます。ラファエルはトイレから逃げ出し、教室に駆け込みます。青ざめた様子に気づいたクラスメートのジャックが「どうしたの？」と聞くので、スニーカーをうばわれたと説明すると、「それはみんなが恐れているジェイソンに違いない」と興奮します。「スニーカーを取り返したいよね？　なら、ジュリアンに話してみよう」とも言います。ジェイソンを相手にできるのはジュリアンくらいだというのです。ジュリアンに相談すると、「スニーカーは取り返せるけど、代わりに俺の言うことを聞け」と言われます。でも、命令の内容は「後で言う」としか言いません。

その夜自宅で、母親と今日あったことなどを話していると、ラファエルが「気分が悪いから明日は学校に行けそうにない」と言い出します。母親がおでこに手を当てても熱はなく、風邪の症状も見られません。学校で何かあったのかしら、と母親は考えます。

○青信号

母　　親：学校は順調？　今日はどんな1日だったの？
ラファエル：大丈夫。でもスニーカーをなくしちゃった。
母　　親：クリスマスにあげたスニーカーのこと？　何があったの？
ラファエル：（口ごもる）
母　　親：どうして学校でスニーカーがなくなるの。靴なしで過ごしてたの？
ラファエル：この話、今はしたくない。
母　　親：（何かあったんだと確信する）学校ですごくいやなことがあったんでしょ。今でなくていいけど、後で話すって約束できる？　夕食の後はどう？

ラファエルの動揺を見てとった母親は、しばらく時間をおいて、心の準備ができてから話し合うことにします。食事の後片づけをしながら、母親は別の角度から話し始めます。

母　　親：学校に行くのが気が重いときもあるよね。

ラファエル：（ため息をつく）

母　　親：だれかにスニーカーを取られたんでしょ。もう返してもらえないかも、もっと大変なことになったらどうしようって不安に思ってるんじゃない？

ラファエル：（うなずく）

ラファエルが話そうとしないので、母親は何があったのか見当をつけます。

母　　親：そのことを知ってる子はいるの？

ラファエル：ジャックが知ってる。それでジュリアンに相談したら、スニーカーを取り戻してやる代わりに、命令にしたがえって言われたんだ。

母　　親：なんて恐ろしく、大変な１日だったこと！

心配していたことが本当だったとわかった母親は、ラファエルがどんな気持ちを味わったのかを確認し、その気持ちを受け入れようとします。

（ラファエルは背を向けます。母親は息子の肩が揺れていることに気づきます）

母　親：スニーカーをうばった男の子に脅されたの？

ラファエル：（うなずく）

母　親：それはいつ起きたの？

ラファエル：休み時間にトイレに行ったときだよ。

母　親：そんなことされたら、ママだってこわくてたまらないわ。ラファエルはどんな気持ちになったの？

ラファエル：本気でこわかった。息が止まりそうで、心臓がバクバクした。だってその子、パレットナイフを持ってたんだ。美術の授業で使うとがったやつ！　先週それで指を切りそうになったんだよ。「スニーカーをよこさなかったら、ナイフで刺すぞ」って言われたから、くつをぬいで渡したんだ。いくじなしかもしれないけど。

母　親：こわくなるのも無理ないわよ。いくじなしって感じたのは、やり返すべきだって思ったからでしょ。でもママは、スニーカーを渡してよかったと思うよ。うん、その方がよかった（とくり返し、息子を抱き寄せる）。もしやり返してたら、どうなってたと思う？　その子が本当にナイフを向けてきたかもしれないのよ。

母親はラファエルのおびえた感情を受け入れた上で、やり返さなかった点を強調しています。

ラファエル：（すすり泣きながら）どうしたらいいんだろう。明日学校に行くのがこわいし、本当にジュリアンの言うことを聞かないといけないのかな？

母　親：恐ろしいことがあったんだから、いろいろ考えるわよね。ねえ、明日のことを話し合う前に、一緒に散歩するかテレビを見るのはどう？　ママもラファエルも、深呼吸したり、ちょっとゆったり過ごした方がいいと思うの。

これはむずかしい状況なので、母親はもう一度息抜きを入れた方がよいと考えます。一緒に好きなテレビ番組を見てから、母親は夕食後のデザートと飲みものを用意します。

母　親：子どもが安全に学べるはずの学校でこんなことがあったんだから、本当に恐ろしいわよね。

ラファエル：（うなずく）どうしたらいいんだろう。明日学校に行くの、本気でこわいよ。

母　親：そうよね。こんなことされたらママだってそう思うわ。ねえ、どうしたら学校に行きやすくなるか、ママと一緒に考えようよ。いろんなアイデアを出し合っていくの。どんなものでもいいから、思いついた順に言っていこう。

母親は問題解決を提案します。息子の望みによっては、母として行動を起こす必要があることも心得ています。

ラファエル：「ジュリアンの言うとおりにしたらスニーカーを取り返してくれる」ってジャックは言うんだけど。

母親：（アイデアとして書き出す）その男の子は校内で堂々とスニーカーをうばったんだから、ママは学校側がどんな対応を取ってくれるかを確かめたいな。

ラファエル：やめてよ。先生たちに知られたら、よけいひどいことになるよ。僕が学校をやめるか転校する方がいいよ。

母親：言ったでしょ、今はアイデアを出し合ってるだけ。いったんアイデアを全部書き出して、その後で見直していくの。それか、「スニーカーなんてどうでもいい」って言うのはどう？　そしたら、ジュリアンの言いなりになる必要もないでしょ。

ラファエル：スニーカーを盗み取るのはどうかな。ジェイソンと仲のよい子をジャックが知ってるんだって。

母親：いくつかアイデアが出たから、ひとつずつ見直していこうか。「スニーカーを盗み取る」のよい点と悪い点は何だろう？　学校に行きやすくなるかしら？

ラファエル：スニーカーは取り返せても、学校に行きやすくはならないかな。

母　親：「学校側に報告する」はどう？　そんなことしたら、スニーカーをうばった子が面倒なことに巻き込まれて、仕返ししてくるかもって思ってるんでしょ。じゃあ、よい点は何かな？

ラファエル：スニーカーを取り返せるかもしれない。

母　親：そうだね。それに先生たちの仕事は、学校にいるラファエルたちの安全を守ることで、そう努めてくださってるんだから、ほかの児童を脅してる子がいるってことも知っておきたいはずよ。

ラファエル：仕返しされるなんて、いやだよ。

母　親：学校に報告したってわかったら、さらにいやがらせされるって思ってるのね。でも内緒にしていたら、だれにも知られないまま、いやがらせをされ続けて、いじめに負けることになるよ。ひどいいじめ方をされても、こわくてだれにも言えなくなって、いじめられ続けるのよ。

ラファエル：ママにはわかんないよ。

母　親：そんなことないよ。でも、相手は危なっかしい子たちだから、ラファエルがこわがる理由もよくわかるわ。

ラファエル：そうなんだよ。

母　親：じゃあ、こうするのはどう？　ジュリアンにスニーカーを取り返してもらうのは断るの。何を言ってくるかわからない人に借りを作りたくないでしょ。学校側への報告はママがひとりでして、ラファエルは気が進まないなら、かかわらなくても大丈夫よ。でも、学校の先生たちには知っておいてもらわないと。ほかにもひどい目にあってる子がいるんじゃないかしら。学校内をパトロールしている警官なら、何か知ってるかもね。まずは明日、教頭先生に電話してみるわ。

母親は問題解決の手順どおりに話し合いを進めます。

ラファエル：わかった。僕にはあまり選択の余地がないんだね。
母　親：（笑いながら）そのとおり。ラファエルが安心できるようにすることがママの役割だから、できるだけのことをしたいの。安心できないと、まともに勉強することもできないでしょ。（ラファエルを抱き寄せる）

母親はラファエルに、第一にラファエルの力になりたいと思っていること、第二にラファエルの安全を最優先して問題解決を進めるべきと伝えています。ラファエルの安全を守ることが、母親、そして学校の先生や職員の務めです。そのためにひとりで行動を起こす必要があるなら、母親はそれもためらわないつもりです。

シナリオ4　学校に銃乱射事件の脅迫があった場合

身近なところで起きる暴力騒ぎは、子どもだけでなく大人にとっても恐ろしいものです。とくに、学校にいる子どもが脅かされる状況は人ごとではありません。

中学1年生のグレースは郊外の学校に通っています。ある日の午前10時ごろ、職場にいた両親は、学区全体警報システムからのテキストメッセージと伝言メッセージで、「安全が脅かされるおそれがあるため、授業は終わりにし、生徒たちをバスで帰宅させました」と知らされます。母親がグレースに電話をかけて「何があったの？」と聞くと、グレースは息をひそめて「私は大丈夫」と言います。何も起きてないけど、ある生徒がＳＮＳに『学校で銃を乱射する』と投稿したのを、別の生徒が行きのバスのなかで見たというのです。投稿を見た生徒が先生に報告し、先生は校長先生に報告。その後すぐ、脅迫文を投稿した中学2年生の生徒は警察に連れて行かれましたが、警察が危険性を調査するので、全生徒を下校させるよう勧告したというのです。

両親はどちらも仕事でとても多忙です。「家にいるから大丈夫」と言うグレースに、母親は「なるべく早く帰るね」と約束します。グレースは何度か電話をかけてきましたが、会議中の母親は電話に出られません。「大丈夫？」とテキストメッセージだけ送り返すと、「うん、でもこわいかも」とグレースから返信があります。

母親が帰宅すると、自分の部屋でテレビを見ているグレースは話したがりません。夕食の時間になり、両親と兄（15歳）と席についたグレースはようやく何があったのかを話し始めます。

○青信号

兄　：すげえな！

父　親：何だと？　ふざけてるんじゃなく、本当に心配な状況なんだぞ。

グレース：そうよ。生徒がみんなキャーキャー言ってドアにむらがるから、先生たちが必死で止めてた。爆弾が仕掛けられたって言う人もいて、何が起きてるのかだれもわからなくて。

父　親：グレースはどんなふうに感じたんだい？

グレース：吐きそうだった。

兄　：（せせら笑って）なさけないやつだな！

父　親：おまえ、本気で言ってるのか？　（怒りが込み上げるのを感じた父親は、「水を取ってくる」と言って席をはずし、深呼吸をします）

父親は席をはずし、生意気な口をきく兄に衝動的に反応しないよう気をつけます。深呼吸して心を落ち着かせ、今はグレースの話を聴くことに集中しようと自分に言い聞かせます。

母　親：何があったのか、くわしく教えて。だれと一緒にいて、どんな気持ちだったの？

グレース：木曜日の朝は最初にホームルームの時間で、2時限目のチャイムが鳴るかなって頃に、

「先生たちは携帯電話をチェックするように」って校内放送が流れた。携帯を見たモラレス先生が青ざめた顔で「今日は授業はしません」って言うから、一瞬みんなよろこんだんだけど、理由を聞いたら、「学校に脅迫があったんです」って。「何の脅迫ですか」って聞くと、「今はそれしか言えません。スクールバスがもうすぐ来るから、すぐに帰宅するように」って言ったの。

生徒たちがキャーキャー言い出したから、先生が「静かに席につきなさい」って言って、しばらくすると、「ドアに鍵をかけて、銃声のような音がしたら机の下にもぐりなさい」って。私は気分が悪くなって、本気で吐きそうだった。近くの子たちと手をつないでたんだけど、ドアの向こうからだれかが銃を撃ってくるところを想像しちゃって……。携帯電話は使用禁止って言われたんだけど、そうじゃなかったら、みんなが親や友だちに連絡してたと思う。かなり長いあいだ、そこにじっと座ってた。モラレス先生は「もうすぐ終わるはず。これは何かの訓練で、そろそろ警察も到着するはずだから」って言ったけど、先生もおびえてたよ。

母親：そんなにこわい思いをしたのね。だれかが子どもたちに銃を向けるなんて、考えただけでゾッとするわ。

母親もおびえていますが、今はグレースの話をよく聴き、不安な気持ちを受け入れることが何より重要だと考えます。

グレース：（涙を流しながら）からだに力が入らなくて、震えて、視界もぐらついた。隣にいたジャニスが「呼吸できてる？」って聞いてきたくらい。汗びっしょりになって、恐ろしかった。だれかが教室で銃を撃ちまくったら、やりたいことも、まだたくさんあるのに、だれにも何も言えないまま死んじゃうの？　楽しみにしていた週末のダンスイベントも行けなくなるの？って考えてた。

これはグレースだけでなく両親としても聞いていられないほどこわい状況だと感じた母親は、グレースを抱きしめます。生意気な息子でさえ、少し青ざめた顔をしています。

母親：ねえ、みんなでここに座って深呼吸をして、床に置いた足を感じてみましょうよ。そして、まわりをよく見て5つのものに注目して、外の音にも耳をすますの。

（兄は何か言いたそうですが、母親にじろっと見られて、深呼吸に加わります。1分ほど、だれも口を開きません。父親がグレースのそばにきて、抱きしめます）

父親：思い出したくもないだろうに、みんなの前で話してくれて、パパはとてもうれしいよ。しっかり説明できるのは大切なことだからな。しかし、恐ろしかっただろう。何が起きるかわからないと、実際よりもひどい状況を想像して頭のなかがいっぱいになってしまうだろう。今回はみんな大丈夫だったけど、じっと待たされているあいだに、いろんな恐ろしいことを考えてしまったんじゃないのか。

父親はグレースが体験したことを受け入れるとともに、恐ろしい状況を妄想してしまう心の作用について説明しています。

グレース：そうなの。私も友だちも、実際にほかの学校で起きたようなことを想像してた。

父　親：やっぱりそうだよな。銃を持った男が侵入したために、子どもたちが長い列を作って学校から出て行くシーンは何度もテレビで見たことがあるからな。脅迫を受けたとき、避難訓練中でも、そんな考えがよぎる人は多いはずだ。

父親は恐ろしい想像をするのはよくあることだと説明し、そんな気持ちになるのはグレースだけじゃないと伝えています。

母　親：多くの学校が不審者の侵入を想定した訓練をしているけど、実際に銃撃犯に襲われた学校はほんのわずかで、恐ろしいことが起きる可能性はとても低いのよ。アメリカ全体で十万以上の学校があるけど、そのうち銃乱射事件が起きたのはほんの数校なの。学校で鉄に撃たれる確率はとっても低いのよ。だからといって心配する気持ちはなくならないわよね。それくらい恐怖心というのは強烈なの。今朝味わったからよくわかるよね。

母親は、グレースが感じた恐怖心は、実際の危険性よりもずっと大きかったのかもしれないと、やさしく説明しています。「思考が感情に影響する」ということをグレースに理解させ、自分の体験をとらえ直させています。

グレース：うん。みんな死んじゃうんだって、それしか考えられなかった。

父　親：じゃあ、そんな状況になったときに違う考え方ができないか、一緒に考えてみないか。できれば、こんなことは二度と起きてほしくないけど、どうしたら、明日から少しでも不安を少なくして学校に行けるようになるかな。

グレース：ええ〜。今はまだそんなこと考えられないよ。

次のステップとして、父親は問題解決を進めようとしますが、グレースはまだ混乱しているので、まずは気持ちを落ち着かせる時間を取り、その日の夜にあらためて、学校に行きやすくなる方法について話し合うことにします。「明日は通常どおり授業を行います」と学校から連絡が入ったので、グレースが母親に聞きます。

グレース：明日、学校を休んでもいい？　エミリーが、「明日はお母さんがいるから、みんなで家においで」って言ってくれてる。学校に行くの、本気でこわいの。

（母親はグレースを座らせ、そこに父親も加わります。学校に行くべき理由を、母親から説明します）

母　親：とっても恐ろしいことがあったんだから、学校に行くのが不安な気持ちはパパもママもよくわかるよ。でも、明日行かなかったら、次の日はもっと行きにくくなるよ。学校を避けて安心できたとしても、「いつかは行かなくちゃ」って思いでさらに不安感が高まって、ますます行きたくなくなるよ。だから、明日は学校に行かなくちゃね。じゃあ、なるべく行きやすくなる方法を一緒に考えてみようよ。どうしたら不安感が軽くなるかな。何でもいいからアイデアを言っていきましょう。

母親は、不安感はすぐに大きくなって悪循環に陥りやすいから、しっかり向き合うべきだと話します。今回だと「明日学校に行く」がそれにあたります。

グレース：スクールバスだとみんなが銃の話ばかりするだろうから、学校まで車で送ってほしい。

（母親は、「学校まで車で送る」と書き出します）

父　親：学校にスマホ持ち込みOKにして、昼休みに僕たちに電話するのはどうだろう？　僕たちから電話をかけてもいいしね。

母　親：学校には今回のことを相談できるカウンセラーがいるはずよ。友だちと一緒でもいいから、相談してみるのはどうかしら。パパとママは、明日の夜の緊急保護者会に行くつもりよ。

グレース：かばんにストレスボールを入れておきたいな。パニックになったときに助かるから。それと、私の調子がよくないってことを保健室の先生に伝えておけば、授業を抜けやすくなるんじゃないかな。

（3人で、書き出したアイデアを見直します。グレースは「学校に行きたくない」とくり返しますが、両親は許しません。母親は、エミリーの母親に電話をして、子どもたちがエミリーの家に集まるならグレースも放課後に参加していいか聞いてみると言います）

母親は「学校を休むのは絶対だめ」と、はっきりと制約をもうけています。

そして、次のような計画を立てました。父親が学校まで車で送り、先生が教室に来たことを確認できるまで待ちます。昼休みには、グレースから両親のどちらかに電話をかけ、様子を知らせます。帰りは1回だけ母親が迎えに行きます。グレースはストレスボールを持っていき、気が動転しそうになったら深呼吸をし、それでも心が落ち着かないときは保健室に行きます。カウンセラーへの相談はまだ決めかねているので、ひとまず明日の計画には入れません。夕方はサッカー教室があるのであわただしくなりそうですが、母親が迎えに行き、帰り道に1日の様子を報告することにします。

全部のアイデアを見直しながら、「学校を休む」「カウンセラーに相談する」は却下し、「車で送り迎えする」「エミリーの家に行く」はそれぞれ「1日だけ車で送り迎えする」「放課後にエミリーの家に行く」と調整し、「ストレスボールとスマホを持っていく」はそのまま計画に入れました。1日の振り返りをするタイミングも決めました。計画は必要に応じて見直していくことにします。たとえば、グレースの気分がすぐれず、ほかの生徒がカウンセラーに相談していれば、グレースも相談するかもしれません。

母親がサッカー教室に迎えに行き、ふたりで1日を振り返ります。グレースは、「校舎に入っていくとき、1時限目が始まるとき、まわりが騒がしくなったときに、不安な気持ちが高まったけど、深呼吸をして、銃乱射事件なんてめったに起きないんだと言い聞かせて切り抜けられた」と話します。車での送り迎えと、昼休みに父親に電話できて助かった。友だちとダンスイベントについて相談したいから、翌日からはバスで通学できそうだと。

シナリオ5　テキストメッセージでのいじめ

学校での銃乱射事件が大きな注目を集める昨今ですが、生徒同士で起きる暴力はほかにもいろいろあり、年齢が上がるにつれ、そのやり方はより陰湿で手のこんだものになっていきます。いじめは学校や仲間内だけでなく、インターネットやテキストメッセージなど電子デバイス上にも広がっています。

高校1年生のリリアンは、学校にも慣れてきました。父親とふたり暮らしで、チアリーディング部に所属し、アメフトの試合で出会ったネイトという男の子と付き合っています。リリアンの父親はネイトに会ってみたいと言いますが、ネイトは会おうとしません。ある日、リリアンが、ネイトやその仲間たちとよく集まる公園に行くと、ネイトのテキストメッセージをみんなでのぞきこんでいます。リリアンものぞいてみると、男の子が攻撃されている写真に「次はお前だ」と書かれています。「何これ？」と聞くと、ネイトの仲間に「おまえには関係ない」と言われます。翌日も公園で、ネイトが仲間たちとメッセージを送って笑いあっているのを目にします。

「おまえは虫けら。土のなかで死んじまえ！」

数日後には、「おまえに生きる価値などない。ナイフで刺してやる」というメッセージも見てしまいます。

リリアンがネイトに「何があったの？」と聞くと、「どうしようもないヤコブってやつと勝負してるんだ。仲間のガビンをトラブルに巻き込んだから、ボコボコにしてやりたいんだ」と言います。「何をされたの？」と聞くと、「ガビンがいじめにかかわってるって学校に届けを出しやがった。自業自得なんだよ」と返ってきます。

これまで見たことのないネイトの一面を目にして、リリアンは動揺します。トラブルを起こすんじゃないかと不安になり、ヤコブという会ったことのない男の子のことも心配です。でも、ネイトによい印象を持っていない父親には相談できそうになく、彼氏のトラブルについて女友だちにも話せそうにありません。

不安げで、よそよそしい態度のリリアンに気がついた父親が「学校はどうだ？」と聞いても、まともに答えません。ある日、夕食を食べながら、父親が問いただします。

✕赤信号

父　親：リリアン、どうかしたのか？

リリアン：なんでもない。

父　親：そんなはずはないだろう。この1週間、ほとんど口をきいてないじゃないか。付き合ってる例の男と何かあったんじゃないのか？

リリアン：（泣き出す）ほっといてよ！

（リリアンは自分の部屋に駆け込み、バタンとドアを閉めます）

父親は面食らいます。思いやりを示そうとしたのに、娘は泣き出し、どうしたらよいかわかりません。やりとりを振り返り、きつい言い方をしたことをあやまろうと考えます。ドアの向こうからリリアンの泣き声が聞こえてきます。「入ってもいいか?」とノックしてから部屋に入り、ベッドのはしに腰かけ、深呼吸をしてから話し始めます。

○青信号

父　親：さっきはとがめるような言い方をしてごめんな。あいつと付き合ってることをとやかく言うつもりはないが、このところリリアンが落ち込んでいるようだから、心配してるんだ。たったふたりの家族なんだから、おまえが何か問題にぶつかってないか知っておきたいんだ。

（リリアンが泣いているので、父親は数分ほど待ちます）

父　親：パパが部屋にいても大丈夫か?

リリアン：（うなずく）

父親は自分の感情を整えてから、夕食時の会話はリリアンを責めるつもりで言ったんじゃないと説明します。高校生にもなれば、自分ひとりで考えたがり、必ずしも親に相談しようとせず、そばにいるのもいやがることを理解しているので、「部屋にいても大丈夫か」と確認しています。

父　親：一緒にいさせてもらってうれしいよ。パパも高校生の頃、学校の友だちといろいろあった。いつも自分でなんとかしないとと思ってたな。うまくいくときもあれば、どうにもならないこともあって、気が重かったよ。

父親は10代の頃の思い出話をして、なかなか口を開かないリリアンを受け入れようとしています。

リリアン：（泣きながら）どうしたらいいんだろう。もう不安しかないよ。

（父親は何も言わずに待ちます）

リリアン：怒らないで聞いてくれる？

父　親：怒らないよ。パパが怒るかもって心配してたのかい？

リリアン：ネイトの仲間がある男の子をいじめてるらしくて、傷つけやしないか心配で……。

父　親：そんな大変なことになってるのか。リリアンはどう感じてるんだい？

父親は「怒らないよ」と約束してから、娘の心を占めている話に耳を傾けます。かんたんな質問をして娘の気持ちを確認しますが、すぐに答えを出さないよう気をつけています。娘の感情を確認する手助けをすることで、事態への対処をサポートしています。

リリアン：ひどい気持ち。私、どうしたらいいんだろう。ヤコブって子が自殺しちゃわないかって不安でいっぱいなの。

父親は娘の発言におどろきますが、話をさえぎらないと決めています。深呼吸をし、娘の目をしっかり見て、うなずき、しっかり話を聴いていることを態度で示します。

リリアン：「なんとかして」ってネイトに言ってるんだけど、何もしてくれない。「ひどいやつだから、当然の報いだ」としか言わないの。でも、そんなひどいことされなくちゃならない人なんていないよ！

父　親：リリアンがどれだけ心配してるかが、よくわかったよ。この1週間、不安げで、さえない顔つきだったからね。からだではどんなふうに感じてる？

リリアン：あの子たちがヤコブに脅しのメッセージを送ってるのを見ると、うんざりする。学校から帰った今も、そのことばかり考えて、頭痛がしてる。

父　親：パパも子どもの頃、友だちがいじめられてたのに、恐ろしくて何もしてあげられなかったことがある。告げ口したら自分もいじめられるって思ってね。ある日、その子が木の上に追いつめられて落っこちて、脳しんとうで病院に運ばれた。そんなことされても、だれにも話せなかった。でも、そばを通りかかった子が自分の母親に話して、その母親といじめられてた子の母親が親しかったから、ようやく伝わったんだ。母親が警察に通報して、いじめてた子たちは取り押さえられた。いじめられていた本人が望まなかったから罪は科されなかったけど、おかげでそれ以降、クラスでいじめはなくなった。パパは何もできなかったことが情けなくて、いくじなしって自分を責めたもんだよ。恐怖心にとらわれると、自分が悪くなくても自分のせいだって思ってしまうんだよ。

父親は子ども時代の似た経験を話すことで、リリアンが感じている不安を受け入れています。

リリアン：そうだよね。でも、どうしたらいいんだろう。何もできない自分が情けないよ。ヤコブがどんな子なのか、何をされてたのかも知らないから、どうやったら助けられるのかがわからない。何をしたらいいの？

「何をしたらいい？」とリリアンに聞かれたので、父親は問題解決に取りかかることにします。

父　親：じゃあ、ヤコブを助けるために何ができるか、いろいろアイデアを出し合ってみないか。最初はとんでもないと思えるものでもいいんだ。いったんパパが全部書き出すから、どのアイデアが実際に使えそうかは後で一緒に考えよう。思いついたものから、どんどん言ってごらん。

無力感にとらわれている娘（「どうやったら助けられるのかがわからない」）に対し、父親は「答え」を押しつけるのではなく、問題解決に取り組もうと提案しています（「いろいろアイデアを出し合ってみないか」）。

リリアン：わかった。校内でヤコブを見つけ出して、メッセージのことをどう思っているか聞けないかなってずっと考えてたの。おかしな考えかもしれないけど、もしかしたらヤコブはくだらないメッセージだって、はなから相手にしていないかもしれないから。

父　親：（リリアンのアイデアを書き出す）学校の生活指導員に相談するのはどうだ？　この件について知っているか確認して、どう対処したらよいか意見を聞くんだ。

リリアン：そんなの意味ないし、相談したことがあの子たちにバレたらいやだよ。でも、どんなアイデアでもいいんだったら、いったん書いておいて。私からネイトに、「ヤコブのことが心配だから、どうにかして」ってもう一度お願いしてみようかな。

父　親：ネイトを家に連れてきて、3人で話すのもありだぞ。パパから学校に連絡して、対応してくださいってお願いすることもできる。

リリアン：（おどろいて眉を上げる）もういっぱいアイデア出たよね。

父　親：じゃあ、ひとつずつ見直していこう。「ヤコブや生活指導員と話してみる」はどうかな？

リリアン：ヤコブとは話せるけど、生活指導員とは話したくない。私もいじめにかかわってるって思われるかもしれないし。

父　親：じゃあ、ふたつのアイデアを組み合わせて、パパと一緒に生活指導員に相談に行くのはどうかな？

リリアン：パパにはかかわってほしくない。

父　親：パパが強引でないことはリリアンも知ってるよな。大切な話をしてくれたリリアンのことがパパは誇らしい。きっと、ヤコブと同じようなメッセージを自分が受け取ったら、どれほどいやな気持ちになるかって考えてたんだろう。ヤコブの身に何も起きないでほしいけど、話を聞いていると、ひどいことになりかねない。小さい頃からリリアンの友だちのことには干渉してこなかったけど、これはひとりで対処できる問題じゃない。いつもとは違うやり方を考えなくちゃな。

リリアン：どういうこと？

父　親：パパとリリアンが別々にか一緒にかどちらでもいいけど、生活指導員か学校の上の人たちに相談すべきだ。どちらにせよ、パパもかかわっていくからな。

リリアン：（顔をゆがめて）わかったよ。じゃあ、生活指導員か教頭先生にはパパから電話して、私はヤコブと話してみるよ。

父　親：それと、ネイトを家に連れてきてパパと会わせなさい。別に問いただすわけじゃない。
　みんなでリリアンが大好きなバーベキューをしよう。

リリアン：わかった。土曜日のチアの練習後に迎えに来てもらって、家に連れてくるよ。

父　親：（リリアンを抱きしめる）話してくれて、ありがとう。

ふたりはアイデアを出し合ってから、実行できそうなものやリリアンが納得できるものにしぼっていきます。リリアンは父親にでしゃばってほしくないと思っていますが、急を要する事態なので、「パパもかかわっていく」と制約をもうけています。しかし、進め方については、指示するのではなく、リリアンに選択させています（生活指導員への相談を別々にするか一緒にするか）。そしてあらためて、いじめ問題について話してくれたことをほめています。

8章 自然災害や気候変動についての会話

多くの子どもには、悪天候をこわがる時期があります。山火事、嵐、ハリケーン、洪水、土砂くずれ、竜巻、地震といったきびしい気象現象に、大きな不安を感じるのです。これからは気候変動のために、危険な気象現象に見舞われる人も増えていくでしょう。アメリカ中西部の学校では、竜巻を想定した避難訓練が毎月のように実施されています。カリフォルニアなど西部の人たちは、山火事、土砂くずれ、干ばつ、地震にあう危険性が高く、東海岸の人たちは、ハリケーンや洪水の危険性ととなり合わせで暮らしています。

自然災害は数も深刻さも増しています。過去5年のうち4年が「観測史上最も暑い年」を記録し、はげしい気象現象も10年以上増え続けているのです。地球規模の気候が未来の世代（私たちの子どもを含む）に与える影響が、ほぼ毎日のように各地のニュースで取り上げられています。子どもが不安をおぼえるのも無理がなく、親も気がかりでしょう。ギャラップ社が2019年に実施した調査では、地球温暖化についてアメリカ人の44％が「ものすごく心配」、21％が「かなり不安」と回答しています。[注12]ご存じのとおり、親が不安に感じていることは、子どもの心に影を落とします。

親はまた、ある問題への自分の「思想」や歴史を会話に持ち込みがちです。これには、自然災害の体験談なども含まれます。しかし、個人の強い意見や見解というのは、人を感情的にします。たとえば、地球規模の気候を重要な社会問題と考えていれば、話し方にもその思いが色濃く表れるでしょう。大人が何かを不安に思っていればいるほど、子どもも感情的に反応しがちです。

だからこそ、自然災害や気象現象について、あらためて子どもと話し合うべきです。では、予期せぬタイミングで生じるやっかいな状況で、本書で身につけてきた道具を用いるにはどうすればよいのでしょう。子どもの年齢や状況によって、様々なケースが考えられます。自然災害や気象現象を不安に感じている子どもと「十分な」会話をするためには、何をすればよいのでしょう。

悪天候や自然災害について子どもと話し合う前に、次の点について考えてみてください。

- 自分はこのテーマに個人的な主張はあるだろうか。たとえば、自然災害を経験したことはあるか、気候変動に強い思い入れはあるか、そうした記憶や感情は子どもとの話し合いに影響しそうか。パートナーはどうだろうか。気候問題や災害について、パートナーと同じ考えだろうか。
- 現時点で、子どもは自然災害や気候変動について、どれくらい理解しているか。子どもの年齢にふさわしい会話にするには、どうすればよいか。

●子どもが不安を感じているのは、一般的な気象か、ある特定の現象だろうか。どんな会話をすれば、子どもの不安をやわらげられるだろうか。

子どもが不安を感じるほかのものと同じで、漠然とした不安（「それはここでも起こりうる？」）について話すのと、目の前に迫っている具体的な脅威（嵐や避難生活など）について話すのとでは、内容が違ってきます。子どもの年齢、不安のきっかけ、そのほかの細かな点によっても違ってくるでしょう。自然災害が家の近くで起きれば、あまりの手に負えなさに、大きな無力感におそわれるでしょう。この章では、悪天候や自然災害、そして気候変動の問題など、子どもが不安を感じがちなケースを見ていきます。各シナリオが取り上げる気象現象、子どもの年齢（プレ・スクール、小学校低学年、8～12歳、10代前半、15～17歳）は様々です。災害がはるか遠くで起きるのか身近なところで起きるのか、子どもが感じる不安の度合いもいろいろです。たとえ、あなたの家族には起こりえない状況ばかりでも、心配いりません。シナリオのなかで親が会話の道具をどんなふうに使っているかに着目し、それらを組み合わせて実践の場で使えるかどうかが大切なのです。あなたの家族の状況に応用するヒントも、コメント部分で解説します。

シナリオ1　どうしてシロクマがいなくなるの？

ライラ（3歳）は、両親がフルタイムで働いているあいだ、託児所に預けられています。ある日、父親が迎えに行くと、大きなコラージュ作品を手にしています。先生からは、「今日は、地球には温かいところと寒いところがあって、地域によっていろんな動物が暮らしているという話をしました」と説明がありました。コラージュを作りながら、気温が上がっている地域では、動物が食べ物を見つけるのがむずかしくなっている、大昔にいた恐竜がいなくなったように、シロクマももうすぐいなくなるかもしれないという話をしたそうです。子どもたちは、「絶滅」という言葉をはじめて耳にしました。

帰りの車のなかで、ライラが質問します。

ライラ：ねえ、パパ。今度、動物園に行ったら、ライラが大好きなシロクマはもういないの？

父　親：今日はシロクマの話をたくさんしたんだってな。ライラはシロクマが大好きだよな。

（「これはまじめな話になりそうだ」と父親は考えます。どう話を持っていくべきかを考えつつ、まずはライラの今の気持ちに注目します）

ライラ：どうしてシロクマはいなくなるの？

父　親：この話は家に帰ってから、ママと一緒にしよう。

家に入ると、ライラが母親にコラージュ作品を見せます。幼い娘と気候変動の話をするとは思ってもみなかった両親は、思わず顔を見合わせます。

ライラ：ねえ、どうしてシロクマがいなくなるの？

（母親は普段から気候変動について考えることも多く、ライラの姉が宿題で「絶滅」について調べるのを手伝ったこともあるので、父親よりも心構えができています）

子どもの不安について親子で話し合うのはよいことです。確かな情報を得られると、子どもは自分の世界をより深く理解でき、不安な気持ちを受け止められるようになります。母親はまず、ライラが理解できるかんたんな事実をいくつか紹介します。

母　親：「生息地」って言葉をおぼえてるかな？　「おうち」を意味する、むずかしい言い方だったよね。動物のおうちがね、時々うまくはたらかなくなることがあって、先生が言ってたように、恐竜にもそういうことが起きたと考えられてるの。もうずっと昔のことだけどね。

ライラ：でも、ライラはシロクマが大好き！

母　親：ママもよ。でも、今すぐ動物園からいなくなるわけじゃないの。

3歳の、とりわけ不安を感じている子どもには、ここで会話を終わりにすることもできます。あなたが地球温暖化にどれくらい思い入れがあるかにもよりますが、「ひどいことが突然起きるわけではない」と安心させるだけで十分かもしれません。

もう少し気候変動について話しておきたいと考えるなら、会話を続けましょう。ただし、先走って、幼い子どもに情報を与えすぎるのはよくありません。たとえば、次のような会話です。

✕赤信号

母　親：ママもよ。シロクマがいなくなっていっているのは、地球温暖化のせいなの。私たち人間が地球を汚しているからで、地球が汚れると気温が上がり、シロクマが暮らしている場所の氷がとけるから、生き延びられなくなってるの。

母親の説明は専門知識としては正しいのですが、ライラにとってはどうでしょうか。家族を含む普通の人たち（もしかすると自分も？）が地球に悪さをしていると聞かされ、しかも状況を改善する道はなく、幼い子どもには恐ろしく感じられます。

では、次のように説明するのはどうでしょうか。

〇青信号

母　親：ママもよ。天候が変わると、動物に影響することがあるの。ほら、おじいちゃんおばあちゃんといとこたちが1週間ほどこの家に泊まりにきたことがあるでしょ。あのときは家のなかにたくさんの人がいて、いつもよりごちゃごちゃ散らかってたでしょ？

母親はライラでもわかるエピソード（親戚が泊まったこと）や実際にあったこと（家のなかが散らかった）を話し、会話を具体的で身近なものにしています。

母　親：（続けて）家をきれいにするために、みんなが自分の荷物をきちんと片づける必要があったよね。今、地球も同じような状況で、大勢の人が住んでいるから、みんなで手をかけて、きれいにする必要があるの。でないと、シロクマのおうちがとけちゃって、住めなくなるからね。普段からごみをリサイクルして、食べ物をコンポスト（堆肥）にして、使っていない電気を消しているのは、そのためなのよ。

母親は地球環境についてかんたんに説明してから、気候変動への対策として家族でできることがあると説明し、ライラのやる気を引き出そうとしています。3歳くらいの子どもは、いろんなことに「どうして？」と質問しますが、必ずしも大人向けのむずかしい説明を聞きたいと思っているわけではありません。くわしく伝えすぎると、かえって子どもを不安にさせるおそれがあります。年齢に合わせて、子どもが理解できることだけを伝えるようにしてください。

子どもとアクティビズム（積極行動主義）

もうひとつ大切な点があります。社会問題に関心のある人にしたいからと、子どもが幼い頃から気候変動など大きな主張をかかげた運動にかかわらせるべきと考える親がいます。ですが、まずは子どもにこの世界を学ばせましょう。あなたがかかわっているデモや教室があれば、一緒に連れて行ってもかまわないのですが、あなたの主張を子どもに押しつけてはなりません。子どもには、認知や感情の準備が整ってから、その活動にかかわる重要性を理解させる必要があります。どんなかたちでかかわるかは、子ども自身に判断させましょう。重要なのは、自分にとって何が大切かを子ども自身に考えさせることで、たとえそれがあなたにとって大切なことでなくても、気を悪くしないでください。

シナリオ2　家が流されてしまうの？

小学1年生のアベリーと両親は、海の近くで暮らしています。ある日、母親がスクールバスの停留所に迎えに行くと、アベリーが涙を流しています。バスのなかで年上の児童たちから、「地球温暖化のせいで、大人になるまでにアメリカの大部分が押し流される」などと言われたのです。母親の心はしずみます。というのも、数週間前に大きな嵐があった後、夫婦でもそんな話をしていたからです。

シナリオ1のライラは常に大人と一緒に過ごしていましたが、6歳のアベリーは外の世界に踏み出しています。学校やバスでほかの子たちと交流し、親が知らないことを耳にすることもあるでしょう。なので、いつでも子どもが話し出しやすいようにしておくことが大切です。学校で見聞きしたことを話してくれれば、両親も手助けすることができます。また、アベリーはライラよりもずっと多くのことを理解しています。アメリカがどれくらい大きな国で、地域によって気候や天気が違うこと、海や水の大切さも学んでいます。しかし母親の知るかぎり、気候変動に関する情報には、まだふれていません。気象についていろいろ質問してきても、母親は息子が理解できるように、できるだけ具体例をあげて答えた方がよいとわかっています（小学生低学年の子どもの思考や知識については、3章の「成長段階ごとの不安感」の〈就学前から小学校低学年〉や、5章の「成長段階にあわせて感情を整えるスキルを育む」の〈小学生〉も参考にしてください）。

家に帰ると、母親はおやつを用意します。気分が落ち着いたアベリーは、いろんな質問をしてきます。母親は少し時間があるので、今なら話し合いによいタイミングだと考えます。

〇青信号

母　親：バスのなかでいやな思いをしたのね。今はどんな気持ち？

母親はまず、アベリーが何を知っていて、どんな疑問を持っているかを聞き出します。

アベリー：大きい子たちにいやなこと言われて悲しくなったけど、もう大丈夫。

母　親：そんなこと言われたら、悲しくなるよね。ところで、その気持ちは、からだのどこで感じたの？　胸のあたり？　泣いてるから顔かな。

母親はすぐに気候変動の話を持ち出すのではなく、アベリーが味わった感情に注目しています。

アベリー：うん、胸もドキドキした。

母　親：不安も感じたのね。でも、どうしてそんな話になったの？

アベリーの気持ちや考えを聞き出してから、不安を感じた出来事について話しやすいよう質問を続けます。

アベリー：（友だちについて）大きい子たちが、泳げないチャーリーを笑いものにしてたんだ。「でっかい嵐が来たら、泳げないやつは流されちまうぞ」って。僕も泳げないからさ、「大きい嵐って何のこと？」って聞き返したら、「大きい嵐が近づいていて、学校も家も押し流されるんだぞ」って言われた。ママ、それって本当？

母　親：そんなこと言われたらこわいし、悲しくなるよね。でもね、まず最初に、嵐が近づいてるっていうのは間違いよ。嵐がやって来るときは、パパやママが見てるニュース番組の気象予報士がちゃんと知らせてくれるの。大きな嵐になりそうなときは、ずっと前にわかるのよ。

母親は、「家族の安全を守るために必要な情報を入手できるから、守ってあげられる」と言って、アベリーを安心させています。

アベリー：本当に大きな嵐が来たら、どうするの？

母　親：まずはじめに、どこの町でも、洪水になるような大きな嵐がきたときにどうするかは、ちゃんと計画しているの。私たち家族にも計画があってね、大きな嵐になりそうなら、この町をはなれて、いとこの家に泊まらせてもらうことになってるのよ。そこだと海からも遠くはなれているから、ほとんど嵐がこないの。でもまだ、そんな状況になったことはないし、近いうちにそうなることもなさそうよ。

アベリー：でも、どうして嵐が起きるの？

アベリーの質問を受けて、母親はいくつかの事実を伝えます。１年生でも理解できるように具体的でかんたんな説明を心がけ、アベリーの思い出や知識と結びつけることもします。

母　親：嵐というのは、雲と風と水で作られるの。晴れたり、くもったり、雨が降ったり、毎日いろんなお天気があって、そのひとつなの。春や夏は暖かくなって、秋や冬は寒くなるでしょ。地域によってお天気もいろいろで、たとえばアベリーが暮らしてるこの町は、雪がたくさん降る北の方よりずっと暖かいの。はげしい嵐になると、こわいよね。ほら、プレ・スクールに通っていたころ、嵐で電気が全部使えなくなったことがあったでしょ？　嵐をこわがる子どもはたくさんいるけど、嵐になる日は1年にどれだけあると思う？　きっと両手で数えられるほどよ。

母親は、すぐに気候変動の話はしません。というのも、アベリーは嵐だけでなくバスのなかの出来事にも不安を感じている様子だからです。数週間たって、今がそのタイミングだと感じます。アベリーは、嵐や天候についていろんな質問をしてくるようになりました。そこで、友だちや先生から聞くよりも、まずは自分から話しておきたいと考えたのです。ふたりは、ナショナルジオグラフィックの気候に関する番組を一緒に見ます。

そして、夜ごはんを食べながら、番組について振り返ります。

母　親：番組はおもしろかった？

アベリー：すごかった！　ほんと、いろんな天気があって、おもしろいね！

母　親：本当におどろかされるよね。ここのお天気も、ママが子どものころとは違ってきてるのよ。

アベリー：どうして？

母　親：私たちがどんなふうに世界をあつかうかが気象にも大きく影響するってことに、科学者たちが気づいたの。工場の機械を動かすために石油やガスを燃やすと、自動車の排ガスみたいに、けむりが空気中に出ていく。そんなふうに、よごれたもの（燃やした石油やガス）がたくさん空気中に出ていくと、気象まで変わってしまうのよ。おかしな話だと思うかもしれないけど、牛をたくさん飼うことでも同じことが起きるの。牛などの家畜はいっぱいおならをするからね。これを気候変動といって、そのせいでママが子どもの頃よりも嵐や異常気象が増えて、よく話題にもなるの。

母親は、自動車の排ガスという子どもでもよく目にするものと結びつけ、自分の体験談もまじえながら説明しています。「昔よりひどいことになっている」となげくのではなく、「気候変動がよく話題になる」とおだやかな調子で話しています。

アベリー：それは危ないの？

母　親：長期的にはね。長期というのは、私たちの一生よりもずっと長い時間ってことよ。でも、もうひとつ知っておいてほしいのは、人間が変化を起こせるってこと。あることをすると、気候変動のスピードを落とすことができるの。

アベリー：どんなこと？

母親はアベリーが未来に希望をもてるように、具体的なアドバイスをします。

母　親：車に乗る回数を減らしてガソリンを使う量を減らす、使っていない電気を消す、リサイクルを心がける、買い物にはエコバッグを持って行く、ごみをコンポストにする、牛肉を食べる量を減らす……こんなことで空気や水をきれいに保つことができるのよ。

アベリー：へえ！　だから家にはごみ箱が3つもあって、ママは捨て方に厳しいんだね。

母　親：（笑って）そのとおり！（アベリーを抱きしめる）

母親は気候変動について、アベリーの年齢にふさわしくかんたんな説明をしています。地域に与える悪影響など不必要な情報は伝えていません。そして、人間が気候変動をもたらしていると聞いたアベリーが、将来に悲観的になったり無力感にとらわれたりしないよう、気をつけています。折を見て、親子でこんな話し合いをすることは、アベリーにとって気候変動の問題について考える機会となり、いろいろと質問もしやすくなるでしょう。

シナリオ3　家が燃えちゃうの？

小学3年生のアレクシスは、母親がカリフォルニアに暮らすおばと電話で、「山火事が起きたら避難すべきね」と話しているのを耳にします。電話が終わると、アレクシスが母親に質問します。

○青信号

アレクシス：ねえ、おばさんは大丈夫なの？
母　親：どうしてそんなこと聞くの？
アレクシス：ママたちが山火事の話してるのを聞いちゃったんだ。学校で山火事の映像を見たんだけど、ものすごかった。おばさんは森の近くに住んでるし、カリフォルニアはよく山火事が起きるでしょ。
母　親：山火事について、いろんなことを考えてたのね。

母親はアレクシスの感情に注目し、何に不安を感じているかを理解しようとします。

アレクシス：うん。山火事についての宿題もあるんだ。
母　親：山火事について、いろんな思いがあるようね。

アレクシス：めちゃくちゃこわいよ。

母　親：うん、山火事は恐ろしいわ。ママがカリフォルニアに住んでいた幼い頃、山火事が起きて、煙のにおいをかいだことがあるの。家が燃えちゃうんじゃないかと思った。大丈夫だったけど、すごくこわかったわ。

母親は自分の体験談をすることで、アレクシスの気持ちを受け入れ、こわいと感じるのはめずらしい反応ではないことを伝えています。

アレクシス：ぼくもこわいし、おばさんが心配だよ。

母　親：どんな心配？

ここで子どもをなぐさめたくなるかもしれませんが、母親は、子どもと大人では必ずしも不安を感じるポイントが同じではないと心得ているので、さらに質問します。

アレクシス：昨夜は僕たちの家が燃える恐ろしい夢を見た。目がさめても、心臓がバクバクしてた。そんなことありえるかな？

母　親：おばさんが危険な山火事に巻き込まれたらどうしよう、自分の家も燃えちゃうかもしれないって、そこまで不安に思ってたのね。

母親は、アレクシスの気持ちを振り返ることで、感情を受け入れています。アレクシスからすると、母親が自分の気持ちをまじめに受けとめてくれていると感じられます。

アレクシス：（泣き出す）うん。

母　親：（アレクシスを抱きしめる）とてもこわかったわね。じゃあ、まずは一緒に深呼吸をしようか。（アレクシスが泣きやむまで、ふたりは深呼吸をくり返す）

深呼吸なら、いつでもどこでもできます。母親は、深呼吸は気持ちを落ち着かせる手近な方法で、話し合いがしやすくなると心得ているのです。

母　親：また恐ろしい夢を見たら、ママに話してくれる？

アレクシス：うん、そうする。昨夜は、ベッドから出られないくらいこわかった。

母　親：ずっと話してて、おやつの時間がまだだったわ。温かい飲みものとおやつを用意してくるね。

（ふたりは食卓につく）

母　親：山火事の話をしても大丈夫？

アレクシス：いいよ。

アレクシスの気持ちもずいぶん落ち着いたので、母親は山火事について、かんたんで具体的な情報を伝えることにします。

母　親：まずはじめに、ほとんどの地域で山火事はめったに起こらないし、大きな乾燥した森が広がるカリフォルニアでも、ごくたまにしか起こらないの。ありがたいことに、火の消し方をよく知っているりっぱな消防士さんがたくさんいるから、大きな火事になっても、被害が広がらないようにしてくれるの。火事は恐ろしいけれど、火の消し方はわかっているの。アレクシスも習ったと思うけど、山火事は乾燥しているときに起こりやすいから、天気予報の人が前もって知らせてくれるのよ。だから、おばさんは大丈夫。それに、この家は森の近くじゃないから、山火事の心配はないの。

母親も火事は恐ろしいと思っていますが、おばのように森の近くに住んでいる人たちがどんな安全対策を取っているかを中心に説明します。また、自分たちの家が火事に巻き込まれる心配はないと念を押しています。

アレクシス：火事になったら、おばさんの家は燃えちゃうの？　ぼくたちの家は大丈夫？

母　親：そんなにも火事が心配なのね。ママも子どもの頃はそうだったけどね。この家が燃える心配はほぼないのよ。家が火事になるなんてめったにないことだし、万が一そうなっても、私たちはちゃんと計画を立てたでしょ。おぼえてる？（母親は大まかな計画を説明します）。おばさんは森の近くに住んでいるから家の近くで山火事が起きたこともあるけど、無事だったし、今も心配ないの。もしまた近くで山火事があったら、この家に来てもらおうよ。

アレクシス：うん、この家に泊まってほしい。もう1杯牛乳を飲んでもいい？　今日の夜ごはんは何？

アレクシスはいろんな質問をしますが、母親は今役に立つことだけを伝えています。「おばさんは心配ない」「私たちには計画がある」は、何歳の子どもに対しても、安心感を与えられるメッセージです。母親はアレクシスが求めている情報だけを伝え、話し合いにあまり長い時間をかけていません。アレクシスからの質問で会話がすすみ、アレクシスのおばさんや山火事についての心配や不安感をやわらげることを目指します。アレクシスは話題を変えることで、質問を終えたことを知らせています。

3年生くらいの子どもの多くは、学校や友だちのことで頭がいっぱいです。科学、言語技術（言語表現学習）、社会、算数と学校の教科も増え、日々新しい話題にふれています。山火事についても、社会科（ニュース記事として）や科学（火災が発生するしくみ）、いくつかの分野を横断するかたちで取り上げられるかもしれません。

子どもたちは教室や遊び場で最近の出来事について話し、自分たちなりに理解しようとしています。親が学校で起きていることを把握するのはむずかしく、その日の出来事を自分から話そうとしない子どもであればなおさらです。とにかく子どもの話をよく聴き、適切な質問をする。そうすることで、子どもは不安な気持ちを親に話しやすくなるでしょう。

シナリオ4　雷がこわくてたまらない

子どもが雷や稲妻をこわがるのはめずらしくありませんが、気候変動により、悪天候になる頻度は高まっています。『サイエンス』誌の研究によれば、気温が1度上がるごとに雷の発生は2％増え、21世紀末までに50％増えるそうです。

ケビン（10歳）は雷や稲妻におびえています。雷に打たれて手足をなくした人の話を聞いてからは、天気予報で嵐になると知ると、外に出ようともしません。嵐をこわがる子どもは少なくないので、最初、父親はケビンの不安をまともに受け止めていませんでした。ところが先週、ケビンは「おなかがいたくて学校に行けない」と言い出しました。熱はないけど胃腸炎かもしれないと考えた父親は、学校を休ませます。嵐の予報が出ていましたが、父親は気にもしていません。結局、その日は嵐になりませんでしたが、夜のニュースが「翌朝の通学時間帯に、はげしい雷雨になるでしょう」と伝えると、ケビンはまた「おなかがいたい」と言い出します。さすがにおかしいと感じた父親は、ケビンと話し合います。

✕赤信号

父　親：いったいどうしたんだ。本当に具合が悪いのかい？　嵐になるから家にいたいだけじゃないのかい？

ケビン：（大声で）ほっといてよ！　気分が悪いんだってば！（部屋に駆け込み、ドアをピシャリと閉めます）

父親が直接的な聞き方をしたため、状況は悪化しています。

父　親：（いら立ち、ケビンを追っかける）そうか、わかった。明日は必ず学校に行くんだぞ。言い訳はなしだ。いやなものから逃げ続けるわけにはいかないんだ。赤ちゃんでもあるまいし、いったい何がこわいんだ。

ケビン：（腕で顔を隠しながら泣いている）あっちへ行ってよ！　パパのいじわる！

父親はケビンをはげまし、たくましくなれと言いたかったのですが、「明日は必ず学校に行け」

と言い張り、「赤ちゃん」呼ばわりしたのが逆効果となり、状況はいっそう悪くなり、ケビンは自分の感情や不安に向き合うどころではありません。

（父親は階下に下ります。翌朝、ケビンを起こしに行くと、ふとんをすっぽりかぶり、ベッドから出ようとしないので、父親は説得します）

父　親：ケビン、起きろ。学校に行く時間だぞ。もう休むわけにはいかないからな。

ケビン：気分が悪いの。ほっといてよ。

父　親：今起きないなら、来週はずっと外出禁止だ。

ケビン：どうでもいい。あっち行って！

父親は息子を脅すとどんなことになるか、外出禁止にしたかったのかどうかもよく考えずに発言し、苦しい立場に追い込まれています。

父　親：いいかげんにしろ！（ふとんをめくってベッドからひきずり出し、大声を上げる）。早く着替えなさい。赤ちゃんみたいにパパに着替えさせてほしいのかい？

ケビン：パパなんて大っ嫌い！

（父親は力ずくでケビンを起こして服を着替えさせ、車に押し込みます）

父親にしても、息子を力づくで起こし、腹を立てたまま校門で降ろすなど本意ではなかったのですが、急いでいる今は、ほかのやり方も思いつきません。

朝10時ごろ、学校から父親に電話があり、「ケビンは気分が悪いようなので保健室にいます。しばらく休ませてから、授業に戻らせます」と知らされます。

ケビンの具合が悪くなっていると知った父親は、これ以上、不安感でケビンの生活が妨げられないようにしないとと考えます。でも、どうすればよいのでしょう。今朝の険悪な雰囲気を避けることはできたのでしょうか。昨夜の言い合いについて、しばらく思い返します。すると、そういえば自分も子どもの頃は嵐をこわがっていたこと、こわがっていることを自分の父親に笑われたこと、「しっかりしろ」と言われて恥ずかしくなり、「もう絶対に父親に弱音を吐かない」と心に決めたことを思い出します。そんな過去があるからこそ、嵐をこわがっているケビンに強く反応してしまったのかもしれないと思いあたります。

そこで父親は対応を変えることにします。午後、ケビンが帰宅すると、おやつを用意し、「ちょっと話せるか」と聞きます。ケビンが低いトーンで、「宿題がいっぱいあるから、終わってからならいいよ」と言うので、父親は「わかった」と返します。夜ごはんの前に、父親から話しかけます。

〇青信号

父　親：ケビン、昨夜と今朝のことは悪かったな。イライラしてしまったけど、ちゃんと話し合うべきだったと思ってる。実はパパも子どもの頃は嵐がとてもこわかったんだよ。

父親はあやまってから、ケビンを安心させるために、子どもの頃の恐怖心を打ち明けます。

ケビン：本当に？

父　親：ああ。嵐が来るって聞くだけで胸がドキドキした。あまりの不安で吐きそうになったこともある。鼓動がはげしくなって、心臓が飛び出しそうだったよ。

父親はどんな気持ちになったかを具体的に説明し、不安になるのは特別なことではないと伝えています。

ケビン：どうしてこわかったの？

父　親：パパは農場に住んでいただろう。となりの家まで3キロほど離れてたから、嵐になると、はるか向こうまで雷や稲妻が見渡せたし、ものすごい音がしたからな。雷が落ちて、木がなぎたおされたこともあった。そもそも大きな音が苦手なパパには、とんでもない音に思えたんだよ。

ケビン：じゃあ、どうして今はこわくないの？

父　親：嵐がどうして起きるのか、そのしくみを学んだからだよ。

ここで、嵐についての情報を少し伝えます。雷をこわがっているケビンの気持ちを否定するのではなく、雷はずっと遠くで鳴っていることを説明し、ケビンを安心させます。

父　親：（続ける）自然はおっかないけど、人への危険性はかなり小さいって知ったんだ。雷だって、家や学校などの建物のなかにいれば大丈夫だし、車のなかでも十分に身を守れる。木々のそばでなければ、橋の下でも問題ないくらいだ。すぐ近くで雷が鳴っているように思えるかもしれないけど、本当に雷が落ちるのはどれくらいか知ってるかい？　ほぼゼロだ。たとえ落ちたとしても、ある地点に落ちるだけで、人間に当たるなんて考えにくい。ケビンが雷に打たれる可能性は、小惑星が地球にぶつかるよりも小さいよ。どれくらいありえないことか、わかるだろう？

ケビン：本当に？　雷に打たれた人がいるって聞いたんだけど。

父　親：ケビンはその人を知ってるのかい？　うわさで聞いただけだろう？　ニュースやインターネット上ではいろんな話が飛び交ってるんだ。いい話も悪い話も、実際に起きたのはアメリカの反対側や世界の反対側で起きたことだったりするんだ。テレビやインターネットばかり見ていると世界がとても小さく思えて、その話が身近なところで起きたように思ってしまう。でも、聞いた話をうのみにせず、本当のことを知ろうとしていくと、ものごとをより深く理解できたり、違った角度から見られるようになったりするんだ。

父親はニュースや友だちから聞いたうわさ話の受け止め方を説明し、危険性を自分で正しく判断できるようアドバイスしています。

ケビン：雷についてくわしく知ったら、こわくなくなったの？　ぼくは、嵐になりそうって聞くだけで落ち着かなくなるから、今すぐこわい気持ちがなくなるなんて思えないよ。

父　親：正直に話してくれてありがとう。ケビンの不安な気持ちがよくわかったから、これからは一緒に対応を考えられる。

父親はあらためてケビンの感情を受け止め、これからもいろんな気持ちを話してほしいと伝えます。

父　親：（続けて）嵐などの自然現象をこわがる子どもはたくさんいる。そんなときに役に立つ方法を説明しようか？

ケビン：うん。

父　親：じゃあ、大きな風船をふくらますふりをしよう。息をいっぱい吹き込むから、しっかり大きく深呼吸をするんだ（片方の手をおなかにのせ、反対の手で5をカウントしながら息を吸う)。次は風船をふくらますよ。10カウントするから、ゆっくり息を吐き出してごらん(カウントしながら、手本を見せる)。さあ、やってみよう。

(父親のカウントに合わせて、ケビンは大きな深呼吸を何度かくり返します)

父親は心を落ち着かせる方法を紹介し、大人でも感情に打ちのめされそうになると、こんな対処法が必要なのだと説明します。

父　親：上手だな!　ゆっくり息を吸って、さらにゆっくり息を吐き出す。これだけで心を落ち着かせられるから、今度、嵐がやって来そうなときにやってごらん。

ケビン：うん、ありがとう。

子どもの不安感は10歳前後をピークに高まる傾向にあります。最新の出来事やニュースにふれる機会も増え、外の世界についてどんどん学習する時期ですが、必ずしもすべてを理解しているわけではありません。認知能力が発達して、複雑で抽象的な考え方を処理できるようになるまでは、不安を感じるのも無理ありません。不安を感じたときの対処法を手ほどきすることで、子どもの無力感をやわらげることができます。

シナリオ5　家が災害に巻き込まれる

シドニー（13歳）が暮らしている地域は、つい最近ハリケーンの被害に見舞われました。シドニーは家族と避難しましたが、はぐれてしまった愛犬は高潮にさらわれたと思われます。自宅も被害を受けたため、半年から1年ほどはトレーラーハウス型の仮設住宅で生活しなければなりません。自然災害で被災したこと、一時的に自宅に住めなくなったこと、愛犬がいなくなったさみしさなど、家族でいろいろと語り合うようにしています。

両親も一緒に体験したことなので、何があったのかをシドニーから説明を受ける必要はありません。自分たちの身に起きた信じがたい出来事について話し合うことで、おたがいに気持ちが救われます。両親は、損害額や保険でどこまでカバーされるかなど、大人の事情がシドニーの耳に入らないように気をつけます。また、シドニーが話を聴いてほしそうなときは、しっかり耳を傾けるようにします。シドニーが幼い頃以来見ていなかった悪い夢をふたたび見始めると、その夢についても話し合います。夜は落ち着いた気持ちで眠れるように、母親が深呼吸のやり方を教えます。愛犬、そして写真アルバムなど大切な思い出の品を失くしたことを、家族はとても悲しく思っています。

この時期のシドニーにとってありがたかったのは、両親ができるかぎり今までの生活習慣を続け、日常を守ろうとしたことです。仮設住宅に入るときには、なじみのある顔があるように、母方の祖父母や叔父が手伝いにきてくれました。可能なかぎり自宅の雰囲気に近づくよう、シドニーがこれまで使っていたのと同じシーツを用意しました。キッチン用品も十分ではありませんでしたが、なるべく食べ慣れた食材を買って、料理をしています。不便を感じながらも家族そろって食事することを心がけ、朝もシドニーが学校に行く前に一緒に朝食を取ります。

両親は、親戚の手を借りるだけでなく、赤十字など災害支援団体のサポートも大いに活用します。地域のYMCA(キリスト教青年会)が被災者向けに様々な無料プログラムを提供していたので、シドニーと母親は週1回のヨガ教室などに参加しています。

親が感情に打ちのめされたら

災害にあったとき、親が子どもの力になるには、親自身が感じているはげしい痛みに向き合うことがとても大切です。自分の痛みを意識できてこそ、必要に応じてその感情を脇においておくことができるのです。私たちの研究からは、親が自分の不安、深い悲しみ、心の動揺を脇におき、効果的な子育てができた家庭の子どもが、いち早く立ち直れていることがわかりました。もちろんこれは口で言うほどかんたんなことではありません。大変な出来事が起きると、親自身が、恐ろしい夢やフラッシュバック、悲劇が脳裏をよぎるなど、はげしいストレス症状に悩まされることもあるでしょう。親がストレスを感じていれば、子どもも敏感にそれを感じ取ります。親があふれんばかりの感情にとらわれていれば、子どもに辛抱強く向き合い、はげまし、適切な制約をもうけるのはむずかしいでしょう。だからこそ、家族が危機にさらされたときこそ、親が自分を大事にすることが——どんなときでも大切なことですが——きわめて重要になります。災害など大きな混乱が起きた後には、自分の気持ちが楽になり、心地よいと感じられる時間を確保してください。自分を大切にできてこそ、「子育てバッテリー」を充電できるのです。

では、「子育てバッテリー」が十分に充電されないときは、どうすればよいのでしょう。つらい状況にあってもしっかりと子育てをするには、ときとして外部のサポートを得る必要があります。心に傷を残すような経験をして、それがあなたの対処能力を超えているかどうかはどうすればわかるのでしょう。たびたび悪夢にうなされるかもしれませんし、その出来事を思い出させる記憶や考えを避けるために、かなり努力をする必要があるかもしれません。そんな状況が1カ月以上続くようなら、外部に助けを求めてください。大人向け・子ども向けのＰＴＳＤの効果的な治療プログラムがあり、訓練を受けたセラピストが対応してくれます。家族向けの無料オンラインプログラムもあります。

最初の混乱がひとまず落ち着き、家族も仮設住宅での生活に慣れてくると、シドニーはこれまでとは違う不安な気持ちを口にするようになります。仮設住宅に入って数週間ほどたった頃、「どうしてこんな災害が起きたんだろう」「なぜ自分たち家族が被害にあったんだろう」と聞いてきます。ある日、夜ごはんを終えて、家族みんなが食卓についているときでした。両親はあらかじめ、シドニーに伝えるべきこととそうでないことを相談していました。シドニーが災害や自分たちの生活について、愛犬がいなくなったことなどについて、いろいろ聞いてくるだろうと心づもりしていたのです。たとえば、今回のハリケーンによる犠牲者の数などどくわしい情報は、シドニーの不安感を高めるだけなので、いずれどこかで耳にするかもしれませんが、いま自分たちからは伝えないことにします。

○青信号

母　親：この数週間はいろいろと大変だったよね。

シドニー：うん。いつもへとへとに疲れてる感じで、友だちに会えないのもさびしいよ。エリザベスはおじいちゃんとおばあちゃんの家、トニーはおじさんとおばさんの家に行っちゃった。学校に来れてない子もたくさんいて、今どこにいるのかもわからない。どうしてこんなことになっちゃったんだろう。自宅に戻れた子たちもいるのに、どうしてうちは住めなくなったの？

父　親：よく聞いてくれたね。どうして自分の家だけこんなひどい目にあったんだろうって思ってしまうよな。もし、通りが一本違ったら、一軒となりに住んでいたら大丈夫だったのに、うちは水浸しになって、屋根が吹き飛ばされて、犬もいなくなったんだからね。

シドニーがいろいろと話し出したので、父親がしっかり耳を傾けると、「どうして自分たち家族にこんなことが起きたのか」と思い悩んでいるとわかりました。冷静になって、その理由を考えます。

母　親：また自分たちの身に大変なことが起きるかもって心配しているの？

シドニー：うん、またハリケーンがやってきて、なのに警報が鳴らなくて、避難する時間もなくて、流されちゃうのかもって不安になることがある。

母　親：それは恐ろしいわね。ママがシドニーくらいの年齢の頃に、おばさんが病気になって亡くなったの。あのときは、親やほかの人たち、もしかしたら自分も病気になって死んでしまうのかなって本気で不安になったわ。でも実際は、そんなことにはならなかった。つらいことがあると、また同じようなことが起きるんじゃないかって不安になるのは、特別なことではないのよ。

シドニーがまた悪いことが起きると心配していると考えた母親は、つらいことがあるとそんなふうに感じがちで、自分にもそんな経験があると話します。はっきりとそう伝えることで、シドニーが話しやすい雰囲気を作りだしています。

父　親：不安な気持ちを話してくれて、パパはうれしいよ。心配ごとというのは、だれにも言わず心の内に秘めていると、どんどん大きくなるだけだからね。頭のなかにある思いを人に話せば、こんなふうにみんなで話し合ったり、何か対応を考えたりできるだろう。

シドニー：学校でも不安に思ってることを話し合ったりするよ。ほかの子たちも、またこんなことが起きるんじゃないかって心配してるみたい。洪水で死んだ人がいるとか、不安をあおってくる子たちもいるの。でも学校のカウンセラーが、「それはうわさにすぎません。こんな大変なことが起きると、いろんなことがまことしやかに語られるから、単なるうわさを広めるのはよくありません」って言ってた。

父　親：うん、そのとおりだ。不安な気持ちを話し合うのはよいけど、人から聞くことすべてが正しいわけではないということも知っておかないとな。何が正しくて何が正しくないのか、わからなかったらいつでも力になるよ。何があったのか確かなことがわからないと、いろんな話を作りだして納得しようとするけど、間違いも多いし、実際よりもはるかに恐ろしい話になっていたりもするからね。

父親から、デマについての大切なアドバイスをします。ふだんから、両親は自分のやっかいな感情にも向き合ってくれると感じているシドニーは、そのアドバイスを受け入れます。

シドニー：（深いため息をつき）ありがとう。そろそろ宿題をしてくるね。（両親にハグをする）

子どもも10代になると、抽象的なことを考えられるようになります。具体的にものを考えていた幼い頃とは違い、「どうしてこんなことが起きたのか」といった問いや、ある出来事が起きる意味などについて親子で話し合う場面も出てくるでしょう。しかし、こうした問いに正解はなく、親のあいだでも考えが違うこともあるかもしれないので、かんたんには答えられません。また親は、基本的な価値観を伝えたいという思いと、子どもには自分の意見や考えをしっかり持ってほしいという期待の板ばさみになることもあるでしょう。子どもは、ある問題についてのいろんな見方や解釈に思いをめぐらしながら自分の考え方を確立させ、自分のアイデンティティをどんどんと育んでいきます。しかし、心に傷を残すようなつらい出来事を体験すると、自主性を育むのがむずかしくなります。不安感があると、おのずと「安全基地」にひき戻されるのです。そのため、大変な出来事が起きた後は、10代やもっと年上の若者でも、幼い子どものような態度を見せることがあります。だからこそ、親との会話がとても重要になるのです。親戚や近所の人たちと一緒の時間を過ごすことでも気持ちが楽になるでしょう。むずかしくても有意義な話し合いをすることは、親にとっても子どもにとっても、大変な出来事を乗り越える助けとなるでしょう。

シナリオ6　気候変動はデマ!?　意見が対立するとき

イーサン（17歳）は郊外の高校に通う2年生です。学生自治会のメンバーで、学生が運営するクラブにもいくつか参加しています。ある日、学校から帰宅したイーサンは部屋にこもり、両親が仕事から帰ってきても顔を見せません。夜、食卓についても落ち着きがなく、イライラした様子です。父親が「今日はどんな1日だったんだい？」と聞くと、先生が「地球温暖化は真実ではない」と発言したのをきっかけに、友だちとけんかになったと話します。

○青信号

イーサン：学校なんて大きらいだ！　ジョーンズ先生も生徒もバカすぎるよ！

父　親：えらい言いようだな。

イーサン：めっちゃ腹立つよ。ジョーンズ先生が「気候変動はデマだ」って、この地球に住んでるとは思えない発言をして、ほかの子たちも「そうだそうだ」って、ぼくのことをばかにしてきたんだ。

父　親：それはいやな気持ちになっただろうな。そんなふうに言われて恥ずかしくなったのかい？　それとも腹立ちや不安を感じたのかい？

父親はイーサンへの共感を示してから、感情を確認させる質問をしています。

イーサン：信じがたいこと言われてイライラした。あいつら、どこまでバカなんだろうって。気候変動が起きてないと考える人がいるなんて、信じられないよ。

父　親：厳しい状況だったみたいだね。自分は正しいと確信している意見が少数派で、ほかのみんなに笑いものにされたんだもんな。

イーサン：うん。腹が立ってしょうがなかった。

父　親：まだ怒りがおさまってないみたいだな。そのときは、どんな気持ちになったんだい？

イーサン：まじで頭にきたよ。これはピンチだ！って思うと、汗ばんできた。自分は間違ってないってわかってるのにばかにされたから、いら立ちも感じた。まるで、「エイズは同性愛者への天罰だ」「ワクチンを打つと自閉症になる」とかってわけのわからないことを大勢から叫ばれてるみたいだった。

父　親：自分が正しいと確信していることでばかにされるなんて、さぞつらかったろうな。

イーサン：うん。しかも、自分が正しいと思ってる考えを、相手に納得させられなかったことも恐ろしかった。

父　親：そのやりとり自体が丁重さに欠けてたみたいだな。意見が違っても、礼儀正しく議論することだってできるのに、イーサンはばかにされたと感じたんだろう。パパだって同じ状況におかれたら、そんなふうに感じるし、ほとんどの人がそうだと思うよ。

父親が「そのやりとりには丁重さが欠けていた」と言ったことで、イーサンは自分がなぜ感情を害したのかが理解できます。また父親は、そんな反応は特別なことではないと伝え（「ほとんどの人がそうだと思うよ」）、イーサンの感情を受け入れています。

イーサン：パパはわかりきったことを言うのが得意だね。

父親はイーサンの生意気な物言いは聞き流し、深呼吸をして、冷静でいようと心がけます。

父　親：これもわかりきったことかもしれないが、イーサンは学生自治会のリーダーで熱心に活動してきたんだから、学校内で大きな影響力を持っているだろう。今日はそんなふうに思えないかもしれないけどな。今日おまえが味わったような気持ちになる人はいつだってたくさんいる。自分はほかの人と意見が違うと感じている人がね。パパがおまえくらいの年齢だった頃、アフリカ系アメリカ人のクラスメートがいて、クワンザ（アフリカ系アメリカ人のあいだで祝われる行事）を祝うって言ったんだけど、そんな言葉を聞いたことがなかったパパたちは、「そんなのウソだろ」ってその子をからかった。あんなたことがなかったパパたちは、「そんなのウソだろ」ってその子をからかった。あんな言い方をして悪かったと、今でも申し訳なく思うよ。ときに、礼儀正しく話し合うのがむずかしくなることがある。とりわけ気候変動などの問題になると、人は感情的になりがちだからね。この問題について、学校でちゃんと礼儀正しく話し合えるチャンスはあるのかい？

父親は、最初にふざけた言い方をして、イーサンのきつい調子をやわらげると同時に、自分の感情を整えています。その後で、イーサンが学校内で影響力がある点を取り上げ、「自分にもできる」という感覚をもたせようとしています。また、自分の過去の失敗談をして、イーサンが今おかれている状況をもっと多角的な視点からとらえられるよう手助けしています。

イーサン：わかんない。今はそんなこと考えたくないよ。いまだに気持ちがおさまってないんだ。

父　親：わかった、今じゃなくていい。相談したくなったら、パパはいつでも力になるよ。

思春期の子どもが、不当な扱いを受けて（または受けたと感じて）はげしい怒りを感じることはめずらしくありません。10代後半にもなると、自分にとって大切なことがわかってきて、精力的にアイデンティティを育んでいきます。地域コミュニティ、高校の活動、アルバイト、ボランティア活動など、外の世界とのかかわり方をいろいろと「試し」ながら、大人になる準備をしているのです。幼い頃と違い、自分のペースで行動するようになります。仲間の考えが大きな影響力を持ってくる年頃ですが、価値観を伝える存在として、また、新しいアイデアや考えを試すときのお手本や相談役として、親も重要な役割をはたし続けます。

父親は、これ以上自分から気候変動の話をするのはやめておきます。数日後、夜ごはんの食卓で、イーサンからこの話題を持ちだします。

✕赤信号

イーサン：このあいだ、ジョーンズ先生や気候変動を信じていない人たちともめたでしょ。あの件について友だちと話したんだけど、校長先生にかけあって、ジョーンズ先生を注意してもらおうと思うんだ。あんなでたらめを学校中で言いふらされたら、本気にする子もでてくるだろうからさ。

父　親：（不意を突かれて）何を言ってるんだ！　そんなことして何になる。

イーサン：もう、パパの意見なんてだれも聞いてないよ！　（食卓をドタバタと去る）

イーサンの発言に対し、父親は考えて対応するのではなく衝動的に反応したため、会話が途絶えてしまいます。

「思い切った対策」に飛びつこうとしている子どもの話を心おだやかに聞くのはむずかしいものです。親が自分の感情を整えて、長期的な視点でものごとをとらえられるよう子どもを導きたいと考えているなら、なおさらでしょう。子どもにとっても大人にとっても（おそらくジョーンズ先生にとっても）、感情が高ぶったときに礼儀正しく話し合うことなど、ほぼ不可能なのです。

では、父親が別の方法で応じるケースを見てみましょう。

○青信号

イーサン：このあいだ、ジョーンズ先生や気候変動を信じていない人たちともめたでしょ。あの件について友だちと話したんだけど、校長先生にかけあって、ジョーンズ先生を注意してもらおうと思うんだ。あんなでたらめを学校中で言いふらされたら、本気にする子も出てくるだろうからさ。

父　親：なるほど。あの件について、いろいろ考えてたんだね。

父親はかんたんなコメントをして時間をかせぎ、次の発言を考えます。

イーサン：うん、いまだに腹が立ってる。

父　親：イーサンはどんな結果を望んでるんだい？　どうなってほしいと思ってる？

イーサン：わかんない。ジョーンズ先生に現実に目を向けてほしいかな。

父　親：校長先生は何て言うと思う？

イーサン：わかんない。だけど、校長先生は筋の通った人だから、気候変動は本当に起きてるってわかってくれるはずだよ。

父　親：ふむ。気候変動についてしっかり話し合いたいのと、いいかげんなことを言いふらさないようジョーンズ先生を注意してほしいのと、目標がいくつかあるみたいだな。

感情が少し落ち着いたので、父親は問題解決の手順を取り入れようとしています。第一ステップは「目標を明確にする」です。

イーサン：なんかそんなふうに言うと、僕がジョーンズ先生の言論の自由の権利を侵害しようとしてるみたいだね。（笑う）

父　親：最終目標について考えておきたいんだ。こないだは大勢から自分の考え方をばかにされて、ものすごくいやな気分にさせられたんだったよな。気候変動について礼儀正しく話し合いたいと思っているのか、ジョーンズ先生が校長先生から叱られてほしいのか、どっちなんだい？

イーサン：どっちもかな。でもそう言われると、ジョーンズ先生が叱られることが、なによりの仕返しになるかかな。それに、礼儀正しい話し合いなんて、どうすればできるんだろう？

父親は問題解決の手順どおりに、イーサンがどんな最終結果を望むのかを考えさせています。

父　親：イーサンは学生自治会のメンバーなんだから、何かとアクションを起こしやすいだろう。この問題を取り上げるには、どんな方法があるんだい？　みんなで議論するのにふさわしいテーマだと思うよ。

「気候変動について礼儀正しく話し合う」と目標を定めたので、次は意見を出し合うフェーズに入ろうと、父親が質問をしています。

イーサン：うーん、学生自治会が扱うのは学内の問題がほとんどだね。気候変動について議論したいなら、学校に与える影響に焦点をあてるべきだと思う。環境保護クラブからは、「食堂で使うものを１００％堆肥化可能なものに移行する」や「ごみの分別推進」について話し合うべきだって相談されてるんだ。だけど、気候変動という大きな問題に対しては、取り組みが小さすぎるよね。

父　親：たしかに小さいけど、そういう取り組みを積み重ねてこそ社会は進歩するんだ。学校で話し合う方法はほかにあるのかい？

イーサン：学校新聞に気候変動に関する記事をのせられないかなって友だちと話してたんだ。災害と学校への影響、地球に優しい学校のあり方、気候変動についての教育とかってテーマでね。来週の編集会議で提案してみようかな。

父　親：すばらしいアイデアだね！

父親からうながされたイーサンは、良し悪しを判断される心配なく、次々とアイデアを出していきます。

今回の話し合いは×赤信号のシナリオと何が違うのでしょう。ひとつに、父親の感情が高ぶっていません。思いやりや好奇心をもって接し、イーサンが提案したアイデアを別の言葉で言い換えたりもしています。大人からすると賢明でないと思えるアイデアでも、すぐには却下していません。一歩ひいて考えてから、中立的な質問を投げかけ、イーサンが何を目指しているのかを理解しようとしています。おかげで、イーサンは「目標」は自分が思っていたことと違うこと、自分が取ろうとしている行動はその目標を実現するものではないと気づきます。自分の行動によってどんな結果がひきおこされるかを理解させる、行動を目標に合ったものに調整させることは、よりよい大人になるための下準備になります。また父親は、そうとははっきり言わずに、問題解決の手順を取り入れています。その過程で、いち市民として社会とどんなかかわり方ができるのか、自分のコミュニティをよくするための声の上げ方を教えています。問題解決のすべての手順をやり終えたわけではありませんが、イーサンは今後、友人や学校の先生たちとも同じように対応していけるでしょう。

この章で紹介した会話のアイデアは、子どもの年齢にかかわらず、心配性の子ども、天災や人災をこわがる子ども、災害を目撃した子ども、被災した子どもなどにも応用できます。親は、本書のパート1、パート2で紹介した道具と、この8章で取り上げたアイデアを組み合わせることで、自分の感情を確認し、自分を大事にする時間をつくってください。そうすれば、子どもとの会話は、子どもの声を聴き、一緒にすごす貴重な機会となり、冷静に、心を開いて接することで、効果的に対応できるようになるのです。

9章
テクノロジーの危険についての会話

幼い頃、スーパーの買い物について行くと、ショッピングカートに乗ったり、カートの横に両手でしがみつきながら下の台部分につま先立ちしたり、チャイルドシートから足をぶらぶらさせたりしていませんでしたか？　退屈すると、きょうだいにちょっかいをだし、缶詰やトイレットペーパーがうずたかく積まれた通路を危なっかしく走りまわって、母親をイライラさせていませんでしたか？　ところが最近は、スーパーの店内を見まわしても、たいていの子どもは親から与えられたスマートフォン（以下、「スマホ」）やタブレット端末を手にし、画面にくぎづけになって、ひとりでおとなしく過ごしています。

今の親世代が子どもだった頃はスマホやタブレット端末などありませんでした。壁やテレビ台に据えつけられた固定テレビで、生放送かビデオテープに録画した番組をほかの家族もいる部屋で見て、紙の新聞や雑誌を家族でまわし読みしていました。家に携帯電話があったとしても、それは大人の持ち物で、もっぱら電話をかけるのに使い、写真やテキストメッセージを送り合ったり、Ｓｎａｐｃｈａｔ（写真や動画の投稿アプリ。投稿内容は10秒以内に、テキストメッセージは24時間で消えるのが特徴で、その気軽さ

が若者を中心に人気を呼んでいる）のメッセージを消したりなんてことはしませんでした。

常時つながっている昨今、子どもの居場所を知る、連絡を取る、お弁当を忘れていないか確認するのは、ずっとかんたんになりました。アメリカでは、子どもがスマホを持ち始めるのは平均で10歳です。[注13]しかし、どれだけ子どもとデジタル的につながっていようと、大人がほぼ目にすることのないグレーゾーンというものがあります。たとえば、受信者が開くとすぐに消えるＳｎａｐｃｈａｔの投稿を親が見ることはほぼありません。スマホを使いこなす10代が1日に送受信するＳＮＳやテキストメッセージは数十～数百通にも及び、親がそれらすべてを確認することなど不可能です。親のｉＰａｄであれ、自分のスマホであれ、広大なインターネット世界にさらされている子どもが目にするものすべてを追跡するなど、できるわけがありません。1日24時間ひっきりなしのニュース報道が、「いつでもどこでも」という言葉に新たな意味を与えています。スマホを手にした子どもは、親よりも先にニュースを見聞きするかもしれず、親がリアルタイムでニュースを読み解いて選別するなど不可能です。家族がリビングに腰を下ろし、夜のニュース番組を一緒に見る光景は、もはやまれになりました。

なかには、子どもにスマホを買い与えず、ＳＮＳの利用を禁じる親もいますが、ほとんどの親は、子どもが高校生になるまでに、それなりの理由からスマホの利用を許しています。子どもの年齢が上がれば、学校の宿題でインターネットを利用する必要も出てくるでしょうし、学校からパソコンやタブレット端末が配布される場合もあります。デバイスがあれば、親は外出先からでも、ＦａｃｅＴｉｍｅで子どもが帰宅しているか、宿題をしているかを確認でき、子どもの監視には重宝します。

しかしデバイスは、子どもの気を散らし、作業の手を止めさせます。ある教師とその生徒たちがひとつの授業中に受信した通知メッセージ――Facebook、Instagram、Eメール、X、GroupMeなど――の数を記録したところ、なんと数百件にものぼったそうです[注14]。枕元に置いたスマホは、子どもの睡眠を妨げます。スマホがあれば、友だちなど様々な人とつながり、膨大な情報にアクセスできますが、ゲームをしながらテレビを見て、宿題をしながら友だちとチャットするなど、本当にできるのでしょうか。あいにく、人間はそんなに同時に複数のことができるようにはつくられていません。一度に複数のことをしようとすると、いずれの処理能力も低下することが研究からわかっています。

子どもの行動を変え、注意散漫にさせるのに加え、インターネット全般、とりわけSNSの恐ろしいところは、チェック機能なしにいろんな意見や影響力がはびこる世界に子どもがさらされることです。なかには、危険なものや、親が大切にしている価値観からはずれるものもあり、そんな情報にひき寄せられる子どもも少なくないでしょう。すばやい反応が求められるSNSでは、衝動的で攻撃的な反応がよしとされる傾向にあります。研究からも、人はネット上では対面では決してしないふるまいをすることがわかっており[注15]、この抑制のきかなさが、ネット上の陰湿ないじめやいやがらせをはびこらせているのです。ピュー研究所の2019年の調査によると、10代の若者の10人中およそ6人が、「実際にネット上でいじめやいやがらせを経験した」と回答しています。

ネット上で事実と作り話を区別するのはきわめてむずかしく、教育はこうした技術進歩に追いつこうと動き始めたばかりです（社会科の新しいカリキュラムでは、この問題を扱い始めています）。幼い子どもは「本当の」ニュースとだれかがつぶやく意見とを区別できませんし、孤独な10代の若者はネット上で知り合ったばかりの「友だち」に、いともかんたんにだまされてしまいます。

脅威や不確かな情報があふれ返る今、親はどうすればよいのでしょう。本章の目標は、インターネットやスマホの使用を制限すべきかどうか、どんな制限をかけるべきかを解説することではありません。それよりも、あなたが適切だと思う制約をもうけやすくする、問題となっていることについて子どもが親から学べる、そんな子どもとの会話を手助けすることにあります。このデジタル全盛の時代に、「見知らぬ人は危険」だということを子どもに伝えやすくするための会話です。

デバイスの使用について子どもと話し合うにあたっては、いま一度、次の点を確認してみましょう。

●デバイスの使用について、どんな価値観をもって対応したいと思っていますか？　デバイスの使用に制限をかけるつもりはありますか？　その制限は、子どもの年齢によって変えていくつもりですか？

●デバイスの使用について、親子共通のルールはありますか？（食卓や就寝時のスマホ利用など）

●年長の子どものSNSの利用にルールをもうけていますか？（だれと「友だち」になれるか、アカウントの公開・非公開設定など）

●あなたの家族では、スマホの所有はあたりまえの権利として認められていますか、それとも特別なことですか？（ルールを破ったら取り上げるなど）

●デバイスの使用について、基本的なルールをもうけていますか？〈使用時間、使用場所〈おばあちゃんの家でのみ〉など〉。子どもの年齢に合わせてルールを変更するつもりですか？

これらの回答は、実際にやっかいな状況になれば大して役に立たないかもしれません。それでも、子どものデバイス利用をどう管理・監視していくべきかを考える土台となり、落とし穴にはまるのを防いでくれるでしょう。

シナリオ1　恐ろしい映像を見てしまったとき

幼い子どもを、ネット上にはびこる子どもにふさわしくない情報から守りたくても、なかなかむずかしいものです。便利なフィルター機能もありますが、決して100％信頼できるわけではなく、親が、恐ろしい画像や不適切な内容を目にした子どもと向き合わなくてはならない場面も出てくるでしょう。

✕赤信号

サミル〈4歳〉は、母親がスーパーで買い物をしているあいだ、お気に入りのYouTubeチャンネルを見てもよいことになっています。ある日の午後、母親は買い物かごに入れた食料品をレジの台に移しながら、サミルが見ている画面をちらっと見て、ショックを受けます。木から死体がぶら下がった映像が映っていたのです。ゾッとした母親は、サミルの手からｉＰａｄをひったくり、かばんのなかにしまいます。おどろいたサミルは、泣き出します。

「返してよ！」サミルが泣き叫びます。「だめ！」母親はきっぱりとはねつけます。「ＹｏｕＴｕｂｅには、サミルが見てはいけないものがあるの。それに、もう十分見たでしょ！」。いっそうだだをこねるサミルに、母親は困りはてます。帰りの車のなかでも、サミルは泣きどおしです。ＹｏｕＴｕｂｅがとんでもない映像を許可していることへの怒りと、目にした映像をサミルがどこまで理解しているのだろうという不安が、母親の頭のなかを駆けめぐります。

しかし、母親はどうすればよいかわかりません。油断していましたが、ＹｏｕＴｕｂｅにあんな恐ろしい映像が出てくるのなら、サミルはほかにも恐ろしいものを見たことがあるかもしれません。でも、幼いサミルには理解できなかっただろうから、映像についてはあえてふれない方がよいだろうと考えます。そうはいっても母親自身、木からぶら下がった死体の映像がまぶたの裏に焼きつき、その夜はよく眠れません。

一方、サミルは目にした映像と母親の反応にこんがらかってしまいます。母親は大声を出すし、見ていたｉＰａｄは取り上げられ、自分は何か悪いことをしたのだろうかと思います（でも、腹を立てている母親には、こわくて聞けません)。目にした映像をよくおぼえていたサミルは翌日、プレ・スクールで、木からつるされた男の人の絵を描いて友だちに見せます。その様子を見ていた先生はおどろきます。午後、迎えに行った母親は先生から何があったのかを聞かされ、今さらながら「サミルはあのとき見た映像を気にしていたのだ」と気づき、ちゃんと話し合わなければと思います。

4歳のサミルは、この世界についてどこまで理解できているのでしょう。「人が死ぬ」という考えにはふれたことがあるかもしれませんが、「回復」したり、もうこの世に戻ってこないということまでは理解していないかもしれません。自殺について、おそらく「首つり」についても知らないでしょう。しかし、この年頃の子どもはとにかく好奇心が強く、世のなかを知りたいと思っているので、いろんな質問をしてきます。でもサミルの場合は、母親の動揺する様子を見ていたので、母親に聞いてみようとは思えません。

では、母親はほかにどんな対応を取れたでしょうか。時計の針を巻き戻して、もう一度、やり直してみましょう。

○青信号

サミル(4歳)は、母親がスーパーで買い物をしているあいだ、お気に入りのYouTubeチャンネルを見てもよいことになっています。ある日の午後、母親は買い物かごに入れた食料品をレジの台に移しながら、サミルが見つめている画面をちらっと見て、ショックを受けます。木から死体がぶら下がった映像が映っていたのです。母親は、深呼吸をして心を落ち着け、今何をすべきかを考えます。大声を出しそうになるのをこらえ、サミルの気をひこうと、「ねえ、サミル」と呼びかけます。サミルがくるっとこちらを向いたので、「サミルのお気に入りのお菓子は何だったっけ?」と話しかけ、サミルの手からiPadを取り上げます。

サミルは「ママ!」と反応しますが、お菓子の話に気を取られています。

母親はiPadをかばんのなかに入れると、2種類のお菓子を差し出して、「どっちがいい?」と聞き、しばらくはお菓子の話をします。

店を出ると、母親はサミルが目にした映像を理解したのかどうか、軽くさぐりを入れようと、「YouTubeで何を見てたの?」と聞きます。

「ポケモンを見たかったんだ」とサミルは言います。「そしたら画面に、変なのが出てきた。男の人が木に登ってるみたいなの」

「へえ」と母親は返します。

「でも、頭がへんになったのか、動けなくなって、木から落っこちたみたい」とサミルは言います。

「なるほどね」と母親は返します。

「ポケモンと全然違った!」とサミル。

「そうね」と母親。「時々、YouTubeには変な動画が上がってるよね」

「何の動画だったの？」サミルが聞きます。

「えっとね」と言って、母親は深呼吸をします。「ママも１００％確信できているわけじゃないけど、病気の人が事故にあった、大人向けの動画じゃないかな」

「どうして病気だってわかるの？」サミルが聞きます。

「うーんと、それはその人の見た目からよ。その人、具合がよくなさそうだったでしょ？」と母親は言います。これ以上くわしい話はしない方がよいと考えた母親は、「サミル、今はどんな気持ち？」と話題を変えます。

「大丈夫だよ」とサミルが返します。

運転席の母親は、後部座席にいるサミルに投げキスをして、「そろそろ外に遊びに行きたいんでしょ！」と言います。

普通、４歳の子どもには、自殺についての話は複雑すぎて理解できません。人が自ら命を絶ったと聞くと、年齢に関係なくだれだって心がかき乱されますが、４歳の子どもには「死」という考え自体が理解できないのです。なので母親は、サミルが目にした映像は、病気の人が事故にあったのだととらえさせています。首をつるという行為がよくあることだと思ってほしくありませんし、木登りをこわがってほしくもありません。病気の人ととらえることで、普通の人が木を登るのとは違うのだと伝えています。サミルの年齢がもっと大きくなってから、病気にもいろいろあり、病気であることが目に見える身体的な病気と、そうではない精神的な病気があることなどを説明するとよいでしょう。今そんな話をしても、

4歳児にはとても理解できません。

シナリオ2　スマホに届く不安な通知メッセージ

年齢が上がるにつれ、子どもは起きている時間の多くを学校（や通学）に費やすようになり、どんな情報にふれているかを親が管理しきれなくなります。ほかの子から悪いニュースや恐ろしい事件を聞かされるやっかいな状況もたびたびあるでしょう。そんな状況が友だちのスマホ経由で起きる場合を見てみましょう。

カーター（10歳）は、多くの友だちと違ってスマホを持っていません。学校ではスマホを預けることになっているのですが、ある日、友だちのルーカスはポケットに入れたまま教室に入ります。昼休み、校庭でふたりが身を乗り出してゲームを楽しんでいると、スマホがピコンと鳴り、誘拐事件の速報メッセージが表示されます。「子どもの誘拐事件が発生。11歳の女の子、最後の目撃情報では白いセーターを着用。容疑者は白色の車、ナンバー435EFN」。ふたりは顔を見合わせます。

「どういうこと？」とカーターが聞くと、

「わからない」とルーカス。ふたりがそのままゲームを続けていると、雨が降ってきたので、先生から校舎に入るように言われます。帰りのバスのなか、外はまだ雨が降っています。ふたりがルーカスのスマホで動画を見ていると、「セントルイス郡に洪水警報発令」との通知メッセージが入ります。

「この近くだよね？」とルーカスが聞きますが、カーターは何も言いません。

✕赤信号

スクールバスを降りると、カーターは走って家に帰り、職場にいる母親に電話をかけます。

カーター：ママ、どうなってるの？

母　親：何のこと？　学校はどうだった？

カーター：大丈夫。でも洪水になるんでしょ？　それと誘拐された女の子はどうなったの？　ねぇママ、何が起きてるの？

母　親：いったい何の話？

カーター：ルーカスと遊んでたら、スマホに誘拐事件の速報と洪水警報のメッセージが入ったんだよ！

母　親：なるほど。そんなメッセージは見なくてよかったのに。取るに足りないことだから気にすることないわよ。心配なんかやめて、早く宿題に取りかかりなさい。

（電話を切っても、気分が落ち着かないカーターは宿題どころではありません。誘拐された女の子はどうなったんだろう、ひとりぼっちのまま洪水になったらどうすればいいんだろう、と気になって仕方ありません）

不意にカーターから不安な気持ちを聞かされた母親は、友だちのスマホで不安にさせる情報を見たことにムカッとした反応を取ります。息子を安心させたいというのが母親の本心だったのに、カーターは母親が自分にいら立っていると思ってしまいます。でも実際、カーターは不安な情報を目にしたのです。「気にすることない」と言ったところで、不安な気持ちは消えません。それどころか、母親をいら立たせたことを申し訳なく思い、不安感はさらに高まります。

では、母親はほかにどんな対応が取れたのでしょうか。

○青信号

スクールバスを降りると、カーターは走って家に帰り、職場にいる母親に電話をかけます。

カーター：ママ、どうなってるの？

母　親：何のこと？　学校はどうだった？

カーター：大丈夫。でも洪水になるんでしょ？　それと誘拐された女の子はどうなったの？　ねえママ、何が起きてるの？

母　親：今日は悪い知らせをいろいろ聞いたのね。どうやって知ったの？

カーター：ルーカスと遊んでたら、スマホに誘拐事件の速報と洪水警報のメッセージが入ったんだよ！

母　親：なるほど。それで、どんな気持ちになったの？

カーター：わからない。なんで先生たちは教えてくれなかったのかな。ママ、ぼくもスマホを持ちたいよ。でないと、危険があっても気づけないよ。

母　親：どぎまぎして、不安になってるのね。

カーター：うん。誘拐されるかもしれないなら、バス停から歩いて帰るのもこわいよ。

不意にカーターの不安な気持ちを聞かされた母親は、「どうやって情報を知ったか」「どんな気持ちになったか」と質問して時間をかせぎ、どう対応したらよいかを考えます。

母　親：そら、こわくなるよね。でもね、スマホに届く通知メッセージは、も**し**か**し**たらそうなるかもしれませんよという情報で、必ずそうなります、というわけではないのよ。女の子が誘拐されたって情報も、その後に「女の子は見つかりました」ってお知らせがあって、誘拐されたわけじゃなかったの。洪水警報も私たちの地域ではなくて、川沿いの別の地域の情報だったのよ。でも、あんなメッセージを見たら、こわくなるよね。

カーター：うん。ママは何時頃帰ってくる？

母　親：いつもと同じで1時間後くらいかな。帰ったら、また話そう。今はどんな気持ち？

カーター：もう大丈夫。

母　親：よかった。じゃあ、また後でね。気になることがあれば、いつでも電話してね。

職場からの帰り道、母親はカーターにどう話したらよいかをよく考えます（たとえば、「自分もスマホを持ちたい」と言い出す可能性が高いので、どう答えたらよいかを考えておきます）。帰宅すると、母親はカーターに「食卓の準備を手伝って」と声をかけます。

母　親：今はどんな気持ち？

カーター：大丈夫だよ。でも、誘拐じゃなかったって間違いないよね？

母　親：本当よ、女の子は迷子になってただけなの。誘拐されるかもって考えると、こわいのね。

カーター：うん。

母　親：スマホのメッセージを見たとき、からだはどんなふうに感じたの？

カーター：心臓がドキドキして、からだが熱くなった。ルーカスもぼくもこわくなって、バスを降りて、家まで一緒にダッシュしたよ。

母　親：ママに電話してくれて、うれしかったよ。ママも子どものときは、何か異変があったときは、ひとりで家にいるのがこわかったな。大きな嵐が来たときに、とてもこわい思いをしたのをおぼえてるわ。誘拐もこわかった。まあ、誘拐がこわくない子どもなんていないと思うけどね。

カーター：だよね。

母親はあらためて話し合いの場をもうけるのではなく、食卓の準備というふうにいつもの家事をしながらカーターと話しています。子どもの話をよく聴き、質問に答え、事実を伝えながら、カーターの感情と向き合っています。

母　親：今日みたいに、友だちのスマホで恐ろしい情報を知ったときに、どうすれば気持ちを落ち着かせられるか、いろいろアイデアを出し合ってみようよ。何か思いつく？　ママから始めようか？

カーター：僕にもスマホがあれば、「誘拐ではありませんでした」ってメッセージも受け取れるよね。

母　親：（紙に書き出す）まずは出てきたアイデアを全部書き出して、後で一つひとつ見直していくからね。ママに電話して、情報が本当かどうかを確かめたのは、とてもよかったと思うから、これからもそうしてほしいな。先生に確認してもいいかもね。

カーター：みんなと同じようにスマホは学校に預けようよってルーカスにお願いするのはどうかな？

母　親：（紙に書き出す）心配ごとがあると、ママは深呼吸をするようにしてるの。深く息を吸って、さらに長い時間をかけて息を吐き出すの。お手本を見せるね。こうすると頭がすっきりして、次に何をしたらいいかがわかってくるの。これをサボると、すぐにどうしていいかわからなくなってしまうのよ。

カーター：帰り道でもずっと、「誘拐されたらどうしよう」「家でだれかが待ちぶせしていたらどうしよう」って不安になった。

母　親：それはこわかったね。

カーター：うん。ストレスボールを持ってる友だちがいるんだ。ぼくにもひとつ買ってくれる？

母　親：わかった。じゃあ、出てきたアイデアを見直していこう。カーターは自分のスマホを持ちたいんだろうけど、パパもママも反対よ。スマホにはいろんなメッセージが届いて、たとえそれが警告で、実際に起きることではなくても、不安な気持ちにさせられるからね。カーターの身を守ることがパパとママの務めだから、今はまだスマホを持たない方が安心できると思うの。高校生になったら買ってあげるわ。ほかの子は持ってるのになんでって思うかもしれないけど、これがわが家のルールなの。でも、ストレスボールを買うのには賛成よ。今度、一緒に買いに行こう。「情報が本当かどうか確かめる」はどう？

カーター：できるよ。休み時間を見守ってくれる当番の先生たちはいつも忙しそうだけど、教室にいるニース先生には聞けるよ。とてもいい人だしね。

母　親：夜ごはんを終えたら、一緒に深呼吸をしてみようか。

カーター：いいよ！

（ふたりは食卓につきます）

母親はカーターが「自分にもできることがある」と思えるよう、「スマホで恐ろしい通知メッセージを見たときに、気分を落ち着かせる」を目標に、問題解決の手順を進めました。いろんなアイデアを出し合い、すべてを母親が紙に書き出すことで、カーターは母親は自分が思いついたアイデアも真剣に取り合ってくれていると思えます。アイデア一つひとつについてふたりで相談し、「寝る前に深呼吸する」「ストレスボールを購入する」「情報が本当かどうか先生に確認する」を実践することにします。「スマホを教室に持ち込まないようルーカスにお願いする」は、ふたりだけでできることではないので、一旦は保留にします。また母親は、「すぐにスマホを持たない方がいい」とはっきりカーターに伝え、制約をもうけています。

シナリオ3　SNSいじめ

子どもが中学生や高校生になると、デバイス使用にかかわる社会問題やどんな危険性があるのかの理解が、よりいっそうむずかしくなります。

エマは中学3年から新しい学校に通い始めました。最初の数週間で、数人の友だちと仲良くなりました。ある土曜の夜、サマンサの家に誘われます。サマンサの両親は外出していたので、ほかの子たちもやって来て、ワインやビールのまわし飲みが始まります。エマが断ると、「飲めないのかよ」とからかわれます。エマはすぐに、「迎えに来て」と母親にメッセージを送ります。翌日、昨夜の集まりに来ていただれかがInstagramに写真を投稿し、エマのことを「場をしらけさせるヤツ」と書くと、この「新しい女子」について、ほかの子たちからも意地悪なコメントがつきます。お酒を飲まなかったことだけでなく、エマの服装、髪型、声の質までをばかにするのです。エマのほかのSNSアカウントにも、友だちと思っていた子たちから心ないコメントが書き込まれます。その夜、エマはよく眠れず、何度も目が覚めてはスマホをチェックし、涙をこぼします。翌朝、泣きはらした目で校舎に入ると、みんなが自分をじろじろと見て、悪口を言われている気がします。SNSでのいやがらせが続くので、昼休み、エマは仮病を使って保健室に行きます。早退するエマを、母親が迎えに来ます。

✕赤信号

エマが早退した理由を知り、母親ははげしく怒ります。

母　親：エマ、仲間とのいさかいからは逃げ隠れできないのよ！　明日は必ず学校に行って、現実と向き合いなさい！

エ　マ：（涙ぐんで）ママは何にもわかってない！

母　親：ママにも子ども時代があったのよ。自分で考えて、どうにかしなさい。

その夜、エマは新しい友だちにメッセージを送りますが、だれからも返信がありません。翌朝、バスが学校に着くと、エマは下車して立ち去ります。午後になって、学校から「エマが欠席している」とのメッセージを受け取った両親は、エマらしくないことなので、送信ミスか何かだろうと考えます。その日の夜の食卓で、父親がエマに聞きます。

父　親：今日学校からエマが欠席したって連絡がきたんだが、そうなのか？
エ　マ：違うよ。今日は校外学習だったの。なんでそんな連絡がきたのかな。
母　親：昨日の早退と何か関係あるんじゃないの？
エ　マ：（大声で叫ぶ）違うってば！　もう、ほっといて！

両親は何か問題があるのだと気づきますが、それが何なのかわかりません。母親は、昨日「自分で考えて、どうにかしなさい」と言ったことで、意図せず会話を打ち切ってしまったと痛感します。元に戻れない状況をつくってしまった母親に代わり、父親から話を切り出すことにします。その日の夜遅く、父親がエマの部屋をノックします。

○青信号

父　親：最近、学校でいろいろ大変だったみたいだね。
エ　マ：うーん。（低い声を出す）
父　親：パパも高校生になる直前に引っ越したんだけど、知り合いもいない新しい町で高校生活が始まるのが恐ろしくて、ホームスクーリング（自宅で独自の教育を行うこと）にさせてって両親に強くお願いしたのを思い出すよ。

エ　マ：させてもらえたの？

父　親：いいや、恐ろしかったのは最初だけで、状況はすぐによくなったからね。

エマが「部屋から出て行って」と言い出すかもしれないので、父親はいきなり感情の話をしようとはしていません。それよりも、自分の高校時代のエピソードを話して、エマの経験を受け入れ、それとなく制約をもうけています（学校を休むことは許されない）。

エ　マ：パパが高校生のとき、お酒を飲む子はいた？

父　親：エマの友だちはお酒を飲むのかい？

エマがそんな質問をするのは、友だちの飲酒について父親に知ってほしいからだろうと考え、父親はさらに情報を集めます。

エ　マ：うん。でも私はいやだったから断ったの。そしたら今、ひどいいやがらせをされていて。私の写真にへんな加工をしてＩｎｓｔａｇｒａｍにアップしたり。私もう無理だよ。

父　親：ひどいな。まったく知らなかったよ。エマはどんな気持ちなんだい？

エ　マ：もう学校に行けない。今からでも転校できるよね？

父　親：悲しさや腹立ち、恥ずかしさを感じるのかい？

父親は、転校についての質問に答えるかわりに、エマの感情を確認する聞き方をしています。転校は許されないという制約の話は、言い争いに発展しそうなので、後ですることにします。

エ　マ：その全部だよ。それにくやしさもある。もう学校に行ける気がしない。

父　親：子どもたちはいつだって、あらゆる方法で意地悪しようとするけど、ママやパパが子どもの頃はSNSなんてなかったからね。問題となっているInstagramの投稿を見せてくれるかい？

父親は、エマの話を聴くだけより、実際の投稿を確認した方が、どんないやがらせをされているかがよく理解できるだろうと考えます。

ふたりで一緒に投稿を確認していきます。すると、意地悪なコメントやエマの写真にへんな加工をしたものがあるけれど、投稿されたのはInstagramにだけで、かかわっているのは5～6人だけだとわかりました。

父　親：どう対応すればエマが学校に行きやすくなるか、一緒に考えよう。

エ　マ：もう学校には行けないよ。私がどんな気持ちか、パパにはわかりっこないんだから！

父　親：そのとおり、パパにはわからない。パパが子どもの頃はＳＮＳでのいやがらせなんてなかったし、いろいろと状況が違うからね。でもパパも高校生のときに、ひどいいじめにあって、だれか力になってくれる人がいたらって思ってた。だから、パパはエマを手助けしたいんだ。いいよな？

父親は、自分がこの件にかかわることについて、エマから許可をもらうような聞き方をしています。そのおかげで、エマは「だめ」と言いづらくなります。ふたりは、「エマが学校に行きやすくなる」を目標に、問題解決の手順を進めます。

（父親はエマの机からノートとペンを取り出し、問題解決の手順をエマに説明します）

エ　マ：（父親がにぎっているペンを見ながら）どんなアイデアでもすべて書き出してくれるならいいよ。私は、パパとママに転校について考えてほしい。それと、私に内緒で事を進めないでほしい。私に何も言わないで先生や校長先生に相談に行ったりしないで。

父　親：（書き出す）わかった。パパは、学校側に相談してみようかと考えていたんだ。教頭先生あたりから何かアドバイスをもらえないかなと思うんだ。その子たちが以前にもこんなことをしたことがあって、もしかすると、エマ以外にも被害にあった子がいるかもしれないだろう？　いやがらせをしている子たちの保護者に連絡するのもいいかもしれない。子どもがお酒を飲んでたなんて知らないだろうからね。

エマ：そんなの恥ずかしすぎるよ。2～3日学校を休んで、状況がおさまるのを待つのはどうかな？　Ｉｎｓｔａｇｒａｍの投稿にかかわっていないヘザーっていう友だちがいるから、その後の状況を聞いてみてもいいかも。

父親：（アイデアを書き出す）いくつかアイデアが出たから、どれが実際に使えそうかを見ていこう。

ふたりで話し合った結果、翌日、教頭先生といやがらせの投稿をした子たちの保護者に、両親から連絡を取ることにします。父親は、「学校を休むのはだめ」という制約をもうけますが、1週間は学校まで車で送ってくれると言ってくれたので、エマはスクールバスに乗らずにすみます。エマからヘザーに確認すると、中学生のときに転入してきた自分も、同じ子たちからいやがらせをされたと話してくれます。

ふたりは計画を実行していきます。すべて思ったとおりにいったわけではありませんが（教頭先生に相談したところ、同情してくれたものの、いじめが起きたのは校内ではないから、「今後は校内で同じような行為がないか注意します」と言ってくれただけでした）、話し合いの翌日からエマは学校に行くことができました。数名の保護者からは「子どもにもっと厳しいルールを課します」と連絡があり、エマはヘザーの助けを借りて、ほかの子たちと仲良くすることにします。

問題解決の手順を取り入れたことで、父親は、いじめ問題に困っている娘を手助けし、力になれていると感じることができ、エマも自分には安心感を得るための作戦があると思えています（いやがらせを受けていることを本当の友だちに打ち明ける、新しい友だちをつくるなど）。

シナリオ4　セクスティングの何が悪いの？

アリッサ（17歳）は学校生活にうんざりしています。高校2年生になって、数少ない友だちともクラスが分かれてしまいました。スポーツをしないアリッサは、自分の時間のほとんどを、自分の部屋でドアを閉め切ったまま過ごしています。ある日、アリッサが玄関先で応対していると、キッチンカウンターに置いていたスマホがメッセージを受信します。母親がのぞくと、アリッサの彼氏ディランからのひわいなメッセージが目に入ります。いやな気分がしますが、「10代の男女だものね」と自分を納得させ、アリッサには何も言いません。

それから1週間ほど、アリッサはいつも以上に不機嫌な様子です。帰宅するとすぐに部屋にとじこもり、部屋から出てきてもしかめっ面で、ドタドタと足音を立てて歩くので、母親も心配し始めます。「卒業記念パーティーのドレスを買いに行こう」と誘っても「パーティーは行かないから」と返ってきます。「何があったの？」と聞くと、「ディランと別れた」と言います。

数日後、母親はアリッサの親友シャーロットの母親から電話をもらい、アリッサとディランが性的な写真や動画をＩｎｓｔａｇｒａｍの非公開アカウントに投稿していたこと、そのうちの何枚かをディランが自分の友だちにシェアしたことを知ります。

母親はあぜんとします。気は進まないながらも夫に伝えたところ、娘とこんな話題で話をしたことがないので、ふたりして何から話してよいのかわかりません。親子のあいだでこんな話をすることになろうとは、娘がこんなことにかかわっているとは、思いもしませんでした。でも、娘ときちんと話し合わなければならないと考えます。親としてはアリッサを助けたいと思っていること、そして、大学生活をひかえているアリッサには、対面やオンラインでの人とのつきあい方を自分でしっかり判断していくべきだと伝える必要があります。そこで、夫婦で作戦を考えます。

翌日の土曜日、母親は「アリッサの好きな朝ごはんを作ったわよ」と、2階のアリッサを呼びに行きます。親子3人で食卓を囲み、しばらくおしゃべりをしてから、母親が切り出します。

○青信号

母　親：アリッサとディランのふたりだけで送り合っていた写真や動画を、ディランがほかの友だちにシェアしたんだってね。シャーロットのママから聞いたのよ。
アリッサ：（うつむく）
母　親：いろいろと大変な1週間だったのね。どんな気持ちになったの？　ママには想像もつかないな。
アリッサ：その話はしたくない。
父　親：ママもパパも、大切なアリッサの力になりたいと思ってるんだ。個人的なものを勝手に広めるのは、プライバシーの侵害なんだからな。

両親は何があったかを把握していると伝え、アリッサを叱りたいのではなく、力になりたいとの思いを伝えます。

アリッサ：（泣き出す）

母　親：今はどんな気持ち？

アリッサ：どんな気持ちかって？　恥ずかしくて、腹が立って、悲しくて、とにかくひどい気分よ！

母　親：だれだって、そんな気持ちになるわよ。ここ数週間ほど、からだにもそんな気持ちが出てたね。いつも背中を丸めて、表情もとても悲しそうだったもの。ひどい裏切られ方をしたって感じてるの？

母親はアリッサが感情を確認するのを手助けし、それらの感情を受け入れています。

アリッサ：（うなずく）どんな顔で学校に行けばいいか、もうわからないよ。ディランはなんでこんなひどいことをしたんだろう。

父　親：ディランがだれに見せたのか、アリッサは知ってるのかい？

アリッサ：少なくとも3人だって、シャーロットが言ってた。
父　親：ふむ、許せんな。アリッサが落ち込むのも無理ないよ。
母　親：ねえ、みんなで犬の散歩に行かない？　少しゆったり過ごして、それから、この件にどう向き合えばいいか一緒に考えましょうよ。
アリッサ：いいけど、まずは宿題をやらなくちゃ。

父親は情報を集めながら自分の感情を伝え、アリッサの気持ちを受け入れています。母親は感情が高ぶっていると感じたので、問題解決の手順を進めるのは後回しにして、まずはリラックスした時間を過ごして心を落ち着かせた方がよいと考えます。

アリッサが宿題に取り組んでいるあいだ、両親はどんな話し合いをしたらよいか相談します。アリッサが性的な写真や動画をディランと送り合っていたことへの怒りもありますが、今はその判断を取り上げるときではないと考えます。ともかくアリッサには、ディランがしたことは自分のせいだと思ってほしくありません。性的なメッセージや写真を送り合っていたことについては、また別の機会に話し合うこととし、今は、アリッサが傷つき、裏切られたという気持ちや、動画の拡散でアリッサが受けるであろうダメージをできるだけ軽くする必要があります。

夕食後、3人で犬の散歩に行きます。歩きながらだと、アリッサがおびえたり困ったりしても目を合わせる必要がなく、問題解決の手順を取り入れやすくなります。

父　親：なあ、アリッサ。拡散された動画について、どうしたら被害を抑えられるか、一緒に話し合わないかい？

アリッサ：被害はもう出てて、今からできることなんて何もないよ。

父　親：そうかな。動画を受け取った子やディランが、これ以上拡散しないように何かできるんじゃないのかな。

父親はできるだけおだやかに切り出します。

アリッサ：どうしたら、そんなことできるの？

父　親：まずは思いつくアイデアを出し合おう。最初はどんなアイデアでもいいから、ひらめいたものから言っていき、すべて出つくしたら、どれが本当に使えそうかを話し合うんだ。

母　親：インターネットに一度公開されたものは、ほうっておくと永久に残るってことを、その子たちはわかってないのよ。個人を特定できる画像を本人の同意なしに拡散するのは法律で禁止されているんだから、警察に被害届を出すことだってできるのよ。

父　親：ディランの両親にかけあって、ディランに写真を削除させるのもありだな。

アリッサ：写真を受け取った子たちと友だちのシャーロットに「写真を消去して」って伝えてもらって、本当に削除するところを見届けてもらうのはどう？　その子たちがほかの子に拡散させたかどうかも確認できるかもしれないし。

母　親：だれかが直接ディランと話してもいいかもね。

父　親：もしくは学校側に連絡して、何か対応してもらえそうか聞いてみるのはどうだい？　全員、同じ学校の生徒なんだろう？

アリッサ：（うなずく）ディランの友だちのザックは私に好意を持ってくれていて、「ディランと別れて正解だ」って言ってたから、相談してみようかな。でも正直、今は学校には行きたくないな。だれにも会わなくていいように、オンラインで授業を受けるのはどうかな？私が姿を見せなかったら、この件も忘れ去られるでしょ？

（アリッサは期待して、両親を見ます）

父　親：よし、かなりの数のアイデアが出たから、どれが実践できそうか、一つひとつ見ていこう。目標は、「問題となっている写真を、インターネット上やみんなのデバイスから削除して、アリッサの被害をできるだけ小さくすること」だ。

オンライン学習に切り換えたいと主張するアリッサと言い争いにならないよう、父親は問題解決の手順を進めることにします。

母　親：「警察に被害届を出す」はどうかしら？　個人を特定できる画像を本人の同意なしに広

めるのは、犯罪なのよ。

アリッサ：ディランが逮捕されたらどうするの？　ディランに腹を立ててるけど、それはひどすぎるよ。

父　親：じゃあ、もっとおだやかなやり方を考えよう。「ディラン本人や、写真を受け取った男の子たちと話してみる」はどうだい？

アリッサ：それなら大丈夫。私からザックに電話して、シャーロットにも男の子たちに「写真を削除して」って伝えてもらえるか聞いてみる。

母　親：「ディランがしたことは犯罪にあたるから、法律違反にならないように、すべてのメッセージ、写真、動画をすぐに削除したい」としっかり伝えるのよ。

父　親：「ディランの両親にぼくたちから電話する」はどうかな？　彼らのことはよく知ってるし、物わかりのよい人たちだから、話もしやすいよ。

アリッサ：わかった。でも、私はかかわりたくない。

母　親：いいわよ。

アリッサ：「学校への連絡」と「警察への通報」は後回しにしてもいい？

母　親：いいけど、あまり先延ばしにしないほうがいいわね。明日の夜、もう一度3人で話し合って、何か動きがあったかどうか確認するのはどうかしら？　それまでに男の子たちが動画を削除してなかったら、月曜日に学校に連絡して、火曜日に警察へ通報するのはどう？

アリッサ：わかった。

両親はアリッサを前向きな気持ちにさせるとともに、責任を負うべきはディランだということをはっきりさせたいと思っています。

両親は、動画が削除されてから数週間ほど経《た》ってから、自尊心を持つこと、プライバシーを尊重すべきこと、自分の恥ずかしい写真などをインターネットで共有しないことといった一般的なテーマでアリッサと話し合うこともできるでしょう。本当は、何年も前にしておくべきだったのかもしれません。では、今回の件が起きる前に時間を巻き戻してみましょう。たとえば、アリッサが13歳の頃なら、どんな話し合いができたでしょうか。

考えられるシナリオをひとつ紹介しましょう。

○青信号

母親は、アリッサとその友だちのゾエやシャーリーなど数人の友だちを乗せて、車で30分のところにあるホッケーの試合会場まで運転しています。後部座席に乗っている子どもたちは、Ｉｎｓｔａｇｒａｍの投稿についてしゃべっています。

母　親：ねえ、聞きたいことがあるの。

アリッサ：（うっとうしそうに）何、ママ？

母　親：ママはSNS関連のことにうといから教えてほしいんだけど、たとえば写真を投稿したら、それはだれが見れるの？

ゾ　エ：自分のフォロワーは全員見れます。一般公開の電子メッセージみたいなものなので。

母　親：フォロワーにはだれでもなれるの？

ゾ　エ：非公開アカウントの場合は、フォローのリクエストを許可してもらう必要があります。私たちのアカウントは非公開だから、自分が許可した人しかフォロワーになれません。

母　親：自分が投稿した写真にひどい下品なコメントがついたら、それはだれでも見れるの？　そのコメントはどうなるの？

ゾ　エ：だれでも見れるけど、コメントした人をブロックして、フォロワーからはずすこともできます。

母　親：でも、すでに被害は出てるよね？

ゾ　エ：はい。でも、そのコメントを削除することはできます。

母　親：あなたたちは、そんな目にあったことはあるの？　だれかがほかの人の恥ずかしい写真を投稿しているのを見たことはある？

シャーリー：はい、あります。マットが、ガブリエラが酔っぱらってる写真を投稿したの、みんなおぼえてる？　ガブリエラから「別れたい」って言われて腹を立てたマットが、スマホに入ってる一番ひどい写真を投稿したらしいです。

母　親：ひどいね。ほかの人に撮ってもらう写真や動画には、よくよく注意しないといけないっってことね。

シャーリー：それに、自分のヌード写真やへんな動画を撮って、自分の彼氏に送る子もいるって聞いたこともあります。

アリッサ：何それ！　ママ、この話はもういいよね？

母　親：よくわかったわ。ママが子どもの頃とはずいぶん違うのね。ママのときは、恥ずかしい写真を撮ったとしても、それがすぐに拡散されるなんてありえなかったわ。あなたたちは、自分の写真や動画を撮るときに、よくよく考えないとだめよ。ずっと消えないかもしれないからね。ガブリエラが5年後に就職したとして、会社の人にその写真を見られたらって想像してごらん。

10代前半の子どもには、こんな話もしやすいでしょう。思春期は子どもの自主性が自然と高まる時期なので、10代後半になっていくにつれ、親に対して冷ややかな態度を取ったり、打ち明け話をすることも少なくなるでしょう。また、こんな話しにくいことを話題にするときは、子どもが友だちと一緒にいるタイミングを選ぶと、案外、会話がスムーズに運ぶこともあります。

10章 社会正義についての会話

子どもと「社会正義」について話すとしたら、どんな話をしますか。「車は横断歩道の前では必ずブレーキをかけるべき」といった日常的なことから、「すべての人は公平に扱われるべき」といった普遍的なことまで、どうすればこの世界はよりよくなるのかについて、だれもがそれなりの考えを持っています。人は、赤ちゃんですらも、公平性に大きな関心があることは、いくつもの研究で明らかになっています。しかし、その公平性をどうやって実現するかについては意見が大きく異なり、その違いが子どもたちの生活にも影響を及ぼします。

思想的な対立と向き合うためには、家族としての基本的な価値観をしっかりと子どもに伝えておくことが重要です。また、意見がぶつかることと、悪意を抱くことの違いにも目を向けさせましょう。たとえば移民については、「移民の存在はアメリカの多様性を高める」「アメリカ人が就きたがらない仕事をしてくれるので経済が活性化する」といった好意的な見方もあれば、「国境近くの街に移民が押し寄せれば、小学校の1クラスの人数が50人にもふくれ上がるなどの弊害が出る[注16]」という批判的な見方もあり

ます。ただし、こんなふうに意見が食い違うことと、「移民は人として劣っている」「アメリカに犯罪や病気を持ち込む」などと移民に悪意を持つことは違います。子どもの生活に悪意が入りこんでいるようなら、不公正にしっかりと向き合わせましょう。それが、「世界はこわい」と感じられるときにも自分という人間をしっかり持てるようになる最善の方法です。本質的な会話を重ねて、理《り》にかなった対応を取れるようになれば、子どもは憎いと思える考えや行為にも向き合えるようになり、よりたくましい人間へと成長できるでしょう。

「社会正義」とは、社会に公平性、公正さ、平等をもたらす取り組みをいいます。貧困、偏見、人種差別、不当な扱い、差別などは、すべて社会正義にかかわる問題で、これらの問題について話し合うにあたっては、親の経験や文化、宗教、価値観が重要になります。人種、文化、宗教、社会経済的な地位、障害、性的指向、意見、信仰の違いから実際にいやがらせを受けた経験がある親と、そのような経験がない親では、子どもとの話し合いへのアプローチが違ってくるでしょう。信仰心の強い家族は、その教義にもとづいて話し合いの内容に一線をひくかもしれません。子育てにおける価値観も大きな意味を持ってくるので、2章の終わり「ロードマップ：子育てで大切にしたい価値観の確認」を参照し、もう一度、あなたが子育てで大切にしたい価値観について考えてみましょう。

わが家では、末っ子がまだ幼い頃に社会正義について話し合うようになりました。というのも、一番下の娘が小学校に入ったばかりの頃に、長男はすでに10代になっていたからです。そのせいか、下の娘たちは社会的運動に強い関心がある10代になりました。2018年、フロリダ州のマージョリー・ストーンマン・ダグラス高校で、精神障害のある元生徒が怒りをつのらせて銃を乱射し、17人が死亡、17人以上が負傷する大惨事が起きたとき、アメリカ全土の若者が、銃による暴力にはげしい怒りを表すべく立ち上がりました。ある日、家族で食卓を囲みながら、学校での銃乱射事件はなぜ、どんなふうに起きるのか、とても恐ろしいことだけれど発生率はかなり低いということについて話し合いました。そこで明らかになったのは、娘たちにとっては、自分の学校で銃乱射事件が起きるかもしれないという恐怖よりも、大勢の人が凶器を所有しているのはなぜなのか、銃規制が進まないのはなぜなのかの方が深刻な問題であるということでした。

17歳の娘が、「多くの人に銃の購入権があるのに、学生には学校で安心を感じる権利がないなんて不公平だよ」と言ったので、「学校での安心感」が話の中心になるだろうと考えたのですが、子どもたちは「銃による暴力」や「社会正義」について話し合いたがったのです。数週間後、娘たちはワシントンD．C．で行われる「私たちの命のための行進（March for Our Lives）」に参加したいと言い出し、80人の若者や地域のリーダーたちと一緒にバスで往復50時間かけて移動し、銃による暴力への抗議デモに参加しました。24時間の首都滞在を終えて帰宅した娘たちは、充実感にあふれ、とても生き生きし、すっかり「社会問題に関心を持つ人」になっていました。そこで思い出したのが、私自身がはじめて社会運動——同じく抗議デモでした——に参加したときのことです。１９８５年5月、ロナルド・レーガン大統領が、ドイツのビットブルクにあるナチスの武装親衛隊が埋葬されている軍人墓地を訪れました。何百万もの罪なき市民が殺害された強制収容所には訪れず、集団虐殺を行った者たちが眠る墓地を訪れたことにショックを受けた私は、数人の友人と一緒に徹夜でロンドンから車とフェリーで移動し、抗議デモに参加しました（その後、大統領のスケジュールに、ベルゲン・ベルゼン強制収容所の訪問が追加されました）。

社会正義の問題が比較的早い段階で話題になる家庭——親が有色人種や同性婚であったり、貧困を身近に感じるなど——がある一方、子どもが成長して自立するまで、ほとんど話題にのぼらない家庭もあるでしょう。後者の場合、子どもが何歳くらいになれば、どんな状況で会話を切り出せばよいのか、幼い子どもでも社会正義のような抽象的な考えが理解できるのだろうかと疑問に思われるかもしれません。

幼い子どもには、何がよくて何が悪いのか、相手を尊重し、自分がしてほしいように相手に接するべきといった、生きていく上での大切なルールを、親の価値観に応じて伝えていくことになります。小学3～4年生くらいになれば、社会正義の微妙な問題を話題にすることができるでしょう。たとえば、性自認に関する考え方はどんなふうに変化してきたか、若者と高齢者でものの見方が異なる理由などを話し合えるでしょう。どんなタイミングで話すにせよ、ひとつ確かなのは、子どもは毎日学校に通うなかで、親以外のだれかとそんな話をし、親と異なる意見や価値観にぶつかるときが必ず訪れるということです。

私の同僚のルーベン・パラ＝カルドナ博士は、社会正義の問題に科学を応用する取り組みに研究者人生をささげてきました。中南米系世帯を対象とした研究からは、「差別を受ける」という経験を受け入れるには、子どもは自分が経験している憎悪や偏見の意味を理解する必要があることがわかりました。たとえば、白人には目に見えないかたちの、人が気づきにくい優位性がある（「白人特権」）ということを理解するには、白人以外の人が、あからさまか無意識かにかかわらず、白人と異なる扱いを受けていることを知る必要があります。こうした話し合いは、子どもが理解できるレベルに合わせて行う必要があります。子どもの年齢が上がり、ものごとを批判的に考えられるようになれば、多少、具体性に欠ける内容でもかまいません。パラ＝カルドナ博士の家庭では、小学生の子どもと「すべては見かけどおりではない」と話してから、なぜ社会正義に関する問題が手に負えないと感じられるのかについて、正確かつ具体的な例をあげるそうです。たとえば、アメリカでおいしい野菜や果物が安く買えるのは、中南米系の労働者が低賃金で作業しているからで、こうした経済状況が変わるには長い年月がかかるといったようなことです。

本章では、パラ＝カルドナ博士と共同で考案したシナリオを紹介します。

シナリオ1　友だちとの別れ

身近でこわい出来事が起きたとき、親はどんなふうにその話を切り出したらよいかがわからないかもしれません。世のなかのしくみがまだよくわかっていない幼い子どもが相手なら、なおさらでしょう。

ホセは、英語とスペイン語のイマージョン教育（教科としてではなく、身につけたい言語をつかって学習する）で知られる公立の幼稚園に通っています。ある日、母親は園長からメールを受け取ります。「同じ幼稚園に通う2組の家族が国外退去を命じられ、とりわけ年長の園児たちは、その話でもちきりです。どうぞ、保護者の皆さんは、お子さんの不安によく耳を傾けてあげてください」

✕赤信号

ホセの心配性な性格をよく心得ている母親は、直接的なやり方に出ます。バス停から家まで歩いて帰る途中、園長から連絡があった件を持ち出します。

母　親：ママ、園長先生からメールをもらったのよ。お友だちが国を去ることになって、不安がってる子たちがいるんだってね。

ホ　セ：なんて？

母　親：ママの話を聞いてなかったの？　ホセのお友だちが幼稚園をやめなくちゃいけなくなったの。

ホ　セ：どうして？

母　親：お国から「ここで暮らしてはいけません」って言われて、きっとメキシコかほかの国に送り返されるのよ。ひどい話よね。

（ホセはしばらく何も言いません）

母　親：ホセ、何か聞きたいことはないの？

ホ　セ：でも、ぼくのおばあちゃんもメキシコから来たんだよね。じゃあ、ぼくたちもメキシコに送り返されるの？

母　親：それはないわよ！

ホ　セ：じゃあ、なにがひどいの？

母　親：（ため息をつく）別に……もういいわ。

母親は、ホセから何か質問されるという「足がかり」もないまま話を切り出しているので、話をどう進めたらよいかがよくわかっていません。また、ホセが自分の話をちゃんと聞いていないと思い、イライラしています。

ほかに、どんな対応ができたでしょうか。別のシナリオを見てみましょう。

〇青信号

母親は園長から連絡をもらった件についてホセと話したいと思いますが、その前に、年長の子どもたちが話題にしている国外退去について、ホセはよく理解できていないのではと考えます。バス停で出迎えた母親は、ホセに話しかけます。

母　親：ホセ、幼稚園はどうだった？

ホ　セ：よかったよ。

母　親：今日はどんなことをしたの？

ホセ：休み時間に外で遊んだ。
母親：へえ！　何して遊んだの？
ホセ：キャッチボール。
母親：だれと？
ホセ：マヌエルとフアンと。
母親：楽しそうね！

（歩き続けていると、ホセがふと立ち止まります）

母親：どうしたの？
ホセ：マヌエルのお母さん、教会に泊まることになったんだって。
母親：マヌエルの家族は毎週日曜に教会に通ってるけれど、今回はお母さんだけなの？
ホセ：お母さんは警察に連れて行かれるかもしれないって心配していて、教会にいたら安全なんだって。
母親：なんだかこわい話だね。どうしてお母さんが心配してるのか、マヌエルは何か言ってた？
ホセ：ううん、でも泣いてた。
母親：そっかあ。それでホセはどんな気持ちになったの？
ホセ：ぼくもちょっとこわかった。

母　親：おなかのあたりでそう感じたの？

ホ　セ：うん、それとここも（頭を指差す）。ねえママ、ぼくたちは教会に行かなくて大丈夫なの？どうして警察に連れて行かれる人がいるの？

母親はホセに会話をリードさせ、自分の考えや思い込みを押しつけることはしていません。そのおかげで、学校で何があったのか、ホセが何に不安を感じているのかなど、多くの情報を聞き出しています。

母　親：（ため息をつき、深呼吸をする）とてもいい質問ね。もうすぐ家に着くから、くつを脱いで、かばんを置いて、おやつを食べながら話そうか。

（ふたりは食卓につきます）

母親はホセを安心させようと、帰宅後のいつもの習慣をくり返しています。おやつの時間まで話をするタイミングをひきのばすことで、この扱いにくい話題についてどう話したらよいか、考える余裕を持つことができています。

母　親：さっき、どうして警察に連れて行かれる人がいるのって聞いてたよね。マヌエルは「警察」って言ったのかもしれないけど、きっと移民局の人のことじゃないかしら。説明しづらいんだけど、普通の警察とは違う人たちなの。警察が連れて行くのは、悪いことをした人や病気になって助けが必要な人たちだけど、移民局の人は、この国で暮らしている人が、ちゃんと許可をもらっているかどうかをチェックして、正式な書類や許可証がない人を拘置所に連れて行ったり、ほかの国に送り返したりしているの。

母親は移民に関する法律について、5歳の息子でも理解できるよう工夫しながら説明しています。また今後、息子が警察に助けを求めることをこわがらないように、警察と移民局の違いについて、ていねいに説明しています。

ホセ：ママやパパも連れて行かれるかもしれないの？

母親：そんなふうに思ってたから不安だったのね。でも、私たち家族が連れて行かれる心配はないよ。たしかに、おじいちゃんはメキシコ、おばあちゃんはグアテマラの出身だけど、パパやママはアメリカで生まれたから、国外に追い出される心配はいらないの。お母さんが連れて行かれるかもしれないマヌエルは、悲しくておびえていたんじゃない？

ホセ：（うなずく）

母親：お友だちがお母さんとさよならしなくちゃならないなんて、考えただけでこわいよね。でも、どうしてマヌエルが悲しくておびえてるってわかったの？

ホ　セ：泣いてたし、ずっと下ばかり向いてたもん。それに、先生と話してるところも見たんだけど、先生がマヌエルの背中をポンポンってたたいて、ぎゅってしてた。先生はだれかが大変な思いをしてるときしか、そんなことしないからさ。

母　親：へえ。ホセは人の気持ちがよくわかるのね！　それで、ホセはどんな気持ちなの？

母親はホセに友だちや自分の感情を観察させ、ホセの気持ちを受け入れています。

ホ　セ：マヌエルの気持ちを思うと、とっても悲しかったし、こわかった。みんなもこわがってたよ。大人を連れ去る人がいるなんて知らなかったからさ。マヌエルのお母さんが教会に行くのは、そのせいなんだよね？

母　親：マヌエルのお母さんは、「国を出て行きなさい」って言われないかと心配しているの。ママもくわしい事情はわからないけど、きっとアメリカに来たときに、この国で暮らすのに必要な書類を持ってなかったんじゃないかしら。説明するのがとてもむずかしいんだけど、政府のなかには、書類がない人たちを国外に追い出したがっている人たちがいるの。マヌエルのお母さんのように、長いあいだアメリカで暮らしてきた人でも同じことなの。でも多くの人たちには、マヌエルのようにこの国で生まれた子どもがいるわよね。子どもたちはアメリカ人とみなされて、この国で生活することができるの。だからマヌエルのお母さんのような人たちは、家族と長いあいだ暮らしてきたこの国を追い出されたくないと不安に思っているの。教会は移民局の人も立ち入れないから、平和で安全な場所とされているの。

ホセ：ぼく、わからないよ。なんで、こんなことが起きるの？

母親：うまく説明できなくてごめんね。たとえこの国に長いあいだ住んでいても、正式な書類がないなら、大人であろうと子どもであろうと、すぐにこの国を出ていくべきだと考える人たちがいるの。だけど、その考えに反対の人たちもいてね。この国に長いあいだ住んで、アメリカ人の子どもがいるなら、そのまま生活できるようにすべきだってね。この問題についてはいろんな意見があるの。でも今大切なのは、ホセのお友だちのマヌエルが悲しくて、不安に感じていて、私たちの助けを必要としてるってことだよね。

母親は、マヌエルのお母さんの状況について、ホセでも理解できるように説明しています。ホセを混乱させるようなくわしい事情にまでは踏み込んでいません。もっとくわしく知りたいなら、ホセから質問してくるでしょう。

ホセ：ぼくたちにも何かできることあるかな？

母親：そうね、ホセはママの料理をお手伝いするのが好きだから、マヌエルの家族に何か食べ物を作ってあげるのはどう？

ホセ：「うちに遊びにおいでよ」って誘ってみようかな。ぼくたちは大切な友だちだよって伝えたい。

母　親：そうね、とてもいいお友だちだものね。

このやりとりでは、母親は友だちを心配するホセの気持ちにこたえて、マヌエルを助ける方法を提案しています。しかしなかには、なぜこんなことが起きるのか、その根底にある問題についてもっとくわしく知りたがる子どももいるかもしれません。子どもの年齢によって反応は様々なので、親は子どもの話をよく聴き、ふさわしいタイミングを見計らってください。子どもの年齢にかかわらず、子どもに会話をリードさせることは忘れないでください。どこまでくわしく知りたいかを決めるのは子どもであって、親が押しつけてはいけません。

もしホセが、同じ日か何日か経《た》ってから、マヌエルのお母さんについての話題を持ち出し、移民問題に関心を示したとしましょう。母親はどんな対応を取ればよいでしょうか。

ホ　セ：ねえ、マヌエルはお母さんと離れて暮らさなくちゃいけないの？　マヌエルのお母さんに、うちに泊まってもらうのはだめ？　どうにか助けられないかな？

母　親：お友だちのマヌエルを助けるだけじゃなくて、ほかにも何かできないかなって思ってるのね。

ホ　セ：うん。マヌエルのお母さんをうちに泊めるのはどう？

母　親：マヌエルのお母さんがアメリカで暮らせるかどうかは裁判官が決めるの。だけど、マヌエルのお母さんに弁護士をつけるためのお金を集めるのは手伝えるかもしれないね。弁護士がいれば、この国で暮らすべき理由をうまく伝えてくれるだろうからね。ねえ、どうやったらお金を集められるか、アイデアを出し合ってみない？　たとえば、「車を洗うのを手伝う」「クッキーを作って販売する」とか。

ホセ：「車を洗うのを手伝う」はいいね！　マヌエルの家族にお金をプレゼントできるよね。

母親は、マヌエルの家族に心を寄せるだけでないサポート方法を、ホセの年齢でも理解できるように説明しています。もちろん、移民支援にはいろんなかたちがありますが、母親は5歳のホセでも力になれるやり方を提案しています。

シナリオ2　ぼくも撃たれるかもしれない？

恐ろしい出来事がはるか遠くで起きたとしても、人種や文化、宗教の観点から、その出来事を身近に感じる家庭もあるでしょう。親が、自分の身の守り方を子どもに説明する必要があるかもしれません。社会正義のむずかしい考えを子どもに伝えるには、私の同僚の心理学者で、コミュニティ活動家としても著名なブラバダ・ギャレット＝アキンサンヤ博士の知見を参考にしてください。博士は、黒人の親が、暴力防止やホリスティック・ウェルネス（からだだけではなく、心、精神的、社会的な健康や幸せ）について子どもに教える「アフリカ系アメリカ人を中心としたウェルネスモデル」を編み出しました。シナリオ2と解説、ならびに補足会話集は、ギャレット＝アキンサンヤ博士とともに考案しました。
小学4年生のウィリーは都市部の学校に通っています。先週、別の町で丸腰の少年が警察に銃で撃たれる事件が起き、全国的に報道されました。被害にあった少年は、ウィリーと同じ黒人です。ウィリーは、両親がその話をしているのを立ち聞きします。母親が、「そろそろあの子にも話すべきじゃないかしら」と言ったので、ウィリーは両親の部屋に飛び込みます。

〇青信号

ウィリー：「そろそろ話すべき」って何のこと？
母　親：ちょっと、盗み聞きしてたの？　大人同士の話があるの！
ウィリー：盗み聞きじゃない。たまたま部屋の前を通ったら、パパとママが大声で話してたんでしょ。（笑みを見せる）
父　親：（母親を見る）じゃあ、話そうか（母親がうなずく）。先週ほかの街で、ウィリーより少し年上の子どもがひどい目にあっただろ。その話をしてたんだよ。
ウィリー：おもちゃの銃で遊んでた子どもを、警察が銃で撃ったんでしょ？
母　親：知ってたの？
ウィリー：あたりまえだよ。そんなの、みんなとっくに知ってるし、学校はその話でもちきりだよ。

恐ろしい出来事について、子どもが大人が思っている以上にくわしく知っていることはよくあります。ウィリーは率直にそう伝えています。

父　親：ママにそんな口の利き方はないだろう。ほかの子たちは、どんなことを話してるんだい？

両親は会話を続けながら、制約をもうけようと考えます。

ウィリー：男の子がおもちゃの銃を警察に向けて撃ったんだって言う子や、それは違う、ただ家の庭で遊んでいたところを警察に撃たれたんだって言う子もいる。男の子が悪いって言う子もいれば、警察はとにかく黒人がきらいなんだって言ってる子もいた。

（父親は母親にちらっと目をやります。父親の感情が高ぶっているので、部屋を出て行くよう母親はジェスチャーで伝えます）

こんな話し合いをするとき、両親がそろっていると心強いですが、親同士で連携が取れていれば、どちらかが少しのあいだその場を離れても問題ありません。

父　親：ちょっと水を飲んでくるよ。

母　親：ウィリー、座ってちょうだい。どうやら、いろんな話を聞いてきたようね。本当のこととそうでないことを見分けるのは、むずかしいわよね。それに、いろんな気持ちを味わったんじゃない？　ママだったら、そうなるな。

母親は「まだ幼い」と思っていた息子から気がかりな話を聞かされ、動揺します。でも、直感的に「反応」するのではなく、息子の話をよく聞き、おたがいの感情を確かめて、気持ちを落ち着かせることが大事だと自分に言い聞かせます。

ウィリー：警察はぼくを撃つかもしれないの？　おもちゃの銃を持ってるアンソニーは？

「それは自分の身にも起こる？」は、多くの子どもが不安を感じる点です。ウィリーは率直に聞いていますが、そうでない場合は、会話がスムーズに運びにくくなるかもしれません。

母　親：それは、とてもこわい考えね。

ウィリー：（うなずく）

母　親：自分と同じ年頃の子がこんな目にあったって聞いたら、ほとんどの子はこわがるだろうね。もしママがウィリーだったら、こわいと感じるな。ウィリーはその話を聞いて、どんな気持ちになったの？

母親はウィリーが感じている恐怖心はよくあることだと言って（「ほとんどの子はこわがるだろうね」）、その気持ちを受け入れています（「もしママがウィリーだったら、こわいと感じるな」）。

ウィリー：帰りのバスのなかで、年上の子たちが話してたから、最初は何の話をしてるのかわからなかったんだ。しばらくしたら、「その男の子はおもちゃの銃を持ってた」とか「こんな目にあうのはいつも黒人。油断できない」って聞こえてきて、本気でこわくなった。ダリルなんて、お母さんから外で遊んじゃだめって言われてるんだって。外で遊ぶと危ないの？

母　親：そんな話を聞いたら、こわくなるわよね。こわいって気持ちは、からだのどこで感じたの？

母親はウィリーが感じた恐怖心を取り上げ、どんな気持ちになったのか、からだのどこでそう感じたかを考えさせています。

ウィリー：（おなかを指差して）このあたりがゾクゾクした。足も重たくて、走りたくても走り出せない感じだった。ここもしめつけられる感じだった（母親の手をひっぱって、自分の

のどを差す）

母　親：それは、こわいって感じるときによくあることね。

ウィリー：どうしてあんなことが起きたの？

母　親：いい質問ね。だけど、何が起きたのか、なぜそうなったのか、すべてわかってるわけじゃないの。パパとママもニュースで報道されてることしかわからない。銃で撃たれた男の子がおもちゃの銃を持っていたのは本当だけど、その銃を警察に向けたわけではないみたい。くわしいことはまだわからなくて、たくさんの人が調べているところなの。こんなことは、しょっちゅう起こるわけじゃないのよ。警察は私たちの安全を守ってくれる人たちなんだけど、ごくたまにミスをすることがあるの。

ウィリーの質問にどう答えたらよいか困った母親は、ウィリーの不安感をあおるような、むずかしい内容（男の子がどんなふうに撃たれたのか、どんなけがをしたのかなど）には踏み込まず、できるだけ端的に答えています。

ウィリー：ひどすぎるミスだよ！　なんでそんなことになるの？

母　親：いい質問だけど、かんたんには答えられないわね。警察は、通報を受けたら大急ぎで対応しなくちゃいけないときがあるの。もしかすると、通報した人が「銃を向けてる男がいる」とだけ言って、それがおもちゃの銃だってことや、子どもだってことまで言わなかったのか、わかっていなかったのかも。すぐに駆けつけた警察も、それが子どもだってことや、おもちゃの銃だということはわからなかったんじゃないかしら。「銃を捨てろ！」って叫んだときに、男の子がくるっと向きを変えたのか、よく聞こえなかったのか、銃を警察に向けたように見えたのかして、警察は撃った。いろんなケースが考えられるわね。人はこわいと感じると、うまく考えられなくなって、たとえ警察官でもミスをしてしまうことがあるの。

母親は息子との会話を中断させたくありませんし、息子には何でも聞いてほしいと思っています。一番伝えたいのは、「恐怖心から判断力がにぶることがある」ということです。実際は違ったかもしれませんが、真相がわからないなかでウィリーの質問に答えるには、警察がひどいミスをしたと考えるのがよいと考えたのです。

ウィリー：そんなの考えただけで、すごくこわいよ。

母　親：そうね。こんなことは白人よりも黒人の男性や少年の身に起こりやすいものね。

母親はこれを機に、黒人の男性や少年が危険な目にあうリスクが高い事実に目を向けさせようとします。

ウィリー：どうしてなの？

母　親：残念ながら、この国には人種差別の長い歴史があってね。前に、奴隷制の話をしたでしょ。奴隷制がなくなってからも、黒人と白人を区別するルールがあって、黒人の子どもは白人と同じ学校に通うことや、バスや映画館で好きなところに座ることができなかったの。トイレや水飲み場も、白人と同じものは使えなかった。

ウィリー：ひどいね！　なんでそんなことしたの？

母　親：すべてに責任を持っていた白人がその立場にとどまって、自分たちと同じ外見の人たちに有利にはたらき、黒人やほかの有色人種の人たちをないがしろにするルールを作ったからよ。その状況が長く続いたから、白人は黒人よりすぐれていると考えられるようになってしまったの。いまだに、無意識にせよ、黒人の子どもは白人の子どもよりトラブルを起こしやすいと決めてかかる人がいるの。警察といえども人間だから……そんなふうに考える人もいるのよ。白人警察官の多くは子どもや家族を助けたいと思ってる。だけど、人種を理由に、すべての人を同じようにあつかわないことがある。私たちのように肌が黒い人は、犯罪を犯しそう、何か悪いことをしてそうと思われやすいの。だから、もし警察と話をすることになったら、相手に敬意を示し、危険な人物だと思われないようにふるまわないといけないわね。
よく聞いて。ウィリーももうすぐりっぱな若者なんだから、自分の身を守る術《すべ》を知っておかなくちゃね。まずは、先生や警察官に「止まりなさい」と言われたら、必ず立ち止まること。絶対に逃げちゃだめよ。両手をポケットから出し、急に動いたり、武器と思われるもの（くし、ブラシ、財布、スマホ）を手に取ったりするのもだめ。本物にも見えるおもちゃの銃で遊ぶのもやめなさい。大人になって使うことがあっても、専用の射撃場でだけ使い、本物の銃と間違われないようにしなさい。

母親は、警察や当局からひどい扱いを受けにくくするための方法を伝えています。両親は、今回の事件を受け、自分の身を守る術を息子に伝えようと事前に話し合っていたのです。

（ウィリーは窓の外を見つめて、しばらく何も言いません）

ウィリー：（視線を母親に戻すと）わかった。でも、外で遊んでも大丈夫だよね？

母　親：うん、外で遊ぶのは大丈夫。でも、車が通る道路はだめよ。ママはウィリーがどこにいるかを知っておきたいし、6時までには必ず家に帰ってくるのよ。

この状況では、母親は制約をもうける必要があります。こうした家族の決まりごとは、子どもの成長過程でくり返し伝えることになるでしょう。

ウィリー：でも、まだこわいよ。

母　親：自分と似た環境の人がひどい目にあうと、自分の身にもそんな恐ろしいことが起こるのかなって思うよね。こわくなるのも無理ないわ。ママだって、きっとそう感じるな。でもさ、ウィリーや友だちはこれまでもたくさん外で遊んでいたでしょう？

ウィリー：（うなずく）

母　親：友だちのだれかがひどい目にあったことはある？　警察に銃で撃たれたことは？

ウィリー：（首を横に振る）

母　親：この町に住んでいる人が警察に撃たれたって聞いたことある？

ウィリー：ないよ。

母　親：でしょ。警察に撃たれるなんて、めったに起こることではないの。

最後に母親は、今回の出来事を、より広い文脈でとらえられるよう手助けしています。とても恐ろしかったけど、ウィリーが同じような目にあう可能性はほぼないと伝えています。

ウィリー：わかった。（母親が抱きしめます）

母親はこれを機に、ウィリーの不安な気持ちを軽くするだけでなく、人種差別の根本的な原因についても伝えています。アメリカの奴隷制や、黒人と白人が隔離されてきた歴史がいまだに社会に大きく影響していることを、ウィリーでも理解できるやさしい言葉で、簡潔に説明しています。

「アフリカ系アメリカ人の子どもウェルネス協会（African American Child Wellness Institute）」では、ギャレット＝アキンサニヤ博士が率いるチームが、文化に特化した子育てプログラム「ムルア」（スワヒリ語で「尊敬」を意味する）を作成しました。そのなかには、黒人の親から子どもに、自分たち黒人の伝統に誇りを持てるように手助けする方法や、黒人の健康や成功が妨げられがちな社会のしくみにどう対処したらよいかを伝える方法が含まれています。平等（すべての人に同等か同レベルの支援や機会を与えること）、公平（結果の公平性を得るために、異なるレベルの支援を与えること）、暗黙の偏見（人々が意図せず偏見やステレオタイプ的なふるまいをすること）について、子どもに伝える方法です。以下は、ギャレット＝アキンサニヤ博士が作成したミニ会話集です。本書に掲載しているシナリオと同じく、これらの会話を別の問題についての話し合いや、いろんな年齢の子どもとの会話に応用してみましょう。

「公平」と「平等」のちがい

母　親：以前、ナナが訪ねてきて、いとこが出場する試合を一緒に見に行ったことをおぼえてる？

ジェームス：うん。ナナがよく見えるようにって、観客席の前の方に席を取ったよね。

母　親：そう、よくおぼえてるね！　ナナは視力がよくないから、前の方に座る必要があったでしょ。ナナからすると、席を与えられたからといって、どこからでも見えるわけじゃないからね。ナナのように目がよくない人がほかの人と同じように試合を見れるようにすることを「公平」といって、すべての人を同じように扱う「平等」とはまた違うの。

暗黙の偏見

父　親：このあいだ、一緒に公園に行ったとき、ものすごく背の高い若者が体育館から出てきたよね。

エロイーズ：うん、すごく背が高かったから、思わず「バスケットの選手ですか？」って聞いたら、「ううん、テニスさ」って言われたんだよね。

父　親：人の見た目から、ある種の特徴があると思い込むことを「ステレオタイプ」っていうんだ。背が高い人がみんなバスケットボールをしてるって考えるのは、ものすごく背が高い人をあまり見たことがないか、テレビで見るバスケット選手くらいだからかもしれない。そのうち、「すごく背の高い人」と聞くとすぐに「バスケットボール」を連想する。でも、自分のことをよく知らない人から勝手に判断されるとどんな気分になるか、よく考えておかないといけない。それがマイナスの評価なら、なおさらだ。

「特権」と「偏見」のちがい

母　親：ママはバラの花が大好きだって、よく知ってるよね。

ジン゠ユー：うん、毎年庭にバラの木を植えて、大切に育ててるから、ボールが入ったら大変だよ！

母　親：ママほどバラの花が好きじゃない人もいるけれど、自分の庭だもの、自分が好きな花を植えるのは当然よね。

ジン＝ユー：キムおばさんは、黄色のチューリップが好きだよね。

母　親：自分の庭には一番好きな花を植えて、そこまで好きではない花は、あえて植えようとは思わないわよね。でももしかすると、いろんな種類の花を植えたら、どれほどきれいになるかを知らないだけなのかもしれない。人が特権や偏見をちらつかせるときというのもこれと同じなの。自分の庭に自分が好む花ばかりを選んで、ほかの花には育つチャンスすら与えない。これと同じことを、人に対してもしてしまう人がいて、よく知らない人から、わけもなく嫌われたりする。そういう人は自分がよく知っているものだけを好み、よく知らない人は迎え入れようともしない。問題はこちら側ではなく、相手側にあるの。

ジン＝ユー：そんなときはどうしたらよいの？

母　親：そうとわかれば、自分と見た目が違うからと避けていたような子と仲良くしてみるとか、だれかにのけものにされても、個人攻撃ととらえないようにするといいわね。ほら、去年マーカスが転校してきたときのことおぼえてる？　同じクラスになったのに、ほかの子たちとばかり一緒にいるから、「自分とは仲良くなりたくないんだ」と感じたんでしょ？　でも一緒にサッカーをしたら、おたがいのことをよく知って、仲良くなれたのよね。そしたら相手も、見た目が違う自分とは仲良くなりたくないと思ってたことがわかったのよね。

シナリオ3　ピンク税：生理の貧困

どこでどんなふうに暮らしているかといった生活環境にもよりますが、多くの子どもは、日常生活のなかで貧困問題にふれることになるでしょう。ホームレス問題のように所得格差がはっきりと目に見えるケースもあれば（公園や路上で生活している人を子どもが目にするなど）、そこまでわかりやすくないケースもあります。

中学1年生のタマラが通う都市部の学校には、様々な境遇の生徒がいます。保健体育の授業では最近、思春期になると生理が始まることについて学んでいます。隣の席のミアは、母親と3人の年下のきょうだいと、ほかの街から引っ越してきたばかり。最近生理が始まったばかりのタマラとミアは、生理についての解説ビデオを見ながら、クラスメートたちとくすくす笑います。チャイムが鳴り、先生が配布した生理用品メーカー作成のパンフレットには、生理用ナプキンが一枚ついていました。「ちょうだい」とミアが言うので、タマラは「いいよ」と自分の分をあげました。翌週、ミアは学校を休みます。その次の週、校内の廊下を歩きながら、「どうして休んだの？」とタマラが聞くと、ミアは「生理だったの」と答えます。「ママから月末にお給料が入らないとナプキンは買えない、『いくらするかわかってるの?』と言われて」

タマラは思わず立ち止まります。生理用品のような必需品を買えなくて学校を休む子がいるなんて、思いもよりませんでした。帰宅すると、母親にその話をします。

〇青信号

母　親：ミアは生理中にナプキンが買えなかったというだけで学校を休んだの?

タマラ：本人がそう言ったの。どうして生理用品は無料じゃないの? 子どもは学校に行かなくちゃいけないんだよね? なら、学校がナプキンを用意したらいいんじゃないの?

母親は、タマラの質問に答えたい気持ちを抑え、まずはタマラの感情を確認することにします。すぐに答えてしまうと、タマラの感情が思考や行動にどんなふうに影響しているかを理解するチャンスを逃してしまうからです。

母　親：とても腹を立ててるようね。ミアの話を聞いて、どんな気持ちがしたの?

タマラ：すごくショックだった。心臓がドキドキして、「何それ!」って思った。家でごはんを食べられないからって、学校で無料の朝ごはんや昼ごはんを食べてる子がいるのは知ってる。でも、貧しくて生理用品も買えないなんて、そんなの不公平だよ。

母　親：不公平だって思うのね。ママも同じ考えよ。子どもはみんな学校に行くべきで、生理だからって学校に行けないのはおかしいわ。

「どうしてこんなことになるの？」とタマラがくり返し聞くので、母親は先に質問に答えて、感情についての質問は後回しにします。タマラは不安なことがあると、くよくよ考え込み眠れなくなることがあるので、母親は慎重に対応を続けます。

タマラ：どうしてナプキンも買えないくらい貧しい家庭があるの？

母　親：ママもミアの家庭のことをよく知らないけれど、数年前にお父さんが亡くなって、専業主婦だったお母さんが働かなくちゃいけなくなったそうね。小さな子どもがいるお母さんが働きに出るのは大変だし、子どもの面倒を見てくれる人がいないなら、なおさらだわ。保育サービスは高くつき、収入を上回ることもあるからね。それに、仕事経験がない人や、しばらくブランクがあって復職する場合は、専門スキルがなければ、賃金のよい仕事にはなかなかつけないものなの。時給10～15ドルくらい（約１５００～２２００円）の仕事で、子ども４人を育てるのは、ほとんど不可能なのよ。

タマラ：知らなかったよ。恐ろしいね。じゃあ、どうするの？

母　親：実家に住まわせてもらって家賃がかからないようにする人もいるし、お金を借りる人もいる。おじいちゃんおばあちゃんや、ほかの家族に育児を助けてもらう人もいるわね。

タマラ：生理用品みたいな必需品を買うお金も稼げないなんて、どうして？

母親は、タマラからの質問に懸命に答えますが、あくまでも会話の中心にしたいのはタマラの不安な気持ちなので、貧困についての話はいったん終わりにします。

母　親：（ため息をつく）とてもよい質問だけど、かんたんには答えられないわ。ねえ、この話は夜ごはんのときにしない？　きっとパパも加わりたいはずよ。それにしても、生活必需品を買えない友だちの話になると、タマラはいろんな感情がわき起こるようね。

タマラ：だって、ひどいよ！　ミアのことを思うと悲しくなる。それどころか、おなかがぎゅっと痛くなる。

母親は貧困についての話を避けるのではなく、後で話そうとはっきり伝えています。なので、タマラは違和感なく、自分がどんなふうに感じたかという話に移ることができています。

母　親：それは悲しくて、ミアのことを心配している証拠よ。生活に必要なものを買えない人がいるなんて、気がかりだよね。ママも中学生の頃、おばあちゃんとおじいちゃんと一緒にホームレス支援施設で食事を配るお手伝いをしたことがあるの。それからというもの、家を失って路上生活者になる恐ろしい夢を見るようになってね。「お金が足りなくなって生活できなくなったらどうしよう」って心配してる子どもはたくさんいると思うよ。

母親は、タマラに自分の気持ちを確認させてから（「それは……証拠よ」）、同じような感情を味わった自身の体験を話し、タマラの感情を受け入れています。

タマラ：私たち家族もそうなるかもしれないの？

母　親：子どもは、そんなふうに不安になりがちね。でも、私たち家族は恵まれていて、パパもママもちゃんと働いているし、〝もしものとき〟のためにお金を貯めることもできている。ありがたいことに、家族みんな健康だしね。

母親は、そんな不安を感じるのはよくあることだと説明し、タマラを安心させています。

タマラ：ミアのために何かできないかな？　生理が原因で学校に来れなかったのなら、食事も十分に取れてないのかもしれない。ミアはいつも、学校で出る無料の朝ごはんと昼ごはんを食べてるから。

母　親：じゃあ、どうすればミアを助けてあげられるか、アイデアを出し合ってみない？

母親は問題解決の手順を取り入れて、タマラの不安をやわらげようとしています。問題解決の手順はどんな場合でも取り入れられるわけではありませんが、可能なら、ぜひ取り入れてください。

タマラ：何かしらミアの助けになれたら、気持ちが楽になると思う。
母　親：そうよね。人助けをすると、気分がよくなるものね。
タマラ：ミアからは、学校を休んだ理由はだれにも言わないでって言われてる。すごく恥ずかしいみたい。毎年、クラスで募金活動をするんだけど、今年は生活必需品を買えない子たちに募金できないかって、生活指導の先生に聞いてみようかな。ミアの名前を出す必要はないでしょ。
母　親：すばらしいアイデアね！「ピンク税」って聞いたことある？　お姉ちゃんが教えてくれたんだけど、同じような製品でも女性用は高かったり、生理用品も必要だったり、女性だけがより多く支払っているお金のことをいうんだって。ピンク税について、くわしく調べてみるのはどう？　学校新聞にもかかわってるんだから、記事を書いてみてもいいんじゃない？
タマラ：学校のFacebookページでキャンペーンを立ち上げるのはどうかな？　ピンク税についてかんたんな図を作って投稿したら、シャンプーや石けん、生理用ナプキンのような消耗品を集められるかも。
母　親：すてきね！

母親が取り仕切るまでもなく、タマラはどんどんアイデアを出し、ほかの生徒や学校の先生たちを巻き込んだ行動を起こそうとしています。母親はタマラの進めるままにまかせ、必要なときだけ手助けすることにします。

シナリオ4 「彼ら(they)」ってだれ？（LGBTQ）

社会正義の問題のなかでも、近年とみに注目を集めているのが性自認の問題です。家族のなかでも世代によって意見が分かれることが多く、親としては、自分の親と子どもとの板ばさみになることもあります。

高校1年生のジャスミン（愛称ジャス）は、演劇、新聞、楽団といろんな活動に参加しています。学年末に開催される楽団の演奏会には、祖父母も駆けつけてくれました。ジャスミンは音楽部門で賞をもらいました。演奏会後の屋外パーティーの場で、両親、妹、祖父母が見ている前で、楽団仲間が「おめでとう」とジャスミンに抱きつきました。「だれ？」と祖母が聞くので、「友だちのルーカスだよ」とジャスミンが答えます。

「ルーカスだって？　ルーカスは男の子の名前。あの子は女の子でしょ！」と祖母が言います。ジャスミンは、ルーカスは以前はルーシーという名前だったと説明してから、「おばあちゃんにも紹介するよ」と言います。祖母の返事を待たずに、ルーカスを手招きします。「おばあちゃん、おじいちゃん、こちらがルーカスよ。彼ら（they）は水泳がとても得意なの」とジャスミンが言います。祖父母は困惑します。「彼らってだれだい？　ここにはひとりしかいないじゃないか」と祖父が言います。ジャスミンは顔を真っ赤にして、言います。「おじいちゃん！　ルーカスは彼（he）でも彼女（she）でもなく彼ら（they）なの」

「おかしなことを言うな！」祖父が言うと、祖母も腕組みをしたまま、うなずきます。「人は女の子か男の子として生まれてくる。それを、まるで自転車でも買い替えるように、自分で変えるなんてできるか！」。そう言い放つ祖父の顔をまじまじと見て、ジャスミンは何か言いそうになりますが、ルーカスの手を取って、その場を去ります。

パーティーが終わっても、ジャスミンは家族の車に乗ろうとしません。母親には「おじいちゃんとおばあちゃんが帰ったら、家に戻るから」と言います。祖父母とはもう顔を合わせたくないのです。

✕赤信号

母　親：いいかげんにしなさい！　おじいちゃんたちが子どもの頃は「性別を変更する」なんてありえなかったの。世代が違うんだから、自分と同じように偏見を持たないでほしいなんて期待できっこないの。

ジャス：ママは全然わかってない！　おじいちゃんはルーカスに、「自分らしくいる権利などない」って言ったのよ。そんなひどい言い方をして許されるわけないでしょ。もう顔も見たくないよ。

母　親：さあ、車に乗って帰るわよ！　でないと、今週は外出禁止にするわよ。あれがジャスミンのおじいちゃんおばあちゃんなの。さあ、ママの言うとおりにしなさい！

ジャス：（泣き出す）

母親は、祖父母の受け止め方をわかろうとしないジャスミンに腹を立てます。両親にジャスミンが求めるような友だちへの対応を期待するなんてはなから無理だと考えます。でも、考えるうちに、自分自身も父親の発言を恥ずかしく思っていることに気づかされます。

父親の無礼な態度を受けて、母親はほかにどんな対応が取れたでしょうか。時間を巻き戻してみましょう。

父親の発言と娘のはげしい態度にまいった母親は、自分が何と言おうと、ふたりのうちのどちらかが、下手をするとふたりともの機嫌を損なうだけだと考えます。父親の考えは変わりそうにありませんが、ジャスミンはもっと怒りを抑えるべきだと考えます。自分だけでなくルーカスも板ばさみになっていると考えた母親は、ルーカスにあやまろうと歩み寄ります。

○青信号

母　親：ルーカス、こんなことになって本当にごめんなさいね。父にはあなたにあやまってほしいと思っているけれど、何がまずかったのかを説明するのに少し時間がかかると思うの。それまで待ってもらえるかしら？

ルーカス：大丈夫です。こんなことは、よくあるんです。

ジャス：ルーカスは心が広いからそんなふうに言うけど、全然大丈夫じゃないから！

母　親：ジャスミン、ちょっと話せるかしら？　すぐに終わるわ。

友だちの前で言い合いになって恥ずかしい思いをさせないよう、母親はジャスミンをわきに呼び寄せます。ジャスミンが腹を立てていることはわかっているので、おだやかな調子で伝えています。

ジャス：何なの、ママ？　おじいちゃんのしたことが、わからないの？　おばあちゃんも一緒になって、わざとルーカスにいやな思いをさせたんだよ。めちゃくちゃ恥ずかしい。

ルーカス：行きなよ、ジャスミン。また後でね。（立ち去る）

母　親：恥ずかしかったのは、わかったよ。顔を真っ赤にして、腹を立てて、悲しそうでもあったわね。同じ立場だったら、ママも同じように感じただろうな。

母親はここでも、感情を高ぶらせているジャスミンとぶつかることはせず、ジャスミンの気持ちに意識を向け、その気持ちを受け入れています。感情が受け入れられたことで、ジャスミンの気持ちも少し落ち着いてきます。

ジャス：おじいちゃんとおばあちゃんの顔はもう見たくない。とくに腹が立つのはおじいちゃんだよ。あんな言い方は許されないってこと、ちゃんとわかってもらわないと！

母　親：そんなにも怒ってるのね。時として他人の発言が頭にきて、怒りを抑えられないと、どうしていいかわからなくなるわよね。

母親はここでも、ジャスミンの腹立ちを受け入れています。ジャスミンの行動に制約をもうけるには、もう少し時間をかけて気持ちを落ち着かせる必要があると心得ているのです。

ジャス：おじいちゃんに自分が何をしたのか、ちゃんとわからせてくれる？

母　親：ちょっと考えてみて。ルーカスがどんな思いをしたか、自分の発言がどれだけルーカスを傷つけたかをおじいちゃんに理解させることはできる。でも、おじいちゃんがどんな反応を示すかまではコントロールできないよね。たとえばルーカスを家に招待して、おじいちゃんおばあちゃんと一緒に食事をするのはどうかしら？　一緒に過ごせば、ルーカスがどんな人なのか、おじいちゃんもよくわかると思うの。でも、ルーカスにはきついかしらね。

状況によってはふたりで意見を出し合うべきですが、ジャスミンはまだ興奮していて冷静に考えられそうにないため、母親がアイデアを出しています。

ジャス：うーん……。ルーカスとおじいちゃんが同じ部屋にいるなんて考えにくいけど、ルーカスと話して、どう思うか聞いてみるよ。

母　親：いいわね！　ルーカスが何と言おうと、ジャスミン、あなたは夜ごはんまでに帰ってきて、おじいちゃんおばあちゃんにちゃんと「さようなら」を言うのよ。

母親のアイデアにジャスミンが前向きな反応を示したので、母親は今ならジャスミンの行動に制約（「夜ごはんまでには家に帰ってくること」）をもうけられると考えます。

ジャス：わかった。（母親に抱きつく）ママ、いろいろありがとう！

シナリオ5　陰謀論

高校2年が終わりに近づき、エベリンはどこの大学を受験しようか考えています。隣の州にあり、小規模ながらすぐれたライティング・プログラムがある大学で、英語かジャーナリズムを専攻したいと思っています。進歩主義を強く打ち出した大学で、エベリンはその点にも惹かれています。春休みに、母親と一緒にキャンパスを訪れました。すると、大学の門の近くに20人ほどの学生が集まって、「イスラエルのシオニズム（パレスチナにユダヤ人の民族的拠点を設置しようとする思想・運動）に抵抗するパレスチナ人を支持する」と書かれたビラを配っています。横断幕には、イスラエルの国旗にナチスのシンボルであるかぎ十字が描かれています。エベリンの母親はイスラエルで生まれ、実の父親はホロコースト（ナチスによるユダヤ人の大虐殺）の生存者です。1947年、10代の頃に難民としてイスラエルにたどりつき、その後、家族でアメリカに移住したのです。

横断幕を目にしてゾッとした母親は、「本当にこの大学で学びたいの？」とエベリンに聞きます。エベリンは、「ママはいつも過剰反応するよね。あの人たちが批判しているのはイスラエルだけじゃないんだよ。ママはホロコーストの話になるといつも感情的になるけど、あの人たちはアメリカ合衆国憲法修正第一条で保障された権利を行使してるだけ。それが学問の自由ってものでしょ」と返します。その後、ふたりは事務局へ向かい、校内ツアーに参加します。ツアーの終盤には現役学生と話せる時間もありました。エベリンが先ほど目にした抗議活動について質問すると、学生のひとりがこう答えます。「シオニズムは人種差別です。イスラエルは、シオン主義者とナチスが結託して作った国。独裁的なユダヤ人国家による犯罪の多くが報道されないのは、イスラエルの圧力団体がメディアや金融業界を牛耳っているから。私たちは、そうした犯罪を明るみにして、シオン主義の企業をぶち壊すべき」。何と答えたらよいかわからないエベリンは、黙って聞くだけです。家に帰る途中、エベリンはそのときのことを母親と話します。

✖赤信号

母　親：ほら、言ったでしょ。この大学はユダヤ人には危険なのよ。受験するのはよしなさい。

エベリン：やめてよ！　ママはなんでも一緒くたにするんだから。こういう話題に敏感すぎるよ。

今さっきの話はもう忘れて！

エベリンが体験したことや、困っている様子にショックを受けた母親は、感情にまかせて衝動的に反応し、大切な会話の機会を逃してしまっています。高校生ともなれば、子どもも様々な意見にふれています。大学生や社会人になれば、さらに幅広い考えにふれ、そのなかには不愉快なものや攻撃的なものもあるでしょう。親としては、この予測がつかない世界をうまく歩んでいけるよう、子どもに心構えをさせたいと考えます。でもそのためには、子どもと複雑な話題について話し合うことに前向きでなくてはなりません。

では、母親はほかにどんな対応ができたでしょうか。エベリンの話を聞いて動揺した母親は、まずは自分の感情を整える時間を取る必要があります。そうすれば、衝動的ではなく、意識的に対応することができるでしょう。母親が深呼吸する間を取ってから対応するとどうなるかを見てみましょう。まず母親は質問します。

〇青信号

母　親：あんなことを言われて、どんな気持ちだった？

エベリン：わからないけど、どぎまぎした。ユダヤ人とナチスが手を組むとか、ユダヤ人がメディアを牛耳ってるとか、どうしたらそんな発想になるの？　私、かなり戸惑っているように見えたと思う。ほかの女の子たちが「世間知らずのブージーだね」って言ってるのも聞こえてきて。

母　親：ブージー？

エベリン：ブルジョアってこと。

母　親：まあ。（ひと呼吸おく）。それで、エベリンはどんな気持ちだったの？

エベリン：すごくいやな雰囲気で、その場から逃げ出したかった。「俺のルームメイトもユダヤ人だけど、同じ考えなんだ！」って面と向かって言われたから、私がユダヤ人だってわかってたんだと思う。

母　親：どんな気分がした？

母親は、大学生に言われた内容については後回しにし、まずはエベリンの気持ちに注目しています。

エベリン：最悪。からだがほてってきた。うなずいてただけなんだけど、同感と思われたらいやだなって思うと、どうしていいかわからなくなった。気まずくて、恥ずかしくて……。

母　親：どうして恥ずかしいと感じたの？

エベリン：自分の意見をはっきり言えなかったから。イスラエルの建国やホロコーストについて間違った意見を正せなくて、おじいちゃんに申し訳ないなって。あんなことを言う人がいるなんて知らなかったことも恥ずかしかった。イスラエルについて、ヒトラーがユダヤ人にしでかしたこと以外に、私が知らないことがあるのかもって混乱してきて。くだらない質問だと思うけど、どうしてユダヤ人がメディアや金融業界を牛耳っているなんて言うんだろう？

母親はまず、大学生に言われた内容に踏み込むよりもエベリンの気持ちに注目しているので、エベリンは自分がどんな気持ちを味わったのかを振り返る余裕を持てています。17歳にもなれば、いろんな考えを表現できます。エベリンもおどろきや恥ずかしさなど、自分でも意外な気持ちを味わったことに気がついています。自分の気持ちを認めるのはかんたんではありませんが、母親が意見をはさまずに耳を傾けてくれているので、エベリンは自分の気持ちを言葉にできています。

母　親：自分の経験を一歩ひいて見て、疑問を持つことができていて、とても感心よ。ママでも答えられない質問が多いわね。ママも大学生の頃、ユダヤ人へのいやがらせを受けたことがあったわ。古代文明の授業のなかで、ユダヤ人とイエス・キリストの関係性について話し合っていると、ある学生が「ユダヤ人がキリストを殺した」と言ったのを、教授は訂正しなかったの。それが真実でないとわかるまでに長い時間がかかったから、しばらく後ろめたい気持ちで過ごしたものよ。ほかにも、サークルのパーティーで酔っぱらった数人の男子がコインを床に投げて、「おい、ユダヤ女は拾わないのか？」って言われたこともあった。ショック過ぎて、どうしていいかわからず、その場を逃げ出して、学生生活のあいだじゅう、そこには行かないようにしたな。

母親は、エベリンが気持ちを処理できていることをほめてから、これまで打ち明けたことのない経験談を話すことで、エベリンの感情を受け入れています。

エベリン：へえ！　ママにもそんなことがあったんだ。腹が立った？

母　親：もっと腹を立てるべきだったんだろうけど、ユダヤ人であることが問題かのように感じられて、不安や後ろめたさの方が大きかったわね。だから、エベリンとこんな話ができて、とてもうれしいのよ。

母親は自分がいやな目にあった話をすることで、エベリンの気持ちを受け入れるだけでなく、偏見の目で見られたときにわき起こる、やっかいな感情（今回のケースだと後悔も）についての話し合いへと導くことができています。

エベリン：ユダヤ人がメディアを牛耳ってるという話はどう思う？

母　親：くだらない質問なんてないんだからね。メディアや金融業界で働いてるユダヤ人はたくさんいるし、法律、医療、政治の世界にも大勢いる。それは事実。でも、ユダヤ人がメディアや金融業界を牛耳ってるというのは、ユダヤ人を攻撃する人たちのお決まりの言い草なのよ。キリスト教徒はお金を貸すことを禁じられたのに、ユダヤ人はそうではなかった中世の時代から言われ続けている、いわば陰謀論ね。金融業に長《た》けたユダヤ人もいただろうけど、かなり貧しい生活を強いられたユダヤ人もいた。ユダヤ人を金持ちで欲深いと決めつけるのは、反ユダヤ主義のお決まりのパターン。ナチス支配の時代には、お金が入った袋を大きな鼻で持ち上げているユダヤ人の風刺画が描かれたりもしたけど、いまだにそんなことを言われるなんてショックよね。

エベリン：今に始まったことではないのね？

母親は、エベリンが体験したことをより大きな文脈でとらえ、残念ながらよくあることなのだと説明しています。

母　親：そうなの。だからといって状況がよくなったり、対処しやすくなったりするわけではないけれど、大切なのは、自分がどういう人か、何を信じ、何を守りたいか、どうやってそれを実現したいかを知ることね。そうすることで、強い自信を持てるようになるの。ユダヤ人やそのほかの少数民族について、憎しみいっぱいの思想を広めようとする人たちはいて、たんに無知な人もいれば、怒りや憎しみを持っている人もいる。むずかしいのは、そのことを自分がどう感じ、どうしたいのかを理解することね。

母親はエベリンの感情に話を戻し、ほかの人が抱いている偏見や感情を結びつけています。どんなふうに話を進めるかは、あなた自身の価値観（2章「ロードマップ：子育てで大切にしたい価値観の確認」を参照）にもよるでしょう。この会話で大切なのは、親が伝える価値観や考えを通して、子どもが自分の経験を処理できていることです。

エベリン：どうしたらいいんだろう？　いろんな感情があるな。絶対にこの大学を受験したいって思ってたけど、あたたかく迎えてくれないんだったらいやだな。

母　親：いろいろ自分なりに考えて、えらいね。パパとママが決めるわけにはいかないから、エベリンがいろんな要素を考慮して、自分で決めてほしいなと思ってるよ。今朝の出来事から学びがあるとしたら、大学に入ったら、不愉快なものも含め、実にいろんな考え方にふれるってことね。その傾向が強い大学とそうでないところがあるだろうけど。

母親は、大学を選ぶのに今回の出来事をどれくらい考慮に入れるかはエベリンにまかせ、エベリンがどんな選択をしても両親としてサポートするという考えを明確に伝えています。子どもの進路について、もっとはっきり意見したい親もいるでしょう。その場合は、シナリオとは違う会話がくり広げられるでしょう。

エベリン：どうしたらいい？

母　親：考え方によるわ。ママのときは、パーティーの場から逃げ出して、偏見だらけの男子たちを追及することもなかったけど、もっと強い態度に出る人もいるだろうね。ママはユダヤ人であることを誇りに思っているし、ユダヤ人だからというだけでひどい目にあったおじいちゃんのことは絶対に忘れたくない。パパもママも、エベリンにはユダヤ教徒であることに胸をはってもらいたいと思ってるよ。

エベリン：魅力的なライティング・プログラムがあって、キャンパスもすごくきれいだから、この大学に行きたいと思ってた。政治にもそこまで関心はないし、あまり気にしなくてもいいのかなって思えてきた。

母　親：ほかのだれかの不愉快な言動まではどうすることもできない。でもよく聞いてちょうだい。そうした言動にどう対応するかは自分で決められるの。そんなに気にならないなら、無視して、やり過ごせばいい。ママもそうすることもあって、うまくいくことが多いわ。でも、何か行動を起こすこともできる。キャンパスには学生団体があるから、こうした問題への対策を相談してもいいしね。それに、世のなかには大学はごまんとあるのだから、エベリンが楽しいと思える大学がひとつしかないってことはないのよ。

母親は、ほかの人の言動まではコントロールできないけれど、それらの言動に自分がどう反応するかは、よく考えて選択できるというメッセージを伝えています。

エベリン：そうかもね。あ～あ、考えないといけないことがいっぱい！

11章
分断する社会についての会話

これまでもずっと、民主主義の社会には、様々な意見や声が存在してきました。しかし昨今は、広く意見が一致する事実や前提が減り、対立した考えを持つ人々の隔たりは広がるばかりです。根本的に意見が異なる家族がいると、行事などで家族全員が集まる場が苦痛に感じられることもあり、食卓に政治を持ち込まないとする家庭もあります。

意見の対立以上に親が不安をおぼえるのが、過激な物言いです。政治家をはじめとするリーダーたちが、やたらと人々の恐怖心をあおろうとするさまは、目にしたことのない域に達しています。21世紀にもなって、クー・クラックス・クランのような人種差別主義団体が、ＳＮＳを使いこなし、選挙で選ばれた公職者にリポストされる喜びを味わうのはもとより、あえて首都ワシントンに姿を見せるなど、10年前に想像できた人はいるでしょうか。ＳＮＳのおかげ（せい）で、こうした悪意のこもったメッセージにふれる機会は増える一方なのに、古くからの伝統である「報道の自由」——誹《ひ》謗《ぼう》中《ちゅう》傷《しょう》、権力乱用、陰謀説への何よりの抑止力となってきた——への風当たりが強まっています。またたく間に拡散するフ

エイクニュースや不正加工された動画がこれに追い打ちをかけ、アプリを自分好みにカスタマイズして情報を得るという新たな習慣も社会の分断をあおっています。

アプリを開き、テレビをつければ、憎しみ、感情的な言動、恐怖心をあおるコンテンツが押し寄せ、はげしい意見の相違や敵意がはびこるこの時代、どうすれば親は子どもに安心感を与え、節度や理性を持ってふるまえるよう導けるのでしょうか。社会や民主主義の分断について子どもと会話するのはかんたんなことではありません。というのも、感情と同じで、子どもに自分の考えや意見を持たせたくても、親自身の考えや意見がそれをじゃましてしまうおそれがあるからです。

子どもにはいろんな意見や考えにふれ、それらを自分の価値観（親から学ぶものも含めて）をもとに、賢く選別できるようになってもらいたいと親は考えます。そうすることで、子どもは独自の人生を切り拓くことができるのです。では、情報をふるいにかけるのを手助けするには、どうすればよいのでしょう。フェイクニュースにまどわされず、信頼できる情報源を突き止められるようになる、れっきとした事実とだれかの意見をしっかり区別できるようになる、そのためにはどうサポートすればよいのでしょう。万が一、子どもが親とまったく異なる考えを受け入れたなら、そして、その考えが極端なほど過激であったなら、どうすればよいのでしょう。

本質的な会話のすべてにいえることですが、重要なのは子どもの年齢や成熟度です。小学1年生の子どもに、政治の複雑な事情まで理解することは期待しないでしょうし、よりくわしく理解できるであろう10代の子どもでも、ときに衝動的な言動をすることがあるでしょう。成長するにつれて、子どもはものごとの微妙な違いや、この世の白黒をつけられない、または善悪では判断できないものについても理解できるようになります。ほとんどの子どもは、親の考えや意見にだけふれて幼少期を過ごしますが、学校に入れば、実に様々な考え、知識、言動にさらされ、人々の違いに疑問を持ち、折り合いをつけていきます。

思春期になると、自分のアイデンティティ（独自性）を追い求めるようになり、自覚しているにしろ、いないにしろ、その探求が10年以上続くこともあります。親の考えは古くさいと反発して真逆の考えを取り入れる子もいれば、親や家族の世界観の枠内にとどまろうとする子もいます。そのため、10代の子どもとの会話は、最初は「感情コーチング（感情を見分け、感情表現を整えさせ、制約をもうけ、問題解決の手順を進める）」で始まりつつも、道徳的・倫理的・法的な内容に踏み込んだものになることも多いでしょう。社会正義についての会話（10章）と同じく、ここでも「子育てにおける価値観」が重要な役割をはたします。

子どもとの会話を始める前に、ご自身に次の3つの質問をしてください。

●このテーマに個人的な主張や強い思い入れはあるだろうか。子育てで大切にしたい価値観は、フェイクニュースや攻撃的な物言い、過激な考え方と関係する部分はあるだろうか。どういう考え方に自分は不快感をおぼえるのか。子どもがその類の意見を口にしたら、どう感じるだろうか。どこまでの態度や行動であれば、受け入れられるだろうか。

●配偶者やパートナーの受け止め方は、自分と同じだろうか。それぞれが経験してきたこと、期待するもの、価値観、性格の違いを踏まえ、どんな意見を持ち、どんなアプローチ方法を取りたいか、よく話し合いましょう。同じ考えを持って、子どもとの話し合いにのぞめそうでしょうか。

- こういう話題について、子どもはどれくらい理解しているだろうか。どうすれば、子どもの年齢に合った会話ができるだろうか。子どもは何か具体的な出来事に不安を感じているのだろうか。どんな会話をすれば、子どもの不安をやわらげられるだろうか。

シナリオ1　学校内での分断

カレンの息子オーエンは小学2年生になったばかり。大統領選が予定されている年なので、小学校でも模擬選挙を行うことになりました。民主党、共和党、無党派など、それぞれの「候補者」が自分の方針について演説します。5年生のある児童がすくっと立ち上がり、集まった児童たちに向かって、「地球にとって最大の脅威は気候変動だ。人類を守る対策が取れるのは、わが党しかない」と言い切ります。すると別の児童が、「うそつけ！　気候変動なんてでたらめだ！」と叫んだので、先生が「静かに！」と注意します。次の候補者が起立し、「今のアメリカの最大の問題は、移民が〝本物の〟アメリカ人の仕事をうばっていることだ」と主張します。すると別の児童が立ち上がり、「それは違う！　この国にとって移民は大切だ。おれの両親は移民なんだぞ！」と叫んだので、先生が駆け寄り、「静かにしないと、ここまでにしますよ」とたしなめます。３人目の候補者が、テロリストなど危害を加える者たちから国を守るには、強大な軍事力を確保すべきだと語ります。児童たちがざわついたため、校長先生は集会を終わらせます。

オーエンは混乱し、戸惑った様子で帰宅します。集会の後、校長から保護者宛てにメール連絡があったので、両親は学校での出来事を知っています。メールには、はげしい意見を述べる児童がいて子どもたちの気持ちが高ぶっていること、担任の先生からは選挙や言論の自由の大切さについて話をしたとあります。夕食を食べながら、両親はオーエンの思いを聞き出します。

○青信号

父　親：オーエン、今日の模擬選挙はどうだったんだい？

オーエン：うーん。（低い声を出す）

母　親：ママもオーエンくらいの年齢の頃、模擬選挙をしたことがあるよ。だれの言ってることが正しいのか、たくさん議論したわね。

母親はオーエンが不安そうにしているのには気づいていますが、あまり強引に話を進めたくはありません。オーエンの気持ちを受け入れようと、模擬選挙にまつわる自分の体験談を話します。

オーエン：休み時間になっても、みんな言い争ってた。

父　親：それはどうしてなんだい？

父親は自分の意見や考えをさしはさむことなく質問し、学校でどんなことがあったのか、そのことをオーエンがどう感じているかを把握しようとしています。

オーエン：だって、だれもほかの人の意見を認めようとしないんだよ。結局、だれが選挙で勝ったのかわからなかった。政治は面倒くさいなあ。

政治は重要だと考えている父親はこの発言に同意できませんが、反対意見を口にすると会話が止まってしまうので、この場ではそれを指摘しません。それよりも別の質問をして、オーエンの意見を聞き出すことにします。

父　親：そんなにヒートアップしたのかい？

オーエン：うん。ダンがジェームスに殴りかかって、ティアナがふたりに向かって叫んで、わけがわからなくなった。ジェームスのこともダンのことも好きなのに、ふたりとも相手にめちゃくちゃ怒ってた。

母　親：まあ。それでオーエンは今どんな気持ちなの？

オーエン：模擬選挙を始めた先生にも、大声で叫んでた子たちにも、腹が立つ！　言い争いがその後どうなったのかも心配だよ。

母　親：腹が立つと、オーエンはどうなるの？

多くの人がそうであるように、オーエンは自分の気持ちよりも、何があったのかを話したがっています。でも母親は、模擬選挙が混乱したのも、オーエンが不安がっているのも、子どもたちの感情が高ぶったからだと考え、気持ちに注目して会話を進めます。

オーエン：からだが熱くなって、ジェームスが「移民はなまけ者だ」って言ったときには、みんなと一緒に叫んだよ。だって、ママも移民なんでしょ？

母　親：へえ。からだがほてって、腹が立ったから、大声を上げたのね。そうよ、ママはオーエンの年齢くらいの頃に、アイルランドからアメリカに移ってきたの。学校に通い始めると、ほかの子たちの発言に傷ついたこともあったわね。

オーエン：どうしてジェームスはあんな言い方をしたのかな？

母　親：どうしてかはママにもわからないけど、ジェームス本人に聞いてみることはできるよね。きっと、まわりの大人がそう言ってるのを聞いてたんじゃないかしら。移民について、事実とは違う、ひどい言い方をする人たちもいるからね。オーエンはそんな物言いに腹が立ったんでしょ。

母親は自分の体験談とともに、なぜこんなことになったのかをオーエンが理解できるように説明することで、オーエンの傷ついた感情や腹立ちを受け入れています。

オーエン：そう！　ぼくだけじゃなくて、大勢の子が叫びながら跳びまわってた。

父　親：不愉快な思いをした子は、ほかにもたくさんいたんだね。

オーエン：でも、ジェームスと同じ考えの子もいたよ。

父　親：はっきりした意見を持ちながら、敬意を持って話し合えない人というのは、やっかいだよな。おたがいに敬意を持って話し合う大切さについて、先生たちから話はなかったのかい？

父親は、口論やけんかは恐ろしいというオーエンの気持ちを受け入れてから、相手を尊重した話し合いにふれ、学校ではどんなふうに取り上げているかを知ろうとしています。

オーエン：言い争いはやめて、おたがいの意見をよく聞きなさいとは言ってた。

母　親：だれだって自分の考えを言いたいし、自分の発言に耳を傾けて、尊重してもらいたいものよ。自分は受け入れられてないのかなとか、浮いてるのかななんて思いたくないでしょ。

オーエン：ママもそんなふうに感じることあるの？

母　親：人を傷つける言い方をする人がいると、たまにね。

　母親は、ひどい言い方をされて傷ついた経験談を話すことで、オーエンの気持ちを受け入れています。

オーエン：そんなひどい発言が許されるのはどうして？　ママはぼくに、だれかに大声を上げるのも、意地悪なことを言うのもだめだって言うよね。

父　親：（オーエンのそばに来て、抱きしめる）今、とても大切なことを言ったね。すばらしい疑問だ。だれだって、恐怖や怒りを感じることがあるだろう？　パパが子どもの頃、ちょっと変わった話し方をする転入生がいてね。持ってくるお昼ごはんもほかの子たちとは全然違った。でも、とても賢い子で、バスケットもとても上手だった。バスケのチームに入れなかったパパの友だちは、「あいつが自分のポジションをうばった」と腹を立てて、仲間に声をかけて、その転校生にいたずらをしたり、昼休みに一緒に過ごすなと言ったり、悪口を書いたメモをロッカーに入れたりしたんだ。

オーエン：それでどうなったの？

父　親：その転入生は1年後に学校をやめちゃった。今では名前もおぼえてないけど、あんなことをして申し訳なかったとパパは後悔してる。ちゃんと味方をしてあげられなかったことが、とても心残りだよ。

父親は、どうしてひどい言い方や意地悪をする子がいるのかを説明するために、自分の子ども時代の体験談を話しています。子どもに複雑な問題を理解させたいとき、エピソード——特に、親自身の体験談——を話すのは効果的です。ここで父親は、子どもの頃は後で悔やむようなことをしてしまいがちだと伝えたかったのです。

オーエン：わかった。でも、それと模擬選挙は関係あるの？

母　親：（笑いながら）いい指摘ね！　パパが言いたかったのは、相手が傷つくようなひどいことを言うのは、ねたみや怒り、恐怖を感じているからってこと。もちろん、人と違う意見を持つのは問題ないのよ。でも時々、変化やよく知らないものを恐れる気持ちから、自分と違う考えを無視したりブロックする人がいるの。すべて自分が慣れたものでないと安心できないのかもね。だから、自分も思っていたけど口に出してはいなかったひどいことをほかのだれかが口にすると、わが意を得たりとなって肩をもつのよ。

オーエン：よくわからないよ。意地悪するのは問題ないってこと？

父　親：いいや。人と違う意見を持つのは問題ないけど、相手を傷つけることを言ったり、口論をふっかけるのはよくない。でもたまに、ねたみや怒り、恐怖心から、そんなことをする人がいるんだ。

オーエン：なるほど。時々、意地悪なことを言う子がいるのは、恐怖心やねたみがあるからか、ただの意地悪だからってことだね。

母　親：そのとおり！（オーエンとハイタッチする）

その後、母親は寝かしつけのためにオーエンの部屋にやって来ます。まだオーエンの心にひっかかっていることがないか、問題なく眠れそうかを確かめたかったのです。寝かしつけの時間は、子どもの気持ちが落ち着いたかどうかを確かめるのによいタイミングです。

母　親：オーエン、今日はいろんな気持ちを味わったね。今はどんな気持ち？

オーエン：だいぶましだけど、明日どんなことになるのか心配だな。選挙が終わるまで、みんなの言い争いは続くのかな？

母　親：これから先のことはわからない。（オーエンを抱きしめる）。でも、ママとオーエンだけでできることはあるよ。どんなふうに友だちに接したら気分がよいかを一緒に考えるの。ほら、ジェームスが移民についてひどい言い方をしたり、みんなが大声で言い合いを始めたりしたら、どうしたらいいだろうね。

母親は、状況がすぐよくなると期待させるのではなく、学校でまた言い争いが起きたときに無力感にとらわれないためにはどうしたらよいかを一緒に話し合おうと提案しています。「気分がよくなる友だちへの接し方を考える」を目標に、問題解決の手順に取りかかります。

オーエン：「それはひどいよ」「けんかはやめなよ」って言うのはどう？

母　親：いいわね！　ママがアイデアを書き出していくね。どうしてひどいと思うのかをきちんと説明するのもいいよね。

オーエン：その場を立ち去るのはどうかな？　けんかが始まりそうなときはその場を離れなさい、ってママも言ってたよね。

母　親：（うなずいて、アイデアを書き出す）。先生にお願いして、相手を尊重した話し合いをするためのルールづくりをするのはどう？

オーエン：ママが学校に来て、みんなの前で移民について話をするのはどう？

母　親：よろこんで行くわよ！　支持政党の異なる保護者に声をかけて、考えが違っても相手を尊重して話し合えるところを、子どもたちの前で見せるのもありかもね。

オーエン：どのアイデアもいいね。

母　親：だよね。

母親はふたりで出し合ったアイデアをまとめます。

オーエン：（首をふって）もう疲れたよ。

母　親：そうよね。大変な1日だったし、いっぱい頭を使ったものね。でも、オーエンは自分でどうにかしようとしていて、ママはとても感心したわ。先生への伝え方は、明日の朝考えることにして、あの本の続きを読もうか！（母親はしばらく、本を読み聞かせます）

話し終えて、眠たそうにしているオーエンを見て、母親は明るい調子で会話を終わらせます。アイデアリストは、オーエンが寝てから台所の冷蔵庫に貼っておき、翌朝、オーエンが登校前に目にするようにします。学校から帰ってきたら、どのアイデアを実行したか、どんな効果があったかを話し合い、必要に応じて、アイデアを微調整するとよいでしょう。

シナリオ2　事実を確認する大切さ

感情が高まり、社会にひびが入ったように感じるときは、とりわけ事実が重要となります。しかし、人々が好き放題にふるまえるデジタル空間で事実を突き止めるのは容易ではありません。大人でさえ「真実」をとらえづらいと感じるこの時代、子どもにとってはなおさら理解しにくく、混乱することもあるでしょう。

✕赤信号

両親は3人の子ども（小学校6年生のヴィクトリア、3年生のテイラー、1年生のライリー）を夕食に呼びます。ヴィクトリア（愛称・ヴィッキー）が最後に降りてきて、ようやく全員が食卓にそろいます。

ヴィッキー：（興奮して）ちょっと聞いてよ！　明日予約してるインフルエンザ予防接種を今すぐキャンセルしないと！　注射を打った子たち、次々と具合が悪くなってるんだって！

（ヴィクトリアが両親に手渡したスマホ画面には、「アメリカ疾病予防管理センターの医師へ：インフルエンザ予防接種で大勢の死者が発生」という記事が表示されています）

父親：食卓につくのが遅いぞ。みんなを待たせて、失礼じゃないか。それに、いったい何の話をしてるんだい？　そんなのフェイクニュースに決まってるだろう。もっと自分の頭で考えられる子に育てたはずだけどな。

テイラー：そうよ、お姉ちゃんは何にも知らないんだから！

ヴィッキー：みんなの意地悪！　大嫌い！（台所のドアをバタンと閉め、ドタバタと2階に駆け上

がります）

（両親は顔を見合わせ、ため息をつきます）

父　親：テイラーもよけいなことを言うんじゃない！

テイラー：でも、よく考えろって言ったのはパパでしょ！

父　親：そんなつもりじゃなかったんだ。ヴィクトリアがフェイクニュースを信じ切ってることにおどろいただけだよ。

ヴィクトリアが食卓につくのが遅かったことに腹を立てた父親は、そんな話はフェイクニュースに違いないと決めつけ、ヴィクトリアを守りに入らせています。妹のテイラーが姉をからかったことも相まって、予防接種について話し合うどころか、ヴィクトリアが乱暴にドアを閉め、会話が終わってしまいました。親は、子どもがとんでもない発言をするなどして動揺すると、すぐに感情的になり、まったく相手にしないなど強引な対応を取りがちです。

フェイクニュースについて話し合うには、両親はどんなふうに対応すればよかったのでしょう。

〇青信号

小学校6年生のヴィクトリアが、なかなか夕食に降りてきません。ようやく降りてきたかと思うと、興奮しています。

ヴィッキー：ちょっと聞いてよ！　明日予約してるインフルエンザ予防接種を今すぐキャンセルしないと！　注射を打った子たち、次々と具合が悪くなってるんだって！

（ヴィクトリアが両親に見せたスマホ画面には、「最新の予防接種によって、多くの子どもが深刻なアレルギー症状や病気の症状に苦しんでいる」という記事が表示されています）

母　親：ヴィクトリア、ここに座りなさい。スマホを置いて、みんなで話し合いましょう。

ヴィッキー：話し合うって、何を？

父　親：いろんなことだよ。いったいどこでそんな記事を見つけたんだい？

両親はヴィクトリアが食卓につくのが遅れたことにはふれていません。そのおかげで、騒ぎとなっている、より深刻な問題に会話を進めることができています。食事に呼ばれたらすぐに降りてくるようにとの忠告は、翌日の朝食時に伝えることにします。

ヴィッキー：学校の友だちに教えてもらったけど、すでに大勢の人が見てる情報だよ。ていうか、みんなが知らないことの方がびっくりだよ。マンディのお母さんは、もう予防接種をキャンセルしたんだって。

母　親：あらま！　なんだか混乱してきたわ。ヴィクトリアは平気なの？

ヴィッキー：混乱するってなんでよ？　私は、むしろ注射を打つ前に知ってよかったと思ってる。注射を打ってから、病気になるかもって不安になるのはいやよ！

（妹のテイラーとライリーも相づちを打ちます）

テイラー：そんなのこわすぎる。注射なんてやだ！　注射がなくなったらいいな！

ライリー：やったあ、注射はなしね！

テイラー：明日は学校を休んで、パンケーキを作ろうよ！　注射の欠席届けはもう出したんだよね？

母　親：ちょっと待ちなさい。心配な情報だけど、これが本当かどうかまだわからないでしょ。もしかすると、フェイクニュースかもしれないのよ。

ライリー：フェイクニュースってなに？

父　親：そうだな……伝言ゲームをしたことはあるだろう？

ヴィッキー：うん、大好き！　みんなで円になって、最初の人が思いついたことばをとなりの人に耳打ちして、その人がその言葉をまたとなりの人に耳打ちしていって、最後の人がみんなの前で大きな声で言うんだよね。聞き間違うのか、わざと言い変える人がいるのか、最初と違った言葉になるのがおもしろいよね！

父　親：そのとおり。最初の人が言ったことばが真実だとしたら、最後の人が言うことばは、それがゆがめられたものになっている。それはニュースでもありうることで、とくにインターネットの世界では起こりやすい。まともな記事に思えても、事実かどうかを念入りに確かめなくちゃいけないこともあるんだ。

両親は、情報をかしこく取り入れる方法について、子どもたち全員に伝えられるよう会話を進めています。ネット上にあふれるフェイクニュースやデマを疑ってかかることの大切さを伝えたいと以前から考えていたので、今回の件がちょうどよい機会になったのです。でも、デマを信じこんでいるヴィクトリアにバツの悪い思いをさせないようにし、幼い妹たちでも理解できるように説明する必要があります。父親が伝言ゲームにたとえたことで、子どもたち全員が「情報はかんたんにゆがめられる」ということを理解できています。

ヴィッキー：（顔を真っ赤にして）パパ、なんで私の話を信じてくれないの？　これは本当なんだってば！

母　親：不満そうね。

ヴィッキー：そら不満だよ！　パパが信じてくれないからイライラする！

母　親：パパが疑ってかかるから、いら立ってるのね。

ヴィッキー：うん。どうして信じてくれないの？

父　親：パパもおまえの立場だったら、そんな気持ちになるかもな。でも、ヴィクトリアを信じてないいんじゃなくて、SNS上で目にするものすべてを信用してはならないと言いたいんだ。それに比べて、『ニューヨーク・タイムズ』など紙の新聞やテレビのニュース番組は信頼できる。報道にかかわる人たちが、いくつもの情報源にあたって、事実と単なるうわさ話をよく見分けているからね。ところが、FacebookやInstagramに流れてくる情報や、聞いたこともないウェブサイトにのってる情報は、本当でない可能性がある。しかも、事実でないと知りながら、わざとデマ情報を拡散させようとする人たちもいるからね。

ライリー：どうして？

父　親：間違った情報を正しいと信じこんでいる場合もあれば、わざと人をだまそうとしているのかもしれない。いいかげんな情報やフェイクニュースを流して、人の考えに影響を及ぼしたい人たちがいるんだ。にせのアカウントを作って、それを後押ししようとする人たちもいる。たんなるミスだったとしても、その情報が訂正されるまでに、大勢の人がその情報を信じて拡散させてしまっているかもしれない。

ヴィッキー：パパはどうして私の話がデマだと思うの？　そんな気がするだけじゃないの？

父　親：正しい情報かどうかを確かめる方法はあるんだ。実は、パパも予防接種で病気になるって情報を見て、心配になって調べてみたら、フェイクニュースだとわかったんだ。だれが何のためにそんな情報を流したのかはわからない。だけど、いろんな悪影響をひきおこしかねないよな。

（ヴィクトリアは腕組みをして、父親を見上げています）

父親：こうした情報が事実かどうかを確認できるウェブサイトがあるし、自分で情報源にあたってみることもできる。今回の場合だと、アメリカ疾病予防管理センター（CDC）の名前が出てきたから、まずはCDCのウェブサイトを確認した。どんなふうに調べたのかを知りたいかい？　よし、お皿を片づけて、ノートパソコンを使って説明しよう。

少ししてから、父親は娘たちをパソコンのまわりに呼び寄せ、事実確認に使ったウェブサイトを開きます。ヴィクトリアも画面をスクロールし、予防接種で病気になるとの情報はデマだと理解できました。父親がヴィクトリアを抱きしめます。ところが次の画面を開いたところで父親が身を乗り出します。事実だと思っていた別の件が、でたらめだとわかったのです。

父親：なんと、パパもフェイクニュースにひっかかってたよ！

ヴィッキー：ひっかかるのは子どもだけじゃないんだね！

父　親：そうだな。事実とだれかの意見を見分けるのは、だれにとってもかんたんじゃない。率直に言ってくれて、ありがとう。

父親は事実確認することの大切さを子どもたちに説明した上で、自分もフェイクニュースにひっかかっていたと打ち明け、大人もだまされる可能性があることを伝えています。事実と人の意見の違いについて伝えたいときにこうした会話をすると、子どもたちは、インターネット上で目にするものすべてを信じてはならないということを理解できるでしょう。

父　親：ほかに聞きたいことあるかい？　今のように情報があふれる時代は、それが事実かどうかを確認する必要がある。見聞きした情報について、本当かどうかがわからないときは、いつでもパパとママに相談しにおいで。一緒に確認しよう。

シナリオ３　親子で意見がぶつかるとき

「家とは、あなたが帰らなければならないときに受け入れてくれる場所である」と書かれたマグネットが冷蔵庫にはられているのを見たことはありませんか。まったくそのとおりなのですが、家が心休まる場所であるためには、自分たちの考えや価値観が受け入れられる場にしたいものです。家族が自分とは違うふうに世界を見ていることがわかると、強い違和感をおぼえてしまいます。

ジルは、最初の結婚でもうけた子どもトリー（14歳）と現在の夫ジャスティンと暮らしています。若くして結婚し、離婚したのはトリーがまだ2歳の頃でした。5年前にジャスティンと再婚し、夫婦は自分たちの子どもを授かりたいと思っていました。ようやく妊娠したのですが、初期の超音波検査で、おなかのなかの赤ちゃんには重度の遺伝的異常があり、生まれても数日以内に亡くなるだろうと告げられます。話し合いを重ねた結果、妊娠13週目で中絶を受け、夫婦は大きな悲しみに包まれます。ところがトリーは、中絶を選んだ両親に腹を立てます。

数週間後のある日、トリーは母親に電話で、「放課後は友だちのミケイラの家に遊びに行く」と言うので、母親は「わかった。でも6時までには帰宅しなさい」と伝えます。その夜、母親が仕事から帰る途中、携帯電話が鳴ります。友人のリンジーから、「市内の家族計画クリニックの前でデモ活動に参加しているトリーを見た」と知らされ、怒りが込み上げます。6時45分になって、ようやくトリーが帰宅します。その音を聞きつけるやいなや、母親はトリーを責め立てます。

✖赤信号

母　親：トリー、どうしてうそをついたの？

トリー：うそって何のことよ。

母　親：知らんぷりはよくないわよ。自分のしたことくらい、よくわかってるでしょ。家族計画クリニックの前でデモ活動に参加していたところをリンジーに見られてたのよ。電話ではミケイラの家に行くって言ってたわよね？　それに6時までに帰りなさいって言ったのに、守れてないじゃない！　まったく信用できないわね。1週間、外出禁止よ！

トリー：（泣き叫びながら）ママはなんにもわかってない！　私の妹を殺したくせに！

母　親：（トリーを追いかけて）なんて言い方をするの！　あんたの方が何もわかってないのよ！

母親にほおをはたかれたトリーは2階に駆け上がり、部屋のドアをバタンと閉め、鍵をかけます。母親はドアをはげしくたたき、トリーはベッドの上で泣きじゃくります。

1階に下りてきた母親は、娘だけでなく自分が取った言動にもゾッとさせられます。そして、妊娠したことや、悲しい結末をむかえた夫婦の決断について、トリーにきちんと伝えていなかったと、はたと気がつきます。子どもが政治的な活動にかかわるとは思いもよらず、妊娠中絶について話したこともありませんでした。家族は〝元カトリック信者〟なのでめったに教会に行きませんが、最近、教会のユースグループに参加しているトリーは、ひとりで礼拝に参加することもあります。トリーがデモに参加したのは宗教的な思い入れからなのか、母親が中絶したことへの怒りからなのか、母親はよくわかっていません。

最初から仕切り直すことにした母親は、帰宅した夫に何があったのかを話します。母親は感情的になり、トリーの発言にショックを受けたところなので、トリーとも仲のよい父親が話し合いをリードすることにします。父親はトリーの部屋をノックし、「ふたりでごはんを買いに行かないか」と誘います。

車のなかで、父親が切り出します。

○青信号

父　親：いろいろあったんだって、ママから聞いたよ。

トリー：その話はしたくない。

父　親：でも、言っておきたいことがあるんだ。どうしてママが中絶したのか、その理由をトリーにきちんと説明してなかったよな。

父親は、自分たちに非があることを伝えています。対決姿勢を取ると、トリーが話さなくなり、会話が終わってしまうとわかっているのです。

トリー：中絶しなくたっていいじゃない！

父　親：そんなに怒ってるのか。今はどんな気持ちなんだい？

父親はトリーの調子に乗せられて意見を言い合うことはせず、あくまでもトリーの感情に注目しています。

トリー：パパにはわからないよ！　妹がいなくなって、ものすごく腹が立つし、とても悲しい。

父　親：教えてくれてありがとう。妹をなくしたことに、とても腹が立って悲しいんだね。それは、ママとパパも同じだよ。

父親はトリーの気持ちを理解していること、さらには、理由は違えど両親も同じ気持ちを味わっていると伝えます。

トリー：じゃあ、どうして中絶なんかしたの？

父　親：（深呼吸をしてから）パパとママは赤ちゃんがほしかったたし、トリーにも妹がいたらいいなと思ってた。だから、ママが妊娠したときは、ものすごくうれしかった。ところが、ママが検診を受けに行くと、血液検査の結果を見たお医者さんから、「おなかのなかの赤ちゃんには深刻な問題があるようです」と言われたんだ。もちろん、何かの間違いじゃないのか、本当なのかと確認したさ。ママは超音波検査とほかにも3つの検査を受けた。するとお医者さんは、「赤ちゃんが正常に成長していないので、生まれたとしてもすぐに死んでしまうでしょう」とはっきり言ったんだ。いろいろ調べたけど、赤ちゃんは生まれたとしてもいろんな問題があって、2~3日しか生きられないとわかった。だから、しょうがなく中絶を選択したんだ。おなかのなかの赤ちゃんにもママにも、これ以上つらい思いはしてほしくなかったからね。

両親は、14歳のトリーなら、中絶に至った医学的な話も理解できるだろうと考えました。

トリー：でも、おなかのなかの赤ちゃんの命をうばうのは殺人だよ！

父　親：（深呼吸をしてから）そう考える人もいるけど、ぼくたちは違う。おなかのなかの赤ちゃんを人間ととらえる人もいれば、そうじゃない人もいるんだ。というのも、少なくとも妊娠してから5カ月くらいまでは、赤ちゃんは子宮の外では生きられないからね。パパとこんな話をしたくないだろうけど、トリーも毎月生理になるだろう？　生理になるってことは、卵が受精せず、赤ちゃんができなかったってことなんだ。だから、避妊することを中絶ととらえる人もいるけど、ほとんどの人は、自分たちがしっかり責任を持って育てられるだけの子どもを持つ上で、避妊は不可欠と考えている。これはとても複雑な問題で、トリーにも意見があるだろうけど、ほかの人の意見に耳を傾けることの大切さもわかってもらいたいな。

父親は、「ていねいな会話」のお手本を示そうとしています。感情的になりやすい話題をするときには、とくに重要です。

トリー：でも、うちの家族はカトリック教徒で、中絶は殺人と同じだって教わるよね。

父　親：カトリックの教義にもいろんな考え方があって、中絶に反対する人もたくさんいる一方で、中絶するかどうかの判断は、ほかのだれでもなく母親自身が選択すべきだと、中絶を支持する人たちもいるんだよ。

（しばらく黙ったまま、運転を続けます）

父　親：赤ちゃんを失ってどれだけ悲しい思いをしているか、もっとみんなで話し合えばよかったね。トリーがこんなにも強い思いを持っていたとは、ママもパパも知らなかった。もっと早い段階で話をしていればよかったよ。

父親は、「喪失感」という大切なテーマにもしっかりふれています。

トリー：（泣きながら）また赤ちゃんはきてくれるかな？

父　親：もちろん、ママもパパもそれを望んでるよ。今回のようなことはめったにないケースで、お医者さんも「ママはまた妊娠できる」と言ってくれてるよ。

トリー：おなかの赤ちゃんに「さよなら」って言えなかったのは悲しいな。

父　親：そうか。いまでも悲しいと思ってるんだね。

父親はトリーの悲しい気持ちを受け入れ、理解していることを伝えています。

トリー：うん。ここ とか、ここ とか、このあたりがね（目、おなか、胸を指さす）。
父　親：よし、この話はまた後で、ママも一緒のときにしよう。いいかい？
トリー：（うなずく）

この会話で父親が「していないこと」に注目してください。トリーが母親にうそをついたこと、門限をやぶったこと、母親に声を荒らげたことには、一切ふれていません。感情が高ぶっているところにこれらの話を持ち出せば、気恥ずかしさからトリーが身構えてしまい、冷静な話し合いができなくなると考えたのです。これらの点については、少し時間をおいてからふれることにしています。

夕食後、母親から「少し話せる？」とトリーに聞きます。

母　親：トリー、さっきはひどい言い方をしてごめんね。トリーの物言いにすっかり動揺しちゃって。でも、デモに参加することを言わなかったのはどうして？

数時間おいて気持ちが落ち着いた母親は、トリーにあやまってから、トリーが取った行動について冷静に話しています。

トリー：話したところで、ママは理解してくれなかったでしょ。

父　親：どうしてそんなふうに言うんだい？

トリー：（父親を見て）この話はさっきもしたんだよ。

母　親：意見が違うからママが怒るとでも思ったの？　ママもパパも、トリーの意見や考えを尊重しているし、いろんな考えにふれてほしいと思ってるのよ。中絶について話してこなかったのは、トリーはそんなに関心がないと思ってたから。妊娠してからいろんなことがあって、ゆっくり話し合うことができてなかったけれど、ちゃんと話し合うべきだったわね。

母親は、家族が異なる意見を持つのは問題がないことで、それよりも自分たちの意見について話し合うことの大切さを伝えています。

トリー：じゃあ、デモ活動には行ってもいいってこと？

父　親：その話だけど、ママにうそをついたから、今週はよしなさい。パパやママが許してくれないと思っても、何をしようとしてるのか、まずはちゃんと話しなさい。それに、親から言われた時間までに帰宅すること。それができないなら、トリーがどこで何をしているか、常に監視しないといけなくなる。それはトリーもいやだろう？

トリー：それはひどいよ！

両親は、トリーのいろんな感情や意見を受け入れたいと伝えましたが、勝手な行動を見過ごすわけにはいきません。親として当然のことを言い、トリーが文句を言っても、考えを曲げていません。

母　親：ひどいと思うかもしれないけど、当然よ。子育てに責任を持つ親として、トリーがうそをつくのを見過ごすわけにはいかないの。ユースグループの活動についても、やりがいがあるみたいでうれしいけど、もっと話を聴かせてほしいな。それに何よりも、トリーのことが大切なの。だから、何か強い思い入れがあるなら、ママたちに話してちょうだい。内にため込むと、怒りや悲しみにつながりやすいからね。

母親は、説教じみた会話で終わらせるのではなく、トリーにとって大切なものについてもっと話を聴きたいとの思いも伝えています。

トリー：妹にさよならを言うこともできなかった……。

母　親：中絶する前に話せなくてごめんね。でも、本当にあっというまの出来事だったの。もっと時間をかけて向き合えたらよかったよね。ねえ、ママが妊娠していたことをおぼえておくいい方法はないかな？

母親はトリーの感情を受け入れ、行動に制約をもうけてから、赤ちゃんにさよならを言う（「ママが妊娠していたことをおぼえておく」）方法を一緒に考えることにします。

トリー：赤ちゃんに手紙を書きたい。

父　親：いいアイデアだ。手元に置いておいてもいいし、箱に入れて庭に埋めるのもいいよな。

トリー：庭に埋めたいな。ねえ、赤ちゃんにどんな問題があったのか、もっとくわしく教えてくれる？

きちんと計画を立てたので、トリーは赤ちゃんの病状についてくわしく教えてほしい、と母親にお願いできています。

母　親：いいわよ。でも今日はもうよしましょ。お医者さんからどんな話があったのか、週末に話してあげるわ。

トリー：わかった。ママ、ありがとう。

両親は、トリーは赤ちゃんのくわしい状況について理解できる年齢だと判断し、トリーが知りたがっていることをほぼすべて話すつもりです。でも今日はいろいろあって精神的にも疲れているので、続きは後日にします。

シナリオ4　子どもが過激な考え方をしたとき

民主主義において最も大事なことは、対立する意見をどうかじ取りするかです。過激な思想を持つ人の勢力が弱ければ、それもやりやすいでしょうが、過激主義者の声が高まっている昨今は、子どもに自分の価値観を確認させ、自分の主義に合った考えや行動を選ばせることが、ますます重要になっています。

高校3年生のマディソン（愛称・マディ）は、数カ月前にヴィーガン（完全菜食主義者）になると断言しました。両親に語ったところによると、保健の授業で、食べ物に含まれる毒素、とりわけ肉・魚・牛乳に含まれるホルモンを摂取すると肥満や早死の原因になると学んだため、これからは有機野菜を使った料理しか食べないというのです。ごはんの準備がややこしくなるため、両親はバランスの取れた食事をすすめます。マディソンはまた、動物の権利保護活動にも熱中するようになります。そんな娘を両親は心から歓迎しているわけではありませんが、社会問題に関心を持つようになったことはうれしく思っています。

ところがある朝、マディソンが泣きながら電話をかけてきて、すべてが一変します。昨夜、動物の権利保護を訴える若者たちが、とある大学の実験室に押し入り、実験用ラットを大量に逃したのです。その施設では伝染病の研究も行われているため、ラットに接触した住民は届け出るように、と地方紙の大見出しにもなっています。マディソンが電話をかけてきたのは、警察が学校に来て、襲撃についての取り調べに応じるよう言われたからでした。あぜんとさせられた両親は、弁護士を頼むようマディソンに伝え、警察署で落ち合うことにします。

娘が逮捕されるかもしれない、との考えにおびえている両親は、警察署の外のベンチに腰を下ろし、気持ちを落ち着かせます。法的な側面（娘が取り調べを受けて逮捕されるかもしれない）と、マディソンが過激な活動にかかわっていたことへのショックとは、切り分けて考えることにします。娘にはいつも、自分でよく考え、同情心や正義感にしたがって行動するよう言ってきましたが、ここまで危険な行動に出るとは想像もしていませんでした。

警察署に入ると、窓もないロビーで取り調べを待つマディソンが目に入ります。ひとりでプラスチックの椅子に座り、うつむいて古ぼけた床を見つめています。

○青信号

マディ：説教はやめてよ。

父　親：調子はどうだい？

マディ：どんな調子だと思う？

母　親：とても申し訳ないと思ってるんじゃないの？　こわい気持ちもあるのかしら。パパもママもとても心配してるのよ。

両親は心の準備をしていたので、おだやかに接しています。マディソンはこれからどうなるのかと不安なはずなので、自分たちの怒りの感情にはふれていません。

マディ‥（泣き出す）ラットの病気が人間にもうつるなんて知らなかったの。でも、動物を使って実験するなんて間違ってる！　あんな実験室、なくなればいいんだよ。動物は外に逃がしてあげるべきよ。

父親はマディソンの挑発的な物言いに反応してしまわないよう、深呼吸をします。今、父親が注目したいのはマディソンの感情です。

父　親‥今はどんな気分だい？

マディ‥ひどい気分よ！　これからどんな目にあうのかと思うと、すごくこわい。病気を広めてしまうラットを逃したのは悪かったと思うけど、怒りはまだおさまってないの。からだはわなわなと震えるし、吐きそうだよ。

父　親‥（マディソンを抱き寄せる）よし、みんなで一緒に深呼吸をしよう。事態はよくならなくても、気持ちが落ち着けば、どうしたらいいかを冷静に考えられるからね。10回深呼吸しながら、自分の足、床と接している靴、椅子に座ってる自分のからだをしっかり感じるんだ。1分間何も言わず、自分のからだに意識を向けてごらん。

（深呼吸で少し落ち着いた3人は、顔を見合わせます）

母　親：どうしてこんなことになったのか、パパとママに話してちょうだい。

マディ：ヴィーガンであることや革製品を着ないだけでは足りないって友だちに言われたの。自分の主義をもっと行動で示していかないとって。自分たちの主義にしたがって行動したら、あんなことになったの。

父親は動揺しますが、まずはマディソンの話を受け入れます。実際に取った行動については、後で話し合うことにします。

父　親：主義を持つのは大切だ。生きがいや、自分はどんな人で、どんな人でありたいのかという意識がはっきりするからな。

マディ：でしょ。なのに、私たちがしたことを警察に通報したやつがいてさ。あいつに見られなかったら、うまくやりきれたのに。

父　親：その方が気分がよかったと思うのかい？

マディ：それはそうだよ！　そしたら、こんなとこにいる必要もなかったんだから。

父　親：でも、伝染病の動物を逃したことへの後悔はあったんじゃないのか？

マディ：だから、知らなかったんだって！

父　親：研究室に押し入って、動物を逃がす。マディソンがしたことは違法なんだぞ。

父親は、マディソンが自分の非を認めようとしていないと感じたので、わかりやすい言葉で端的に言い直しています。

マディ：わかりきったことをどうも。

母　親：今、何より重要なのは、法的に守られるようにすること。ありがたいことに、友人のジョナサンが弁護士で、協力してくれることになったの。彼の話をよく聞くのよ。お金のことは、後でママたちが相談するから。

マディソンが弁護士と話しているあいだ、両親も警察署に残ります。無事マディソンは保釈され、訴訟も進みます。両親は、過激な活動にかかわったことについて、あらためてマディソンと話し合いたいと考えていますが、マディソンは学校からまっすぐ帰り、部屋にこもる日々が続きます。保釈されたときに、インターネットとスマホの使用状況が監視され、逮捕されたほかの友人とは会わないことが条件になっているのです。

数週間が経《た》ち、いくぶん状況が落ち着いてきた頃、両親はマディソンと話し合いの場を持ちます。

母　親：ここ数週間はかなりきつかったんじゃない？

マディ：ほんとそうだよ。学校中でうわさされてて、ヒーロー扱いしてくる子もいれば、話しかけてこなくなった子もいる。

母　親：今はどんな気持ちなの？

母親が注目したいのはあくまでマディソンの感情で、動物の解放運動について話し合うつもりはありません。

マディ：よくわからない。私はただ、動物虐待に反対だってことを行動で示したかっただけ。まさかこんな事態になるなんて思いもしなかった。

父　親：自分の主義と行動のちょうどよいバランスをつかむのは、むずかしい。思い入れが強いとなおさらだよな。

マディ：（うなずいて）私たちは、自分たちが信じるもののために立ち上がるところを見せたかっただけなの！

母　親：自分の信条を行動に移したってことは、よくわかった。信条を持つことは大切だけど、行動を起こすとなると、してよいこととそうでないことがあるのよ。民主主義では言論の自由は認められているけど、人や物に被害を与える行動は話が別でしょう。

マディ：お説教はもう十分なんじゃない？

母親は信条を持つことと行動を起こすことの違いを伝え、歯向かうマディソンにおだやかに応じます。

母　親：お説教はもうごめんだろうけど、ママたちはヴィーガンになったマディソンの思いをしっかり理解したいの。マディソンの考えをよく知りたいし、その思いをかなえるよい方法が見つかるよう力になれたらなって思ってるのよ。

マディ：いろいろ考えてたんだけど、この世のなかには間違ってることがあまりに多いなって。食べ物は放射線にさらされ、ホルモンが注入されてる。そもそも人間がこんなにも肉を食べなかったら、気候変動もここまでひどくはなかったはず。肉や乳製品の脂肪分は、心臓病やがん、肥満の原因になるし、人間が卵をうばうからにわとりは子育てができない。人間は天然資源を好き放題に使ってるし……もう何もかもやり過ぎで、とにかくひどいよ。

父　親：そんなにも真剣に考えてたのか。食べ物、気候変動、健康被害について本気で心配し、自分の暮らしだけでなく世のなかのあり方も変えていきたいと思うようになったんだね。

父親はマディソンの話をそのまま復唱しています。そうすることで、マディソンは両親が自分の話にしっかり耳を傾けてくれているとわかります。

マディ：そうなの。

父　親：自分の健康や環境問題を心配する気持ちから、ヴィーガンになろうと思ったのかい？

マディ：うん、どちらもだね。

父　親：自分の健康にも不安を感じるのかい？

マディ：時々ね。去年、保健の授業で、動物性の食品や乳製品を摂《と》りすぎるとがんになりやすいって知って、こわくなった。

母　親：なるほどね。食べ物について心配し始めると、こわくなるよね。食品に含まれる毒素については、ネット上でもいろいろ恐ろしいことが書かれてるから、不安になるのも無理ないわ。去年おじいちゃんが心臓発作を起こしたときも、食生活に原因があるんじゃないかってマディソンは言ってたわね。おじいちゃんは肉やじゃがいもが大好きで、運動もあんまりしないからね。でも70代になった今でも、とても元気にしてるでしょ。

母親は、マディソンの不安感からくる言動について、おだやかな調子で伝えています。

父　親：ヴィーガンになったことで不安は軽くなったのかい？

マディ：少しはね。でも、いまでも不安はあるかな。

母　親：不安は少し軽くなったけど、今でも心配なのね。

父　親：じゃあ、ヴィーガンでいることのマイナス面は何かあるのかい？

マディ：そうだな……いろいろ食べられないものが多いことだね。鉄分や亜鉛など、必要な栄養素を摂りきれない分、ビタミン剤を飲んでるの。

母　親：より健康的な食生活を送りたいのね。ヴィーガンになる以外に、何か不安をやわらげる方法はないのかしら？

父　親：加工されてない食品や、地元で採れた食材を食べるようにするとかはどうだい？

両親は、健康への不安を軽くするほかの方法についてアイデアを出し合っています。10代というのは、いろんなかたちで自分のアイデンティティを示そうとする時期だと理解している母親は、娘にヴィーガン主義をやめさせるのではなく、ほかの可能性も考えてみてはと提案しているのです。

母　親：環境問題を心配してヴィーガンになろうと思ったとも言ってたわね。その不安をやわらげる方法はほかにないのかしら？

マディ：みんなの意識を高められる方法はないかなって私も考えてたの。たとえば、天然資源には限りがあるってこととかね。今回の件で、何か地域の奉仕活動をしなくちゃならないから、資源リサイクルの活動や、有機農場の作業を手伝うとかはどうかな。

母　親：すばらしいじゃない。動物シェルターもボランティアを募集してるし、いいんじゃない？

マディ：そうね。いろんな奉仕活動をしてもいいみたいだし。

父　親：マディソン、しばらく大変な思いをしたな。でも、しっかりと考えられる人になっているとわかって感心してるんだぞ。動物の権利や健康被害への熱い想いを伝える方法を模索しているなんて、誇らしく思うよ。自分の信条をつらぬくのはむずかしいこともあるけど、さっきマディソンが言ったアイデアはとてもいいと思うよ。

父親は、今回はやり方を見誤ったものの、マディソンが社会問題についてよく考え、自分の思いを行動で示そうとしたことを誇りに思っていること、これからは社会にプラスになる方法で行動に移していくのをサポートしたいと伝え、明るい調子で会話を終えています。

終わりに
「1日10分」の本質的な会話
――自信、共感性、礼儀正しさを兼ねそなえた人間へと導くために

この本を書こうと思い立ったのは、不安におびえた子どもと、そんな子どもを心配した親が、私の小さな診療所に紹介されてくる件数が急増した２０１６年後半のことです。心理学者として働いて約20年が経《た》とうとしていましたが、不安を抱えた親子をそんなにもたくさん目にしたことはありませんでした。新しい学年が始まり、子どもがストレスを感じやすい秋は、セラピストにとって多忙な時期ではありますが、その年は「この１年を３つの単語で言い表す」というハッシュタグ（#2016inThreeWords）に対し、「これまでで最悪の１年（Worst. Year. Ever.）」と答えたXユーザーもいたほどでした。ぎっしりつまった予定、膨大な量の宿題、寝不足といったよくあるストレス要因に加え、私が何度も何度も耳にしたのは、ドナルド・トランプの想定外の大統領選勝利によって、党派間のいがみ合いや公的な場での無礼なふるまいがピークに達し、ダメージを受けている親子の話です。家庭ではささいな言い争いから感謝祭のディナーが台なしになり、世界的には不安定な情勢（英国のＥＵ離脱決定、シリア危機など）が続

きました。ミネソタ州では警察官が停車していた車の運転席にいたアフリカ系アメリカ人の公立学校職員フィランド・カスティーリャを射殺、テキサス州では武装した男が一度に16人の警察官を銃撃、ルイジアナ州の洪水では約15万戸の住宅が水没。フロリダ州のパルスナイトクラブでは、宗教がらみの犯行か、同性愛者に対するヘイトクライムか、100人以上が死亡・負傷する銃乱射事件が起きました。

一方、ミネソタ大学で私が率いる研究チームでは、戦地に派遣された軍人300名以上の家族を対象としたストレス調査結果の考察に取りかかっていました。データ分析は、すべての証拠（今回の場合だと、子ども、子どもたちの親や教師が語った精神状態、および各家庭で私たちが目にしたこと）をもって、大きなジグソーパズルを組み立てていくような作業です。そして、それらを「ストレス下にある家族の幸福」としてパターン別に分けました。戦争が軍人家族にダメージをひきおこしているだろうとは予想していましたが、それがどれほどのものかまではわかっていませんでした。イラクやアフガニスタンから9年も前に帰還した父親たちは、もう子どもたちと以前のような関係性を築けないと語りました。戦地に派遣された母親たちは、憂鬱な気持ちになり、人生における大きな出来事に悩まされたと語りました。「パパが戦地から帰ってこなかったらどうなるの」と聞いてくる子どもに何と説明したらよいのか、私たちにアドバイスを求める父親もいました。5歳未満の子どもが3人いる母親は、夫の3度目の派兵が決まり、また1年以上も夫のいない生活を続けるなんてできそうにないとこぼしました。彼女の両親が、3人の子どものうちひとり——ひとりだけです——をひき取ると言ってくれたそうですが、両親の家は1000マイル（約1600㎞）も離れています。彼女はいったいどうすればよいのでしょう。

家族として価値観を共有する

軍人家族が受けているストレスの深さ以上に研究チームがおどろいたのは、多くの親子が見せた「しなやかな強さ（レジリエンス）」でした。国のために戦うとはどういうことなのか、なぜ父親は脳に損傷を受けて帰ってきたのか、帰らぬ人となったのはなぜなのか。そうしたことを子どもが受け入れられるよう、親が用いた戦略の数々に感銘を受けました。子どもが自分のことを忘れないよう寝る前に再生できる物語を1年分録音した親もいれば、父親のにおいを忘れないよう息子のベッドシーツに夫の着古したシャツを裏打ちした母親もいました。父親はその場にいなくても応援してくれていると思えるよう、ダンボールを父親の等身大に切りとり、バスケットボールの試合会場に持参した子どももいました。従軍牧師としてはじめてアフガニスタンに派遣された母親は、9歳と10歳の子どもが母親なしでも1年間やっていけるよう、これは「無私の奉仕」を行う使命なのだと言って聞かせました。子どもたちは不安を感じなかったわけではありませんが、なぜ母親は戦地にいるのか、それが母親にとってどれほど大切なことかを理解できていました。こうした親に共通していたのは、戦地に派遣されることに意義を見いだし、その意義をしっかりと子どもに伝えていたことです。価値観こそが、親子の本質的な会話の骨組みとなるのです。

子育てで大切にしたい価値観がどんなものであれ、子どもが感じている恐怖や不安、つらい打ち明け話を聴くのは、こちらも感情的につらいものがあります。でも、この本を読み終えたあなたは、そんな会話をうまく運べる道具を手にしました。不安に突き動かされて衝動的に反応することを避け、意図的な対応を心がける。これをあなただけでなく子どもにも同じことをさせて、身のまわりで起きていることを理解できるよう導くのです。「世界はこわい」と子どもがはげしい感情を抱いたときに、親がうまく導いてあげることができれば、子どもは安らぎや安心を感じられるでしょう。

でも、道具を手にしているだけでは十分ではありません。実際に「世界はこわい」と感じたときに本質的な会話ができるようになるには、時間をかけて取り組む必要があります。

「1日10分」チャレンジ

子育てにおいては、子どもが生まれてから大人になるまで、あらゆる年齢において、実に様々な状況で膨大な数の会話をくり広げる必要があります。しかもそうした会話の大半は、夕食を準備しているとき、スマホをチェックしているとき、洗濯をしているとき、車で送り迎えをしているとき、食料品の買い物をしているときなど、あわただしい日常生活のなかで発生します。

そこで、本書を最後まで読んでくださったあなたにはぜひ、「1日10分チャレンジ」に挑戦してもらいたいと思います。よくご存じのとおり、何かを習得するには練習が必要で、「本質的な会話」も例外ではありません。1日10分間だけ、本質的な会話を実践するを習慣化するのです。その10分間だけは、子どもとの会話を最優先し、集中します。バス停、学校からの帰り道、就寝前、朝一番など、どんな夕イミングでもかまいません。ほとんどの日は、ごく平凡でありきたりの会話になるでしょうが、時として、いつもより深刻な内容で、より「本質的」な話し合いになるかもしれません。会話が10分以上になる日もあれば、まったく会話をしたくないと思う日もあるでしょう。それでも1日10分間だけは、「本質的な会話」を心がけてみてください。

付録

シナリオ1　感染症がこわいとき

２０２０年、新型コロナウイルスの大流行により、世界は１９１８年のスペイン風邪以来のパンデミックに見舞われました。当時と違い、私たちは情報が24時間体制であっという間に広まる時代に生きています。感染症についても、誤った情報が広まれば、すぐにパニックになりかねません。

世界的に大流行している恐ろしい感染症について、子どもにどう話せばよいのでしょう。子どもと話す前にまず、あなた自身が動揺していないか確認してください。そもそもあなたは病気を恐れるタイプではありませんか？　重病の家族がいる、あなた自身が病身である、感染症で家族を亡くしたことがある、もしくはほかの理由で子どもとうまく会話できるか自信がないなら、パートナーやほかの人に会話をリードしてもらうことも考えてみましょう。

子どもと会話する前に、あなた自身に次の質問をしてください。

- 感染症について、子どもはどこまで知っているだろうか？　家族や友だち、またはニュースやSNS経由で何を聞いているか。幼い子どもならほぼ何も知らないでしょうが、学校に通っている子どもなら、まわりからいろいろ聞いているでしょう。
- 感染症について、子どもに何を伝えたいか？　ウイルスや病気の蔓延についてくわしく話しても、幼い子どもには理解できないことがたくさんあります。相手が小学生でも、親自身がよく知らないことや、むだに子どもをこわがらせる内容にはふれない方がよいでしょう。子どもが10代なら、パンデミックが世界に与える影響について理解させる必要があります。また、子どもが何歳であっても、感染症についての本当に大切な情報とデマ情報とを見分けられるよう、親が手助けする必要があるでしょう。

●感染症について何が理解できているのか？　子どもと話す前に、感染症についてできるだけ理解を深めておきましょう。信頼できる情報源としては、アメリカ疾病予防管理センター（cdc.gov）や国立衛生研究所（nih.gov）がおすすめです。大切なのは、あなたや子ども、両親、まわりの高齢者や持病のある人たちの身を守ることで、そのためにやるべきことがわかっていれば、ずっと落ち着いて対応できるでしょう。

このシナリオは、両親と10歳になる双子（エヴァとニール）の会話です。これを、好奇心旺盛な子どもと感染症について話すときの基本指針としてください（決して、このとおりに会話を進める必要はありません）。大切なポイントは、まずは明るい調子で会話を始めることです。そして、傾聴力で子どもの話に耳を傾け、情報を集めてください。子どもの今の気持ちに注目することが重要です。そのためには、あなたの感情を整えてからのぞむようにしましょう。そして、子どもに自分の気持ちを言葉にさせます。その際、こちらが子どもの気持ちを決めてかからないように気をつけてください。子どもの気持ちを知る上で、からだの感覚（例：汗ばんだ手、鼓動が速まる）や顔の表情が手がかりとなります。子どもの感情を受け入れ、そんな気持ちになっても問題ないのだと伝えてあげましょう。子どもがはげしい感情を抱いても、落ち着いて対応するすがたを見せてください。必要に応じて情報を伝え、制約をもうけ、問題解決の手順を進めます。最後は必ず、明るい調子で会話を終えましょう。

このシナリオの両親は、子どもたちが感染症について耳にしていることは知りつつも、あらためてその件について話し合うことはしていませんでした。ある日の午後、娘のエヴァが泣きながら台所に入ってきます。FaceTimeで話していた親友のニナから、ニナのおばあちゃんが今、流行のきざしを見せている危険な感染症と診断され、入院したと聞いたのです。

母　親：まあ、なんだか悲しそうな顔だね。お口が下がって、目もうるうるして、何か悲しくなることがあったの？

エヴァ：友だちのニナが、感染症でたくさんの人が死んでるって言ってた。ニナのおばあちゃんも入院してるんだって。死んじゃうのかな？

母　親：（こんなにも早く子どもから感染症の不安を聞かされると思っていなかったので、ひと呼吸します）ゆっくり話そうか。あなたの大好きなケーキを焼いたところなの。牛乳を持ってくるわね。

母親はおやつの用意をしながら、自分の考えを整理します。

母　親：ニナとお話して、いろんな気持ちがわき起こったようね。

母親は質問に答える前に、エヴァの気持ちを確認します。

エヴァ：ニナのおばあちゃん、かなり具合が悪いみたい。おばあちゃんのことを心配しているニナがかわいそうだなって思ったの。みんな、その感染症にかかるの？　私たちのおばあちゃんも？

母　親：悲しいだけじゃなく、不安もあるようね。からだはどんなふうに感じてる？

エヴァ：おなかがへんな感じ。頭もちょっと痛い。ねえ、子どももその感染症になる？

母　親：自分もその感染症にかかるのかなって不安になってるの？　心配ごとがいっぱいだね。ママがエヴァの立場だったとしても不安になるわ。ママが子どもの頃、お友だちのおばあちゃんが病気になって、その後でその友だちも具合が悪くなったことがあってね。インフルエンザだったんだけど、自分たちも病気になるのかな、入院するのかなって不安になったことがあるわ。

母親は、顔の表情やからだの反応について質問して、エヴァの今の気持ちを確認させます。自分や祖母がその感染症になるのかどうかを心配する気持ちが一番大きいとわかったので、母親は自分の子ども時代の体験談をして、エヴァの不安を受け止めます。

母　親：話しておきたいことがたくさんあるわね。ニールも呼んで、一緒に話し合うのはどう？

エヴァ：いいよ。

（母親は弟のニールを呼んで、話し合いに加わらせます）

ニール：スーパーの食料品にさわると感染症にかかるから、感染が広がる前にすばやく買い物しなくちゃいけないんだって友だちが言ってた。みんながたくさん買うから、スーパーから物がなくなっちゃうって。ママ、それって本当なの？

エヴァ：ニナのお母さんは、全員がずっとマスクをつけなくちゃいけないって言ってたんだって。そうなの？

母　親：あなたたちが不安になるのも無理ないわね。感染症についていろんな話がとびかってるから、考えないといけないこともたくさんあるわね。ニール、今はどんな気持ち？

子どもが耳にしたいろんな話について事実かデマかを見分けていく前に、母親はニールの今の気持ちを確認します。

ニール：腹が立つ。だってしばらく友だちと会ったり、一緒にスポーツするのもだめになるって聞いたよ。本当なの？

母　親：そうか、腹が立ってるのね。顔が赤くなって、目にも力が入ってるものね。今もそう感じるの？

ニール：うん。

母　親：スポーツやクラブ活動ができず、家で過ごさなくちゃならないから、ニールのように腹を立ててる子どもはたくさんいると思う。話しておきたいことがたくさんあるわね。パパももうすぐ帰ってくるから、食事を終えてから、みんなで話し合うのはどう？　今夜はハンバーガーを作るわよ！

母親は、腹を立てているニールの気持ちを受け入れ（「ニールのように腹を立てている子どもはたくさんいると思う」）つつ、話し合いは父親も一緒のときにした方がよいと考えます。おかげで、両親は心の準備をしてから話し合いにのぞむことができます。

ニール：ハンバーガー？　やったあ！

母　親：すぐに作るわね！

（話し合いは夕食後に再開することにしたので、母親は子どもたちが不安に思っているこ

とについて、かんたんに父親に伝えます）

母親：（父親に）感染症についていろんなうわさが飛びかっているの。ニナのおばあちゃんは具合がひどく悪くて、入院してるんだって。

父親：そうか。不安な話もたくさん出てきてるから、子どもたちもいろいろ耳にしてるんだろうね。

父親は子どもたちが耳にしていることについて情報を集めます。

ニール：今日、ジェイソンとイボンヌが道ばたで会って、ジェイソンがくしゃみをしたら、イボンヌが「そうやってウイルスがどんどん広がるのよ」って怒ったんだって。それって本当なの？

母親：感染症についていろんな話が入ってくるから、そのたびにいろんな気持ちになるし、確かめたいことや話し合いたいことがたくさんあるわね。ねえ、その感染症について、何が本当で何が本当でないか、みんなで話し合ってみない？

父親：人から人へうつりやすい病気が流行《はや》っている今は、だれにとっても恐ろしい時期だ。近くにいるだれかがせきをして、その人がウイルスを持っていたら、自分にうつるかもしれないからね。

母　親：ほかのウイルスでも同じことなの。ほら、あなたたちも毎年インフルエンザの予防接種を受けてるでしょ？

子ども：（ふたり声を合わせて）ぎゃあ！

母　親：インフルエンザもウイルスのひとつで、予防接種をするとかかりにくくなるか、かかっても症状が軽くてすむの。ウイルスを持っている人とキャッチボールをしたり、キスをしたり、そばでくしゃみをされると、うつってしまうからね。インフルエンザのように予防接種がある感染症もあれば、去年、家族で順番にかかった胃腸炎なんかは予防接種がないの。今、問題になっている感染症にも、いま時点ではまだ予防接種がないの。

エヴァ：じゃあ、私たち家族もかかるかもしれないの？　具合が悪くなって、入院することになるの？

父　親：友だちからいろんな話を聞くだろうし、インターネットでもいろんな情報がとびかってるから、すごく心配なのはわかる。いったいどれくらいの人がその感染症にかかるかはわからないけど、おまえたちやパパとママみたいに若くて健康な人は、それほどひどい症状にはならないといわれてる。感染してもインフルエンザのような症状になるくらいで、入院するほど深刻な状況にはならないと思う。とくに子どもはかかっても何の症状もなく、感染に気づかないことも多いらしい。

両親は、ウイルスとはどんなもので、どうしたら感染するのか、予防接種があるものとないものがあることなどを、10歳の子どもでもわかる言葉で説明します。このように事実にもとづいた情報を伝えることで、友だちやインターネットなどから得た十分に信頼できない情報をうのみにするのを防ぐことができ、ほとんどの人にとってはインフルエンザのような症状ですむ病気だと理解させます。

エヴァ：ニナのおばあちゃんが入院しているのはどうして？

母　親：高齢者や持病がある人は症状が重くなりやすくて、入院しなくちゃならないことがあるの。

ニール：私たちのおばあちゃんもなの？

母　親：おばあちゃんは75歳でぜんそく持ちだから心配よね。ありがたいことに、今はとても元気だから、これからもそのままでいてほしいよね。

父　親：だから、おばあちゃんの家に行くのはしばらくやめておくことにしたんだ。ぼくたち家族がウイルスを持っていて、うっかりおばあちゃんにうつしてしまわないようにね。

どういう人たちが深刻な症状になりやすいかをきちんと説明することで、子どもたちは、外出をひかえる、対人間の距離を取るといった対策の意義を理解できます。

母　親：おばあちゃんの代わりに買い物をしてあげたり、FaceTimeでたくさんお話することはできるけど、家を訪ねるのはしばらくやめておこうね。

エヴァ：ニナのおばあちゃんが入院してるのは、ニナの家族が会いに行ったからかな？

母　親：ニナのおばあちゃんがどうして感染したかは、ママにもニナの家族にもわからない。病気が広がると、どこでウイルスをもらったのかまで突き止められないし、それはそんなに大事なことではないの。

父　親：そうなんだ。大切なのは、ほかの人にうつさないよう、それぞれができるかぎりのことをして、みんなが元気でいられるようにすることなんだ。

ニール：たとえばどんなこと？

父　親：トイレに行った後は必ず手を洗うようにって言ってるだろう？

ニール：うん。

母　親：手を洗うと病気のもとになる細菌を落とすことができる。ウイルスや細菌を取りのぞく一番よい方法は、しっかりと手洗いをすることなの。パパ、手洗いダンスを見せてあげてよ！

（父親は流し台まで歩いて行くと、踊りながら手にせっけんをつけ、指、爪、手首を20秒ほどかけてていねいに洗います。子どもたちは大笑いします）

母　親：おもしろいし、楽しそうでしょ？　こんなちょっとしたことで、感染症の拡大を防げるの。ほかにもできることはあるわ。何かわかる？

（エヴァが手を口にあてて、くしゃみをするふりをします）

父親：そう！　くしゃみやせきをするときは、必ず手やハンカチで口をおおうこと。少しでも風邪かなと思う症状があれば、すぐにマスクをつけるようにすることが大事なんだ。

ニール：どうして？

母親：問題の感染症は、つば、せき、くしゃみにのって、人から人へ感染しやすい病気なの。手についたウイルスから病気が広がることもあるのよ。マスクをつけていれば、ウイルスが飛び散るのを防げるでしょ。

ニール：わかった。ところで、高齢者の具合が悪くなりやすいのはどうして？

母親：ママやパパよりももっと年を取った高齢者になると、新しい感染症を撃退できるほどの体力がなくなっちゃうの。だから、高齢者の身を守ることに心をくばる必要があるの。しばらくのあいだ、おばあちゃんに会いに行くのはやめておこうね。

父親：高齢者のなかにも、仕事があったり、代わりに買い物をしてくれる人がいなくて、外出せざるをえない人たちもいるから、私たち一人ひとりが清潔でいることが大切になってくるんだ。口をおおわずにくしゃみやせきをして、まわりの高齢者の具合が悪くなるのはいやだろう？

エヴァ：うん。スーパーにある品物をさわるとウイルスをもらうかもしれないの？

母　親：ウイルスがいちばん活発になるのは人間の体内だけど、少しのあいだなら、物の表面に付着することもあるの。だから、スーパーの商品、とくに果物や野菜をやたらとさわるのはよくないわ。感染症が流行《はや》っている時期はとくにね。

父　親：これからはスーパーの商品を気安くさわらないようにする。このルールをきちんと守れるかい？

子ども：（ふたりともうなずく）

両親は感染症の拡大を防ぐためにできること（手洗いダンスなど）についてきちんと説明しているので、子どもは自分たちにもできることがあると思えます。

母　親：ふたりとも、今はどんな気分？

ニール：大丈夫。

エヴァ：うん、大丈夫。

父　親：これからも不安を感じたりこわいと思うことがあったら、ママやパパに気軽に相談したらいいからね。感染症についてどんな対策を取るとよいのか、いろいろわかってきているから、その都度、一緒に事実を確かめよう。

両親は子どもたちの気分が落ち着いたかどうか、もう聞きたいことはないかを確認します。父親のこの声かけにより、子どもはこれから先、また新たな疑問が出てきたとしても、気軽に両親に相談できるでしょう。

母　親：寝るまでに、もう少し時間があるわね。あなたたちが大好きなボードゲームをしようか！

シナリオ2　親が戦争に行くとき

私がこれまでに知り合った軍人の家族は、派兵にまつわる問題を自分たちで解決し、自分たちの任務への関心や評価を求める人たちではありませんでした。しかし彼らは、戦争が約20年以上続くなかで過酷な任務をはたし、大きな犠牲をはらってきました。実に200万人以上の軍人が戦地に送られ、その約半数は子どものいる親でした。父親や母親がもうすぐ戦地に行くと決まっていることをどうやって子どもに伝えたらよいか、私と同僚は何度も何度も相談を受けてきました。本書で紹介してきたすべての会話事例と同じく、ここで紹介するシナリオをひとつの指針とし、あなたの家族がおかれている状況に合わせてアレンジしてください。

チャドは、妻のミンと3人の子ども（10歳、8歳、6歳）と、アメリカ南部にある大きな陸軍基地で暮らしています。チャドは8カ月の予定で紛争地域に派遣されることになりました。残される家族は2年前に越してきた基地内に残って生活すべきか、妻が子どもを連れて実家に帰るべきか、夫婦で話し合っていたところ、10歳になる長女のメイが部屋の外で聞き耳を立てていることに気がつきます。夫が派遣されることについて、出発するぎりぎりまで子どもに話したくないと考えていたので、ミンの心はしずみます。

メイが不思議そうに母親を見ます。

母　親：(父親に) メイがいるから、この話は後にしましょ。でもそろそろ家族会議を開いた方がよさそうね。

両親は、父親の派遣についてメイに話すタイミングを話し合っています。

母　親：(メイに) メイ、何をしようか探してたみたいね。ここに来て、パパとママとお話しない?

メ　イ：(戸惑いながら) いいよ。

父　親：なにか心配そうだね。パパたちの話を聞いてたのかい?

メ　イ：(うなずく)

母　親：メイにこの話をしたいと思ってたんだけど、こんなかたちで知らせることになってごめんね。

メ　イ：どうしてパパはまた戦争に行くの?

父　親：司令官から命令されたのさ。ちょっとメイの話をしよう。胸がドキドキするのかい？

メ　イ：（うなずく）

父　親：（メイの胸に手を置く）ドキドキしてるのがパパにも伝わってくるよ！（笑う）

メイの口が重いので、父親がおどけた口調で切り出します。

メ　イ：からかわないでよ！

母　親：何かほかにからだの変化を感じる？

（メイが心臓のあたりを指さします）

母　親：鼓動が速くなっているの？　パパとママの話を聞いてそうなったの？

メ　イ：（うなずく）

母　親：胸がドキドキして、鼓動が速くなるってことは、不安に思ってることがあるのね。

メ　イ：（うなずく）

母　親：さみしくて不安げな表情だから、悲しさも感じてるのかな？

自分の気持ちを言い表すのが得意ではないメイを、両親が手助けします。

メ　イ：（うなずく）パパが戦争に行くなんて、いやだ！　どうして行っちゃうの？　行けませんって言えないの？　家族はどうでもいいの？

気が動転しているメイの言い方に父親はショックを受けます。娘からこんなきつい言い方をされたことはありませんでした。父親は後悔する発言をしてしまう前にひと息ついた方がよいと考え、席を立ちます。

父　親：ちょっと水を飲んでくる。

父親の様子に気がついた母親が代わりに会話をリードします。

母　親：悲しさや不安な気持ちだけではないんじゃない？　とても腹を立ててる口ぶりだったよ。

メ　イ：（泣きながらうなずく）だって、私の誕生日にも感謝祭にもクリスマスにも、パパはいないんだよ！

母　親：パパが戦争に行くのはとてもつらいよね。でも、学校には同じような状況の子たちがいて、きっとメイと同じような気持ちを味わってるわ。そんなことをいっても、なぐさめにはならないか。父親が戦争に行くと知ったら、いろんな感情がわき起こるのが普通よ。ママもとても悲しいの。

母親は、ほかの子どもたちや自分も悲しいのだと話し、メイの気持ちを受け入れます。

メイ：どうしてパパが行かなくちゃならないの？　命令を断ることはできないの？　軍隊なんかやめちゃえばいいのに。こんなところ、もういやだ！

父親は気持ちが落ち着いたので、話し合いの場に戻ります。実は母親も、メイと同じことを考えていて、数年前に軍隊と契約更新したことを悔やんでいます。今度は父親が会話をリードします。

父親：メイとママのことは、この世で一番大切に思っている。でも、パパは軍人として国に仕える道を選んだんだ。司令官に命令されたら、必ず従わなければならない。だれかが軍の助けを必要としているなら、行かないと。パパも家族と離ればなれになるのはつらいし、決してたやすいことではない。メイも今は怒りや悲しみ、不安の方が大きいと思うけど、もっと大きくなったら、パパのこの気持ちをわかってくれると思う。

両親は、自分たちの価値観を子どもに伝えるべきだと事前に話し合っていたのですが、母親は自分ではうまく説明できそうにないので、父親が代わりに伝えてくれてひと安心です。親が大切にしている価値観を理解した方が、父親が戦争に行くことを受け入れやすくなるだろうと考えたのです。

（母親がメイを抱き寄せます）

メ　イ：（泣きながら）パパの出発はいつ？

父　親：４週間後だ。それまでにいろいろできることがあるさ。

母　親：せっかく家族全員がそろっているんだから、パパが出発するまでに一緒に何ができるか、楽しいアイデアを出し合うのはどう？　その後で、どうしたらメイの気持ちが晴れるかについても考えましょうよ。

父親の出発までに一緒にできることを計画するか、メイの気持ちを軽くする方法について話し合うか、ふたつの選択肢があります。よりやっかいな後者については、メイの気持ちが落ち着いて、父親が戦争に行くことを受け入れる時間を取ってからの方がよいだろうと考え、母親は前者を選んでいます。

メ　イ：（うなずく）

父　親：どんなアイデアでもいいんだ。じゃあ、パパからいくね。以前、みんなで話してた映画を見に行くのはどうだい？

メイ：一緒にクリスマスのお祝いをしたい。「戦争に行けません」か「家族が病気なので長期では無理です」って司令官に言ってみるのはどう？

父親はうそをつくことを提案したメイをたしなめたくなりますが、これはアイデア出しなのだと言い聞かせ、深呼吸しながらアイデアを書き出します。

父親：学校が休みになったら週末に遠出しようと話してたのも、ぼくの出発までにしようよ！

母親：前回、まだメイが幼かった頃にパパが戦争に行ったときは、読み聞かせの物語をパパの声で録音したわよね。寝るときに再生すると、パパが読んでくれてるみたいだった。今回もしましょうよ。

メイ：もう私は小さい子じゃないってば！

（母親はひと呼吸します）

メイ：友だちのベッカは対戦ゲームの片方をお父さんに渡して、Ｓｋｙｐｅで話せるときに一緒にゲームするんだって。私たちもそうしたい！

母親：いろんなアイデアが出たわね。最後に何かないかしら？　パパはメイのお誕生日も一緒にいれないから、出発前にお祝いするのはどうかしら。

メイ：それもいいね！

すべてのアイデアを書き出したので、どれが実際に実行できそうかをひとつずつ検討していきます（順番どおりでなくてもかまいません）。

父親：よし、いろいろアイデアが出たから、どれが本当に実行できそうかを一つひとつ考えていこう。

母親：メイはクリスマスのお祝いを一緒にしたいって言ってたけど、メイのお誕生日を一緒にお祝いするのもいいわよね。どちらがよい？

メイ：誕生日に決まってるでしょ！

（父親がちらりと母親に目を向けると、母親は「気にしないで！」と合図を送ります）

否定的な反応をするとメイの不安定な感情をあおりかねないので、両親はできるだけ自分たちの感情を整えながら話します。

父親：メイ、パパが戦争に行くかどうかは選べることではないんだ。だから、司令官に「行けません」「早く帰らせてください」などと言うことはできない。じゃあ、「週末に遠出する」

はどうだい？

メイ：いいね！　ウォーターパークに行きたい！

母親：（父親を見て）もちろんいいわよね。「ゲームを持っていく」はどうかしら？

父親：よいアイデアだけど、今回は携帯電話を持っていけないし、あまり連絡を取り合えないと思う。パソコンはたまに使えるかもしれないけど、メールのやりとりができるくらいじゃないかな。まあでも、パソコンでSkypeが使えたとき用に、ゲームを持っていくよ。「映画を見に行く」についてはまだだったね。今週末はどうだい？

メイ：いいよ！　友だちも誘っていい？

母親：いいわよ。さあ、そろそろ夜ごはんの時間ね。メイは食卓の用意をして、パパは料理を運ぶのを手伝ってくれる？　メイの気持ちが晴れるにはどうしたらいいかについては、食事が終わってから話しましょ。

メイ：（うなずく）

両親は夕食を食べるといういつもの流れをつらぬきます。大きな変化があったときこそ、いつもどおりの流れを守ることが安心感につながります。話し合いの続きは、夕食が終わってから寝る準備をするまでのあいだにすることにします。

会話の続きを見る前に、メイが理解できていることを確認しましょう。

10歳にもなると、より年上の子どもほどではないものの、抽象的な概念もいろいろと理解でき、外の世界にもたくさんふれています。とくに軍事施設で暮らしているメイは、兵士が戦争に行くということがどういうものかを知っています。部隊が出発に向けた準備態勢に入ると、地域全体がそれを知ることになるのです。この話し合いはメイがリードしていることもあり、両親は戦争のくわしい内容や、兵士が負傷または死亡するおそれがあることにはふれていません。でもこの後、メイが抱いている不安について話し合うときには、そうしたことも話題にのぼるかもしれません。というのも昨年、メイと同じ学校に通う子どもの父親が、派遣されていたアフガニスタンで攻撃を受け、命を落としたのです。メイの直接の知り合いではありませんでしたが、学校中でうわさになり、基地では追悼式が行われ、多くの家族が出席しました。なので両親は、メイも父親が負傷したり殺されるかもしれないと不安に思っていることは、よくわかっています。

夕食後、父親はメイに「一緒に犬の散歩に行こう」と声をかけます。今回、父親はメイが感じている不安や恐怖といった、よりやっかいなことについて話し合いたいと考えています。犬の散歩だと並んで歩くので、おたがいの顔を見る必要がなく、複雑な気持ちについて話しやすくなるでしょう。

父　親：今日はいろんなことがあったね。

メ　イ：そうだね。（しばらく、ふたりは何も言わずに歩きます）。パパはどこに行くの？　どんなことをするの？

父　親：行き先は中東だ。家に帰ったら、どのあたりに行くのか地図で説明しよう。どんなことをするのかも知りたいかい？

メ　イ：パパも戦うの？

父　親：パパが無事に生き延びられるかどうかが知りたいのかい？

質問の意図を確認することで、父親はメイの本心を理解したいと思っていることが伝わります。

メ　イ：（うなずく）

父　親：メイが心配する気持ちはよくわかる。子どもの頃、パパの父親も湾岸戦争に行ってたからね。ずいぶん長いこと連絡もなくて、無事に生きてるのかどうか、家族みんなでとても心配したさ。無事帰国したときには、心の底からホッとした。後で話を聞いたら、ほとんどの期間は、トラックで荷物を運搬する危険性の低い仕事をしていたことがわかったんだ。

父親は子ども時代の経験談を話すことで、メイの不安な気持ちを受け入れています。また、子どもは実際よりもはるかに恐ろしいことを想像しがちだと伝えています。ニュースを見ていると危険でドラマチックな場面ばかりが映し出されるけれど、戦地にはテレビでほとんど報道されない、危険性の低い作業についている兵士もたくさんいることを、別の機会でもよいので説明するとよいでしょう。実際この夫婦は、少なくとも自宅では子どもがニュースの影響を受けないよう、夫が戦争に行っているあいだはテレビのニュースをつけないことにしました。

メイ：パパもそういう仕事をするの？

父親：どんな仕事をするかはまだわからないけど、部隊のメンバーたちは、おたがいの安全確認に努めている。仲間がパパのことを見守り、パパも仲間のことを見守る。戦争に行くけど、全員でおたがいの無事を確かめ合っているんだ。だからってメイの不安はおさまらないかもしれないけど、常に無事を確かめ合っていることは知っておいてほしいな。

父親は、戦地に行ってもひとりぼっちになることはなく、無事を確かめ合う仲間がいると伝え、メイを安心させます。

メイ：でも心配だな。パパが戦争に行くと思うと、胸がドキドキしてきて、頭もズキズキする。

父親：パパも子どもの頃、父親が戦争に行くと知って同じように感じたよ。同じ状況にあるほかの子どもたちも、きっと同じように感じてる。なかには、本気で怒り出す子もいるらしいぞ。

父親は戦地での任務については、くわしくふれていません。話したところでかえってメイの不安を強めてしまうおそれがあるし、そもそも任務のくわしい内容を漏らすことは許されていないからです。可能ならば、戦地でほかの兵士と撮った写真を、場所を明かさずにメイに送るとよいでしょう。子どもの不安感を抑えるために情報を与えるのはよいのですが、あまりくわしく伝えると、かえってこわがらせるおそれもあるので、適切なバランスを見きわめることが大切です。たとえば、どのあたりに行くかを地図で示しつつも、具体的な場所を伝えないでおくなどです。その地域で暮らす人々や文化、言語、現地の子どもたちがどんな暮らしをしているのかについて話し合ったり、どうしてそこに行かなければならないのか、国のために働くことや任務の意義を、10歳の子どもでもわかるように説明するのもよいでしょう。ただし、戦う相手についてくわしく話すのは避けてください。

メイ：（うなずく）

父親：普通は親が子どものことを心配するのに、軍人家庭では子どもが親のことを心配しなくちゃならない。心配になるのは大切なサインでもあるから、心配するなとはいわない。ほら、学校でテストの日が近づくと、心配になるから一生懸命勉強しようと思うだろう？　でも、自分の力ではどうしようもなくて、不安で頭がいっぱいになることもある。そんなとき、パパは深呼吸をするようにしてる。メイはどうだい？

父親は自然な流れで、メイに不安や悲しい気持ちへの対処法を考えさせます。

メイ：本を読んだり、音楽を聴いたり、テレビを見るかな。
父親：とてもいい方法じゃないか。腹式呼吸をするのもおもしろいよ。やってみるかい？
メイ：うん！

（父親は腹式呼吸のやり方を説明します。5数えながら深く息を吸い、1秒息を止めて、10数えながら風船をふくらますようにゆっくりと息を吐き出します。これを数回くり返します。息を吐き出すときは、本物の風船があるかのように、両腕を前にのばします）

メイ：へんな感じがするけど、おもしろいね！
父親：さみしかったり不安なときに、パパのへんな顔を思い出しながら、この腹式呼吸をやってごらん。ほかに気分が楽になる方法はないかな？
メイ：悲しいとき、ナタリーやキムといると気持ちが楽になるな。
父親：友だちと話すのはすごくいいね。学校のカウンセラーに相談するのはどうだい？
メイ：コーリー先生は好きだよ。いざとなったら、授業中でも先生に相談しにいっていいことになってるの。日記をつけるのも好き。書くことで気持ちが落ち着くの。
父親：たしか前回派遣されたときは、学校や基地で、親が戦争に行った子ども向けのアクティビティがいろいろ開催されたよな。戦地にいるパパと同じで、メイのことを応援してくれる人もたくさんいるんだ。

父親は、メイひとりでできる対処法だけでなく、身近なコミュニティ（友人、学校の職員、地域の人）のサポートもあることを強調します。

メイ：うん。前にパパが戦争に行ったときは、となりのジョーンズさんが何度も夕食に呼んでくれて、旦那さんのメダルのコレクションを見せてくれたりしたの。

父親：悲しくて不安で腹が立っても、いろいろ対処法があるってことだね！

メイ：ねえ、ウォーターパークにはいつ行く？

メイが会話を終わらせているので、父親はそれにしたがいます。

戦地に行くことが決まっている親と子どもの会話は、決してかんたんではありません。軍人家族から相談を受けてきた私たちは、子どもから「銃を撃つの？」「人殺しをするの？」「殺されるかもしれないの？」と聞かれたという親の話を何度も耳にしてきました。子どもにどこまで話すかは親自身で判断することになりますが、心に留めておいていただきたいのは、子どもが理解できることだけを伝えるということです。たとえば、「死」というのは抽象的な概念で、10歳くらいまでの幼い子どもには、人は死んだらもう戻ってこないという「不可逆性」がよく理解できません。10代になれば抽象的な概念も理解できますが、本書でも述べてきたように、時として衝動的で自己中心的な行動を取り、まだ成長段階にあると痛感させられる場面もあるでしょう。多くの親は、実際に親が負傷して、状況に応じた会話が必要にならないかぎり、武器に関するくわしい情報や、命が危険にさらされる状況については伝えないようです。実際には、ほとんどの親は戦地から無事に帰ってきます。子どもにはぜひその事実を伝えてあげましょう。

この会話は、私が実際に担当した軍人家族にささげたいと思います。ショーン・マイケルズ、あなたの人生はあまりに短すぎましたが、息子への愛情や、よい親でいたいという思いで戦地でのつらい体験を乗り越えられるということを教えてくれました。エイミー・マーリー、あなたが帰還兵、兵士の配偶者、そしてふたりの子どもの母親として、私たちのADAPTプロジェクトに懸命に取り組んでくれたことに感謝します。

訳者あとがき

本書の著者アビゲイル・ゲワーツは児童心理学者で、4人の子どもの母親です。ミネソタ大学を経て、現在はアリゾナ州立大学の心理学部教授として、子どものレジリエンス向上を目指した子育てプログラムの開発にキャリアをささげる一方、臨床心理士としても長年、軍人家族をはじめ、心的外傷後のストレス症状に直面している家族のカウンセリングにあたり、現場経験も豊富です。これまでにも数々の論文発表ならびに専門誌への寄稿を重ねてきたゲワーツが、一般読者向け書籍として初めて発表したのが、本書の原書『When the World Feels Like a Scary Place: Essential Conversations for Anxious Parents and Worried Kids』です（2020年6月刊行）。執筆を思い立ったきっかけは、2016年後半、不安感を強めた子どもを連れて彼女の診療所を訪れる親子の数が急増したという実体験にあります。現代を生きる子どもたちの心に救いの手を差し伸べる必要性を痛感したのです。

出版されるや、ニューヨーク公共図書館、子どもの環境リテラシー財団（CELF）の推薦図書に選ばれるほか、2020年にはノーチラス・ブック・アワードの子育て部門銀賞、2021年にスキッピングストーンズ栄誉賞で教育リソース賞、全米才能児協会（NAGC）ブック・オブ・ザ・イヤー子育て部門を受賞。この不安定な世界を生きる親子に必須ツールを教示する本と、子育てサイト等でも高い評価を受けています。何よりも、読者である親たちから、「タイムリーな本」「実用的」「救われた」との声がレビューやインスタグラムなどに数多く寄せられ、こうした声は、翻訳にもがく訳者の背中を強く押してもくれました。

子育てというのは、「専門家割引はきかなかった」とゲワーツ自身が認めているように、大抵の場合、大人の思うようにはいきません。兄弟やまわりの友人からもよく、子どもとのかかわり方に悩む声が聞こえてきます。しかも、親子ともにスマホなしの生活が考えられなくなった今、大人でも理解に苦しむニュースが日々手元に飛び込んできます。大人には子どもの心を守る対策が求められているのです。

ゲワーツが着目したのは、親子のあいだで日々くり広げられる会話です。ただし、会話のハウツーといった小手先のテクニックではなく、もはや、家族全員で取り組むべき壮大なプロジェクトといえるものです。親が自分の子ども時代を振り返ることから始まり、子育てで大切にしたい価値観を確認し、それらを違う人生を歩んできたパートナーと話題にするところからスタートします。その上で、心理学的なアプローチを取り入れた「本質的な会話」を重ねていけば、子どもは感情を客観視するというツールを手に入れられると説きます。本書の前半では、本質的な会話を重ねる意義、および具体的な手順について解説し、後半では、膨大な会話シナリオ集によって実践例をこれでもかと示しています。シナリオは「話の進め方」を示すのが目的であって、内容はあくまで一例であることをご承知の上でお読みください。

翻訳に着手した2021年秋はコロナ禍のまっただなか、コロナ感染や行動規制など、それこそ日々の暮らしに不安が漂う時期でした。「アメリカの若者を襲う不安」は過去の訳書とも重なるテーマだったため訳しやすいだろうと高を括《くく》っていましたが、そんな甘い考えは早々に打ち砕かれました。おびただしい文章量もさることながら、専門的な内容をかみ砕き、できるだけ平易に、やわらかいトーンでアウトプットするというところが、全編を通して最も腐心した点です。着地点を見つけられずにいたときに、編集者から「小さな子どもがいる若い親御さんに語りかけるように」とのアドバイスをもらい、翻訳作業が進み出したことをよく覚えています。

また当初は、心理学的な発想にも苦しみました。訳者自身がシナリオにある「赤信号」タイプの会話がくり広げられる家庭環境で育ったこともあり、親が子どもの感情に耳を傾ける、親が感情をコーチングするという対処法が、正直、絵空事のように思えたのです。読み込むうち、これこそが心理学的視点なのだと腹に落ちたのですが、もしかすると読者のなかにも、子どもにこんな対応をするなんて到底無理と感じられる方もいるかもしれません。ですが、ゲワーツも1日10分から試してほしいといっています。できそうなことから少しずつ取り入れてみてはいかがでしょうか。

私たちは、家でも学校でも感情について学ぶことをほぼしてきませんでした。そのため、「感情的になる」というとき、往々にしてそこにはネガティブなニュアンスが込められているように思います。ですが、感情が動くのは人間として当然のこと。ときにわき起こる強い感情を、キタキタ！と迎えてあげるくらいがよいのかもしれません。ちなみに、ミニシアターでの映画鑑賞が訳者の趣味なのですが、作品の新旧を問わず、「不安だ」「こわいの」というセリフが頻出することに、本書と出会ってからハッとさせられています。だれしも、大小いろんなかたちの不安を抱えて生きているのですね。

諸事情により完訳したのは2024年春、実に2年半の月日を要しました。小さな子どもからティーンエイジャーまでをカバーした広い意味での子育て本を翻訳するなかで、たくさんの発見がありました。世の中で起きることは変えられませんが、自分の心を整えられる大人を目指すことならできそうです。本書が子どもの心の声に耳を傾ける一助となれば幸いです。巻末の「参考情報」には、日本国内で役立つと思われる情報も追記しているので、ぜひご活用ください。

本書が完成するまでに、おおぜいの方々にお力添えいただきました。自らの子どもにいち早く本書の内容を実践しつつ、翻訳旅を導いてくださった評論社の北智津子さん、専門家の視点から貴重な助言をくださった監修の原田眞理先生、本書のテーマを見事なまでに表現した装幀《そうてい》をつくりあげてくださったイラストレーターのアサバマリエさん、デザイナーの本澤博子さん、深刻な内容が続く本文にほっとさせてくれるイラストを描き下ろしてくださった天野未代さん、心より感謝申し上げます。本当にありがとうございました。

2024年11月

西川由紀子

監修者あとがき

さまざまな場面、年代の、さまざまな具体例が登場しました。お読みになって、いかがでしたか。すごく自分に当てはまると思ったものもあれば、少し遠いことのように感じたものもあったことでしょう。もし、お読みになって（読んでいる最中でも）、恐怖を感じることがあったら、5章に紹介されている、自分の気持ちを客観的に見るという作業をしてみてください。

本書のやり方の通りに子どもと会話をしようとしても、うまくいかないこともあるでしょう。そんなとき、無理やり本書のやり方に当てはめて、お子様からなにかを引き出そうとする必要もありません。「ほどよい母親（good enough mother）」という言葉（75ページ）が紹介されていましたが、完璧である必要はなく、むしろほどほどがよいのです。感情の話を「したいときもあれば、したくないときもあるよね」と認めることも大切です。

お子様との会話そのものだけではなく、本書はその準備として親が自分の感情に気づき、客観的に自分の気持ちと向き合えるようになることが大切だと述べています。親が安定すると、親の存在自体が子どもの「安全基地」となれるからです。著者自身の体験としても、「スカートをぎゅっとつかんで母親のそばにいるだけで恐怖心が弱まった」という幼少時代の思い出（73ページ）が紹介されています。そして、そのような安全な環境を提供されると、子どもは安心していろいろなことを話せるようになり、そこから会話がうまれるのです。

アメリカでは各地の学校内で銃乱射事件が起きています。スタンフォード大学に勤務していたときに、別の大学で早期介入（early intervention）にも関わっていましたが、銃乱射事件で妹を亡くした子が、こんなことを言っていました。「みんななるべく妹の話はしないようにしてくれていたけど、仲のいい友達が、妹ってこんなだったよねって話しかけてくれたときに、ものすごく心がほっとして、自分は妹の話をたくさんしたかったんだっていうことに気づいたんだ」。

傷ついたり、途方に暮れていたりする人を前にすると、どうすればいいかわからず、結局そのままになってしまうということがあるかと思います。どう声をかけていいかわからないことも多いと思います。しかしたとえばアメリカでは災害などのときに「大丈夫？」と声をかけ、ハグをする、などの光景をニュースなどでもご覧になったことがあると思います。あのような寄り添い合える感覚は日本の社会にも必要なのではないかと思うのです。

そのためにはまず、ある程度の関わり方、すなわち方法を「知る」ことが大切です。うつの人に「がんばって」と言ってはいけないということは、広く知られてきました。心の傷を抱えた方には、「まだ言っているの」「早く元気になってね」などといった声かけはしないでください。大切な人を失ったら、その悲しみは一生消えません。そういったことを知っていれば声をかけやすくなります。方法を知っていれば、まわりで起きている大変な状況を、為《な》す術《すべ》もなく、ただ立ち尽くすのではなく、声をかけ、一緒に向き合い、話を聴くこともできるのです。

心に傷を負い、はげしい感情を抱えている方のお話を聴くときに、役に立つのが本書の内容です。何も知らず、心が無防備なままではこちらも傷つき、相手を傷つけ、共倒れになりかねません。必要なのは、本書で繰り返し、その重要度が述べられている、「自分自身の感情に気づき、感情に向き合うことができる人である」ということです。自分の感情に巻き込まれることなく、ある程度距離を持って向き合うことができれば、安定して相手の話を聴くことができ、気持ちに集中しながら、関係を継続していくことができるのです。本書のような本で、感情と向き合うことの大切さとその方法を「知る」のはとても意味のあることです。

著者も述べているように、私たち人間は無力です。災害をなくしたり、戦争を止めたり、現実を変えることはできません。しかし、親が「感情に向き合える人」になり、そして、子どもを「感情に向き合える人」になるような環境を与え、育て、その子どもたちが社会に出て、社会を作っていくことで、「不安の時代」といわれる現代、日本が今よりも痛みを抱えやすい、寄り添い合える社会になっていくことを願っています。

原田眞理

2024年11月

vironment.aspx

9章

注13：「Kids & Tech: The Evolution of Today's Digital Natives」
https://www.linkedin.com/pulse/kids-tech-evolution-todays-digital-natives-stacy-debroff/?trk=mp-reader-card

注14：「A teacher documented every notification her students received during class, and it's a startling look at how distracted teens are by their phones」（Business Insider India）
https://www.businessinsider.in/a-teacher-documented-every-notification-her-students-received-during-class-and-its-a-startling-look-at-how-distracted-teens-are-by-their-phones/articleshow/68293000.cms

注15：「The Online Disinhibition Effect」（ResearchGate）
https://www.researchgate.net/publication/8451443_The_Online_Disinhibition_Effect

「Why do adults engage in cyberbullying on social media? An integration of online disinhibition and deindividuation effects with the social structure and social learning (SSSL) model」（ResearchGate）
https://www.researchgate.net/publication/306912359_Why_do_adults_engage_in_cyberbullying_on_social_media_An_integration_of_online_disinhibition_and_deindividuation_effects_with_the_social_structure_and_social_learning_SSSL_model

10章

注16：「Texas Schools Face Bigger Classes and Smaller Staff」（The New York Times）
https://www.nytimes.com/2012/03/16/education/texas-schools-face-bigger-classes-and-smaller-staff.html

ciation）
https://psycnet.apa.org/record/1996-05875-001

注8：「AMERICAN TIME USE SURVEY — 2018 RESULTS」（U.S. Department of Labor）
https://www.bls.gov/news.release/archives/atus_06192019.pdf

2章

「Exploring Human Freeze Responses to a Threat Stressor」（National Library of Medicine」
https://www.ncbi.nlm.nih.gov/pmc/articles/PMC2489204/

3章

感受性の違いやデリケートな子どもについて、よりくわしい情報は以下を参照。
「On the Trail of the Orchid Child」（Scientific American）
https://www.scientificamerican.com/article/on-the-trail-of-the-orchid-child/

SensitivityResearch.com
https://sensitivityresearch.com/

注9：「A Conversation With My Black Son | Op-Docs | The New York Times」
https://www.youtube.com/watch?v=lXgfX1y60Gw

4章

注10：「Reexamining the Vocabulary Spurt」（American Psychological Association）
https://psycnet.apa.org/record/2004-15557-013

7章

注11：「2018 Crime in the United States」（FBI）
https://ucr.fbi.gov/crime-in-the-u.s/2018/crime-in-the-u.s.-2018/topic-pages/tables/table-1

「FBI - Crime in the United States 2012」
https://ucr.fbi.gov/crime-in-the-u.s/2012/crime-in-the-u.s.-2012/tables/1tabledatadecoverviewpdf/table_1_crime_in_the_united_states_by_volume_and_rate_per_100000_inhabitants_1993-2012.xls

「Criminal Victimization, 2018」（U.S. Department of Justice）
https://bjs.ojp.gov/content/pub/pdf/cv18.pdf

8章

注12：「Environment」（Gallup）
https://news.gallup.com/poll/1615/en

注記

1章

注1：「2017 Demographics - Profile of the Military Community」
download.militaryonesource.mil/12038/MOS/Reports/2017-demographics-report.pdf

注2：「QuickStats: Suicide Rates*, † for Teens Aged 15–19 Years, by Sex — United States, 1975–2015」
https://www.cdc.gov/mmwr/volumes/66/wr/mm6630a6.htm
「National Trends in the Prevalence and Treatment of Depression in Adolescents and Young Adults」
https://publications.aap.org/pediatrics/article-abstract/138/6/e20161878/52639/National-Trends-in-the-Prevalence-and-Treatment-of?redirectedFrom=fulltext

注3：「Most U.S. Teens See Anxiety and Depression as a Major Problem Among Their Peers」
（Pew Research Center）
https://www.pewresearch.org/social-trends/2019/02/20/most-u-s-teens-see-anxiety-and-depression-as-a-major-problem-among-their-peers/

注4：「Wage Stagnation in Nine Charts」（Economic Policy Institute）
https://www.epi.org/publication/charting-wage-stagnation/

注5：『The Broken Ladder: How Inequality Affects the Way We Think, Live, and Die』（New York, Penguin Random House, 2017）

注6：「2018 Hate Crime Statistics」（FBI）
https://ucr.fbi.gov/hate-crime/2018
「What the data say about police shootings」（nature）
https://www.nature.com/articles/d41586-019-02601-9
「Race and Wrongful Convictions」（The National Registry of Exonerations）
https://www.law.umich.edu/special/exoneration/Pages/Race-and-Wrongful-Convictions.aspx

注7：「Parental meta-emotion philosophy and the emotional life of families: Theoretical models and preliminary data」（American Psychological Asso-

◎ファクトチェックができるサイト

英

Snopes: https://www.snopes.com/
FactCheck.org: https://www.factcheck.org/
Poynter: https://www.poynter.org/category/fact-checking/
PolitiFact: https://www.politifact.com/

日

日本ファクトチェックセンター：https://www.factcheckcenter.jp/
ファクトチェック・ナビ：https://navi.fij.info/links-navigation/fc-site-jp/

■子どもの相談窓口

日 文部科学省：子供の SOS の相談窓口
https://www.mext.go.jp/a_menu/shotou/seitoshidou/06112210.htm

日 法務省：こどもの人権 110 番
https://www.moj.go.jp/JINKEN/jinken112.html

日 内閣府（孤独・孤立対策推進室）：あなたはひとりじゃない
https://www.notalone-cas.go.jp/

日 警察庁：ぴったり相談窓口
https://www.npa.go.jp/bureau/safetylife/syonen/annai/

日 警察庁：都道府県警察の少年相談窓口
https://www.npa.go.jp/bureau/safetylife/syonen/soudan.html

日 チャイルドライン支援センター：チャイルドライン
https://childline.or.jp/

■社会正義

英 Southern Poverty Law Center（南部貧困法律センター）：Learning for Justice

社会正義の問題（移民、人種、民族、宗教、障害、いじめ、偏見、ジェンダー、性的アイデンティティ）について子どもに説明するときに役立つ資料を提供。

https://www.learningforjustice.org

英 American Psychological Association（アメリカ心理学会）：Talking to kids about discrimination

差別について子どもに説明するときのヒントを解説。

https://www.apa.org/topics/racism-bias-discrimination/kids

日 内閣府男女共同参画局：「生理の貧困」

「生理の貧困」について、国や地方公共団体による取り組みを紹介。

https://www.gender.go.jp/policy/sokushin/kenko/periodpoverty/index.html

■分断社会

英 Common Sense Media：How to Help Kids Spot Misinformation and Disinformation

フェイクニュースを見分けるコツについて解説。

https://www.commonsensemedia.org/articles/how-to-help-kids-spot-misinformation-and-disinformation

日 コエテコ：子どもに教えたいフェイクニュースの見分け方

フェイクニュースの見分け方を解説。

https://coeteco.jp/articles/11155

https://www.commonsensemedia.org/parents-ultimate-guides

英 Common Sense Media：Talking About “Sexting”
セクスティングの問題、親が取るべき対応について解説。
https://www.commonsensemedia.org/articles/talking-about-sexting

英 Webwise：Play it Safe – An Introductory Guide to Online Gaming for Parents
オンラインゲームの種類、危険性、子どもを守るためのヒントを解説。
https://www.webwise.ie/parents/play-it-safe-an-introductory-guide-to-online-gaming-for-parents/

日 性障害専門医療センター　SOMEC：セクスティングにご注意ください！
セクスティング問題について解説。
https://somec.org/sexting.html

日 Kidslox：ティーンのセクスティングについて親が知っておくべきこと
10代のセクスティングについて親が知っておくべきことを解説。
https://kidslox.com/ja/guide-to/teen-sexting-awareness/

日 こども家庭庁：青少年の保護者向け普及啓発リーフレット「ネット・スマホ活用世代の保護者が知っておきたいポイント」
子どものインターネット利用について、ルールづくりのヒントや、困った時の相談窓口などを紹介。
https://www.cfa.go.jp/policies/youth-kankyou/leaflet

日 総務省：インターネットトラブル事例集
予期せぬトラブルへの備え、トラブル回避のために知っておきたいことなどをマンガで解説。学校の授業で活用できる資料も。
https://www.soumu.go.jp/use_the_internet_wisely/trouble/

研究員）による「子どもの自殺」をテーマとした連載記事。
https://www.kyobun.co.jp/author/takahashi-satomi

日 東京自殺防止センター：自殺を考えるほど、つらい気持ちを抱えるあなたへ
自殺を考えている人々を感情面で支えることを目的とするボランティア団体。認定されたボランティア相談員が対応する、夜間の電話相談窓口を設置。
https://www.befrienders-jpn.org/

■気候変動

英 NASA：Climate Kids
気象現象や気候変動について子ども向けに解説。
https://climatekids.nasa.gov/

日 国立環境研究所：A-PLAT KIDS
「気候変動への適応」について、子ども向けの学習コンテンツを提供。
https://adaptation-platform.nies.go.jp/everyone/school/index.html

日 グリーンピース・ジャパン：［第１回］子どものための環境問題「地球温暖化ってなに？」天気と天候
環境問題について、子どもが自分で考えて自分で学べる学習教材シリーズ。
https://www.greenpeace.org/japan/campaigns/story/2023/04/28/62656/

日 環境省：こども環境省
環境省の取り組みについて、子ども向けに解説。
https://www.env.go.jp/kids/

■テクノロジーの危険性

英 Common Sense Media：Parents' Ultimate Guides
各SNSの仕組みや安全性について、保護者が知っておくべきことをアプリごとに解説。

ヘイトクライムについて子どもに話す方法を紹介。
https://www.nctsn.org/

回 日本小児科医会：子どもの心のケアのために
子どものサインを早期にキャッチし、心の傷（トラウマ）を負った子どもに対応する方法をまとめた小冊子のPDF。
https://www.jpa-web.org/dcms_media/other/PTSD_leaf.pdf

回 日本トラウマティック・ストレス学会：危機後の子どものストレスに対処するために
トラウマとなりうる出来事を体験した子どものストレスに対処するためのコミュニケーションについて紹介。
https://www.cstsonline.org/assets/media/documents/CSTS_FS_Managing_Stress_of_Children_JPN.pdf

■命について

英 American Psychological Association（アメリカ心理学会）：Talking to teens: Suicide prevention
10代の子どもと自殺予防について話すときのヒント集。
https://www.apa.org/topics/suicide/prevention-teens

英 Society for the Prevention of Teen Suicide（10代の自殺予防ソサイエティ）：Students
自殺願望を持つ10代の子どもへの対処法などを紹介。
https://sptsusa.org/teens/

回 こども家庭庁：こどもの自殺対策
子どもの自殺対策に関する関係省庁の取り組み紹介や相談窓口の情報など。
https://www.cfa.go.jp/policies/kodomonojisatsutaisaku

回 教育新聞：子どもの自殺を食い止める—行政・学校・教師がすべきこと—
髙橋聡美（一般社団法人髙橋聡美研究室代表／中央大学人文科学研究所客員

参考情報

　子どもと本質的な会話をするのに、各分野の専門家である必要はありません。ですが、子どもがもっとくわしく知りたがったときに役立つ情報をご紹介しましょう。英語のホームページは、翻訳機能などを使って閲覧してみてください。

英……英語のサイト
日……日本語のサイト

■一般

英 TED（Technology, Entertainment, Design）：TEDトーク

世界中の著名人による講演会を開催し、動画を無料配信。「子育て」「教育」「自己啓発」「世界的課題」まで、多岐にわたるコンテンツを視聴可能。一部動画は全文テキストを日本語で読むことができる（動画概要欄の〈Read transcript〉をクリックし、「日本語」を選択）。
https://www.ted.com/talks

日 デジタルキャスト：TED日本語

人気・おすすめのTED動画を、英／日の対訳字幕付きで視聴できる。
https://digitalcast.jp/ch/ted/

英 DoSomething.org

世界に前向きな変化を起こすことを目的とした若者主体の非営利団体。教育、メンタルヘルス、いじめ、差別、ジェンダーなどの課題について、どんなアクションを取っていけば社会を変えていけるか様々なアイデアを提供。
https://www.dosomething.org/us/

英 The National Child Traumatic Stress Network

暴力や災害など、トラウマになりうる出来事を体験した親子向けの情報や、

アビゲイル・ゲワーツ

Abigail Gewirtz

アメリカの児童心理学者。ロンドン生まれ。心的外傷後のストレス症状に直面する家族支援を専門とし、臨床心理士としても豊富なカウンセリング経験を持つ。ミネソタ大学を経て、現在はアリゾナ州立大学心理学部教授。子どものレジリエンス向上を目指す子育てプログラム ADAPT の開発リーダーを務める。4人の子どもの母親。

西川由紀子

Yukiko Nishikawa

大阪府生まれ。神戸女学院大学文学部英文学科卒業。立教大学大学院異文化コミュニケーション研究科修了。IT エンジニア、青年海外協力隊（ベリーズ）を経て翻訳家に。訳書に『理系アタマがぐんぐん育つ 科学の実験大図鑑』（新星出版社）、『人に聞けない⁉ ヘンテコ疑問に科学でこたえる！　どうしてオナラはくさいのかな？』（評論社）、『傷つきやすいアメリカの大学生たち』（草思社）など。

原田眞理

Mari Nagataki Harada

玉川大学教育学部教育学科教授。東京大学大学院医学系研究科保健学博士、公認心理師、臨床心理士、日本精神分析学会認定心理療法士。東京大学医学部付属病院分院心療内科、虎の門病院心理療法室、聖心女子大学学生相談室主任カウンセラーなどを経て現職。2017 年度 Stanford University 客員教授。主な著書に、『子どものこころ、大人のこころ―先生や保護者が判断を誤らないための手引書』『子どものこころ―教室や子育てに役立つカウンセリングの考え方』（ナカニシヤ出版）などがある。

原田理沙

Lisa Harada

慶應義塾大学大学院医学研究科博士課程所属。東洋英和女学院大学大学院人間科学研究科にて修士課程修了。公認心理師、臨床心理士。

「不安の時代」への処方箋

子どもを救う親子の会話

二〇二四年十二月二〇日　初版発行

著　者　アビゲイル・ゲワーツ
訳　者　西川由紀子
監　修　原田眞理
編集協力　原田理沙

発行者　竹下晴信

発行所　株式会社評論社
〒162-0815　東京都新宿区筑土八幡町 2-21
電話　営業 03-3260-9409
編集 03-3260-9403
https://www.hyoronsha.co.jp
印刷所　中央精版印刷株式会社
製本所　中央精版印刷株式会社

ISBN978-4-566-05187-4　NDC379　p.440　210㎜ × 148㎜